城市轨道交通行车组织
（配实训工单）

主　编　刘亚苹　梁立肖
副主编　亓　辉　张亚峰　王慧聪
参　编　买月梅　安　飞　常秀娟
　　　　金宗辉　李　欣　高晓成

机械工业出版社

本书针对城市轨道交通运营企业行车值班员、行车调度员等相关岗位，在融入岗位的典型工作任务、城市轨道交通站务职业技能等级证书考核点和学生技能大赛考核项的基础上，设计了本书的实训内容。本书包括城市轨道交通行车基础、城市轨道交通行车信号系统、行车闭塞法、列车开行计划与列车运行图认知、行车调度指挥、控制台监视与操作、车站接发列车作业、车辆段行车组织作业、非正常情况下的行车组织、施工作业组织、行车事故处理以及预防共11个项目。

本书既可以作为职业院校及应用型本科院校城市轨道交通类专业的教学用书，也可以作为相关研究院所、培训机构的技术培训资料，还可以作为智能运维爱好者的科普读物。

为了方便教学，本书配有电子课件、答案等资源。凡选用本书作为授课教材的教师均可登录www.cmpedu.com，以教师身份注册后免费下载，或来电咨询，咨询电话：010-88379201。

图书在版编目（CIP）数据

城市轨道交通行车组织：配实训工单/刘亚苹，梁立肖主编. —北京：机械工业出版社，2024.4（2025.6重印）
ISBN 978-7-111-75406-0

Ⅰ. ①城… Ⅱ. ①刘… ②梁… Ⅲ. ①城市铁路–行车组织 Ⅳ. ①U239.5

中国国家版本馆CIP数据核字（2024）第058081号

机械工业出版社（北京市百万庄大街22号　邮政编码100037）
策划编辑：师　哲　　　　　责任编辑：师　哲
责任校对：甘慧彤　梁　静　　封面设计：张　静
责任印制：郜　敏
三河市宏达印刷有限公司印刷
2025年6月第1版第2次印刷
184mm×260mm・14.5印张・353千字
标准书号：ISBN 978-7-111-75406-0
定价：49.00元（含实训工单）

电话服务　　　　　　　　网络服务
客服电话：010-88361066　　机　工　官　网：www.cmpbook.com
　　　　　010-88379833　　机　工　官　博：weibo.com/cmp1952
　　　　　010-68326294　　金　书　网：www.golden-book.com
封底无防伪标均为盗版　　　机工教育服务网：www.cmpedu.com

前言 PREFACE

截至2023年底，我国内地有59个城市开通城市轨道交通，运营线路338条，运营线路总长度11224.54km。城市轨道交通迈入了规模化、智能化、高质量发展的新阶段，人才供不应求，各城市间人才竞争愈演愈烈，人才战全面进入白热化，培养一批精调度、善协作、能创新的高素质复合型人才成为当务之急。本书主要培养行车值班员、行车调度员等岗位的专业技能。

本书内容选择和设计是通过校企双元合作，在与石家庄市轨道交通集团运营分公司联合开展订单培养的基础上，将多年的教学经验、岗位实践凝练而成的。本书主要有以下特点：

一、落实立德树人，培养合格城轨人

本书坚持以立德树人为根本任务，以生命至上的安全意识、按章行车的标准意识、沉着应变的职业素养、严谨认真的工匠精神为主线，结合项目任务特点，灵活设置"轨道前沿""城轨工匠""岗位掠影"等栏目，引导学生树立正确的世界观、人生观、价值观，成为我国轨道事业合格的建设者和接班人。

二、岗课赛证融通，实现理实一体化

本书紧密结合当前智慧城轨的发展及需求，对接行车调度员、车站行车值班员等岗位能力需求，依据专业教学标准，融入城轨智能运输技能大赛技能点以及城市轨道交通站务职业技能等级证书标准，将内容设计成11个项目、31个任务。课程内容设计为理论知识和实训工单两部分，分别成册，每个任务设置任务目标、知识课堂等内容。学生结合理论知识进行实践操作训练，对应企业岗位能力需求，形成理实一体化的学习模式。

三、多维资源助学，构建学习新空间

本书内容新颖、知识面广、重点难点突出、图片清晰美观；借助"互联网+"及信息技术，嵌入动画、虚拟仿真等视频资源，教材内容呈现立体化、可视化、数字化，同时配套开发了城市轨道交通行车组织省级精品在线开放课程和城市轨道交通省级优质资源库，满足"人人皆学、处处能学、时时可学"的学习创新空间；每个项目设置了实训工单，供学生练习和测评，帮助学生实现自我评价，为学习者提供"能学、助教、助训、助评"的课程资源。

本书由刘亚苹、梁立肖担任主编。河北交通职业技术学院刘亚苹编写项目一、项目三、项目十，石家庄市轨道交通集团有限责任公司梁立肖编写项目十一，河北交通职业技术学院买月梅、石家庄市轨道交通集团有限责任公司张亚峰编写项目二，河北交通职业技术学院亓辉、王慧聪编写项目四~项目六，河北交通职业技术学院金宗辉、李欣编写项目九，河北交通职业技术学院安飞、高晓成以及河北轨道运输职业技术学院常秀娟编写项目七和项目八，全书由刘亚苹负责统稿。

本书在编写的过程中参考和引用了许多专家、学者的相关文献，在此表示衷心的感谢！由于编者水平有限，书中难免有错误和不妥之处，敬请读者批评指正。

编　者

二维码清单

名称	图形	名称	图形
正线		组织列车反向运行	
行车闭塞法		发车（LOGO）	
准移动闭塞		站后折返	
列车运行图的格式		列车折返作业	
组织列车跳停		联锁设备故障时的行车组织	

(续)

名称	图形	名称	图形
环形折返		加开备用车	
固定闭塞		接车（LOGO）	
移动闭塞		站前折返	
站名线确定方法		ATP和ATO设备故障下的行车组织	
调整列车运行间隔，变更运行交路		救援列车的开行	

目录

CONTENTS

前言

二维码清单

项目一　城市轨道交通行车基础 ·· 1
　　任务一　认知城市轨道交通行车基础设备 ····································· 1
　　任务二　认知行车指挥系统岗位 ·· 10

项目二　城市轨道交通行车信号系统 ··· 15
　　任务一　认知行车信号基础 ··· 15
　　任务二　行车手信号操作 ·· 21
　　任务三　认知联锁系统 ··· 24
　　任务四　认知列车自动控制（ATC）系统 ··································· 29

项目三　行车闭塞法 ·· 36
　　任务一　认知闭塞基础知识 ··· 36
　　任务二　认知固定闭塞法和移动闭塞法 ····································· 40
　　任务三　认知电话闭塞法 ·· 46

项目四　列车开行计划与列车运行图认知 ····································· 50
　　任务一　制订列车开行计划 ··· 50
　　任务二　识读列车运行图 ·· 58
　　任务三　编制列车运行图 ·· 65

项目五　行车调度指挥 ··· 75
　　任务一　认知行车调度命令 ··· 75

　　　　任务二　列车运行调整 ··· 79

项目六　控制台监视与操作 ··· 87
　　　　任务一　控制中心行车调度相关设备及操作 ································· 87
　　　　任务二　车站行车调度相关设备及操作 ······································ 90
　　　　任务三　车辆段行车调度相关设备及操作 ··································· 94

项目七　车站接发列车作业 ··· 97
　　　　任务一　正常情况下的接发列车作业 ··· 97
　　　　任务二　特殊情况下的接发列车作业 ··· 103
　　　　任务三　列车折返作业 ·· 112

项目八　车辆段行车组织作业 ··· 117
　　　　任务一　正常情况下的接发列车作业 ··· 117
　　　　任务二　特殊情况下的接发列车作业 ··· 125
　　　　任务三　调车作业 ·· 131

项目九　非正常情况下的行车组织 ··· 138
　　　　任务一　设备故障时的行车组织 ··· 138
　　　　任务二　突发事件时的行车组织 ··· 143
　　　　任务三　特殊情况下的行车组织 ··· 146
　　　　任务四　救援列车与工程车的开行 ·· 147

项目十　施工作业组织 ·· 151
　　　　任务一　施工计划及施工安全管理 ·· 151
　　　　任务二　施工组织实施 ·· 160

项目十一　行车事故处理以及预防 ··· 163
　　　　任务一　认知行车事故处理规则 ··· 163
　　　　任务二　事故处理应急预案和预防 ·· 169

附录　行车日志 ··· 173

参考文献 ·· 174

城市轨道交通行车组织实训工单

项目一

城市轨道交通行车基础

学习导入

城市轨道交通是一个多部门、多工种协同作业的行业，了解城市轨道交通的行车指挥体系和基础设备，可以为后续学习行车组织打下良好基础，本项目重点对这两部分内容进行介绍。

任务一　认知城市轨道交通行车基础设备

任务目标

知识目标：
1. 了解行车的基础设备类型。
2. 了解线路的类型。
3. 理解车站的定义与分类。
4. 了解列车的种类。
5. 了解信号系统、通信系统和供电系统的组成。
6. 掌握道岔的种类与结构。

能力目标：
1. 具有识别轨道及线路基本设备的能力。
2. 具有识别列车基本结构及关键标识的能力。

素质目标：
1. 培养学生树立行车无小事的安全意识。
2. 激发对行车组织内容的学习兴趣和积极性。

知识课堂

一、线路与车站

1. 线路

线路是城市轨道交通运营的基础和重要的组成部分，线路一般由钢轨、道床和路基三部分组成。线路可以铺设在地面、隧道和高架（即地面线、地下线和高架线）上供列车运行。按照城市轨道交通线路在运营中的作用，可以将线路分为正线、辅助线和车场线三类。

（1）正线　正线是指贯穿所有车站和区间，供载客列车运行的线路，包括区间正线和车站正线。通常，城市轨道交通正线是独立运行的线路，按双线设计，采用右侧行车制（市郊铁路采用左侧单向运行）。一般线路为全封闭，与其他交通线路相交处采用立体交叉。

（2）辅助线　辅助线的设置直接关系到城市轨道交通系统的运营效率，是为保证正线运营而配置的线路，主要包括折返线、渡线、联络线、车辆段出入线和停车线等。

1）折返线是指在线路两端终点站或中间站，为能开行折返列车而设置的专供改变列车运行方向的线路。折返线既可以供列车折返使用，也可以作为临时存车使用。折返线的形式有很多种，如图1-1所示。

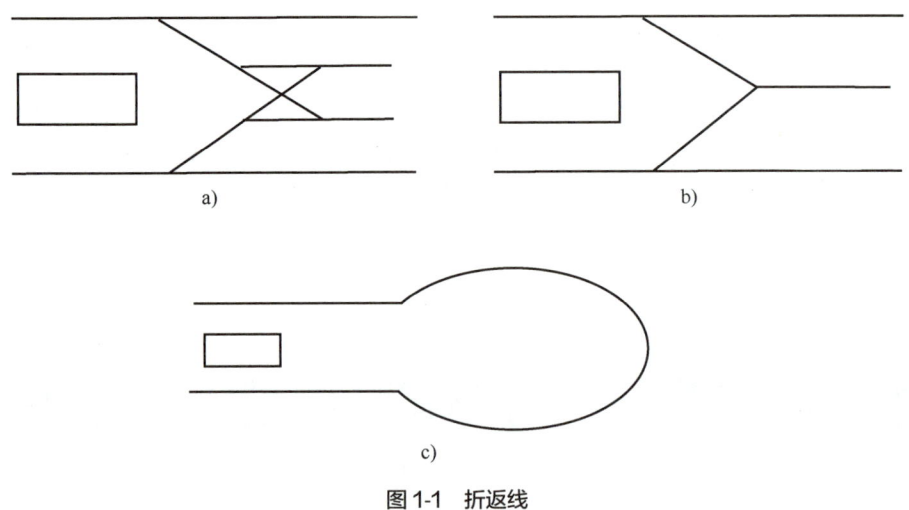

图1-1　折返线

a）双向折返线　b）单向折返线　c）环形折返线

2）渡线既可以改变列车运行方向，也可以改变列车进路，可分为单渡线和交叉渡线，如图1-2所示。

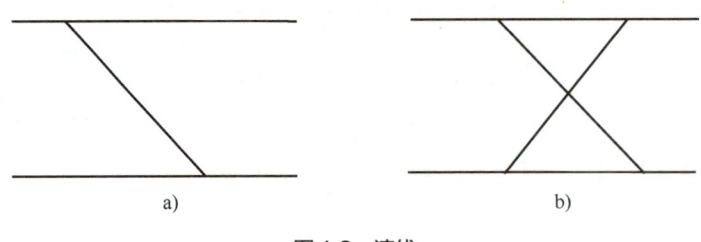

图1-2　渡线

a）单渡线　b）交叉渡线

3）联络线是指为沟通同种制式的两条单独运行线路而设置的连接线，目的是实现列车的过轨运行。合理确定联络线，能够灵活调用路网中各线路车辆，使路网形成有机整体。联络线一般不载客，所以设置单线联络线就可以了，如图1-3所示。

4）车辆段出入线指车辆段到正线之间的连接线，供出入段使用，可以是单线或者双线，与其他交通方式交叉可以是平交或者立交。

5）停车线一般设置在终端站，专门用于列车停放，也可以进行少量列车检修作业。正线运营中每隔3~5个车站会设置临时停车线或渡线，目的是为了在正线运行的故障列车能够及时退出运营而不影响其他列车运行，如图1-4所示。

（3）车场线　车场线是位于车辆段内的线路，车辆段主要是列车检查、维修、停放等的场所。车辆段内的线路主要有检修线、试验线、洗车线、停车线、牵出线。

1）检修线是专门用于检修车辆的线路，设置于检修库内。

2）试验线是对车辆性能进行试验的线路，一般与正线标准一致。

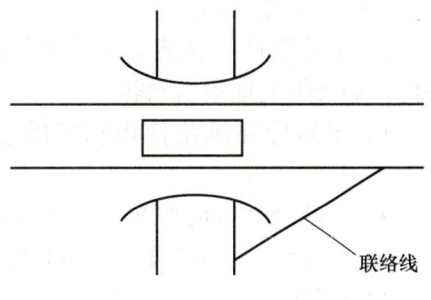

图1-3　联络线

3）洗车线是用于清洗车辆的作业线，线上安装有洗车设备。

4）停车线是供列车停放的线路，一般一线一列或者一线两列。

5）牵出线用于场内列车的转线作业。

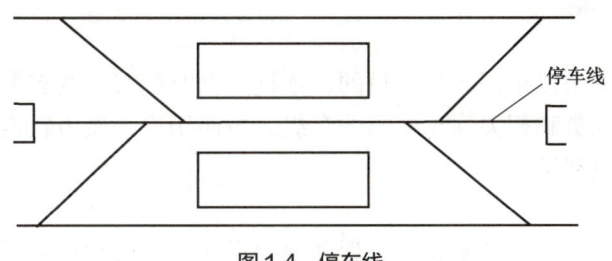

图1-4　停车线

2. 车站

车站是城市轨道交通系统的重要组成部分，是客流集散、上下车及换乘的重要场所，也是列车到发、通过、临时停放的地点，是城市轨道交通运营设备的集中布置场所，一般由风亭、冷却塔、出入口、通道、站厅和站台等组成。

（1）车站的分类　按照不同的分类方法，车站有不同的类型。

1）按车站的空间位置，车站可以分为地下站、地面站和高架站。

2）按站台形式，车站可以分为岛式站台车站、侧式站台车站和岛侧混合式站台车站。

3）按是否具有站控功能，车站可以分为集中站和非集中站。

4）按功能，车站分为始发站、中间站、换乘站和折返站。

5）按结构形式和施工方法，车站可以分为明挖站和暗挖站等。

（2）车站的设计原则　城市轨道交通车站的设计应该遵循以下原则：

1）车站选址要满足城市规划、城市交通规划及城市轨道交通路网规划的要求。

2）车站总体设计要注意与周围环境的协调，如与城市景观、地面建筑规划相协调。

3）车站的规模及布局设计要满足路网远期规划的要求。

4）车站站位应尽可能地靠近人口密集区和商业区，最大限度方便乘客出行。

5）车站的设计应尽可能与物业开发相结合，使土地的使用达到最经济。

6）车站的设计应简洁明快大方、易于识别，并应体现现代交通建筑的特点，还应与周围的城市景观相协调。

7）车站设计应能满足设计远期客流集散量和运营管理的需要，应具有良好的外部环境条件，最大限度地吸引乘客。

8）车站应在满足使用功能的前提下，尽量缩小建筑空间，使其规模和投资达到最合理。

9）车站公共区应按客流需要设置足够宽度的、直达地面的人行通道，出入口的布置应根据城市道路、周围建筑、公交的规划等因素综合考虑，通道和出入口不应有影响乘客紧急疏散的障碍物。

10）贯彻"以人为本"的思想，车站需解决好通风、照明和卫生等问题，以提供乘客安全、快捷和舒适的乘降环境。

11）车站要考虑防灾设计，确保车站的安全性。

12）车站设计要考虑其经济性。城市轨道交通建设投资巨大，根据我国城市轨道交通建设经验，车站土建工程的造价约占城市轨道交通系统总投资的13%左右。

二、列车

城市轨道交通列车是以正线运行为目的，依据运营时刻表以及有关规定按规定辆数编制而成，并配备有司乘人员和相关列车标志的车组。按照用途，城市轨道交通列车一般可以分为客车、工程车和救援列车。

1. 客车

客车有动车和拖车、带驾驶室和不带驾驶室等形式，一般客车采用"动拖结合、固定编组"的形式。目前，我国城市轨道交通列车普遍以6辆编组，也有4辆或者8辆编组。

例如：某城市地铁列车6辆编组的排列形式为 -A*B*C=C*B*A- （也可编成其他形式）。

其中，A车——带驾驶室的拖车（或用 Tc 表示）。

B车——无驾驶室带受电弓的动车（或用 Mp 表示）。

C车——无驾驶室不带受电弓的动车（或用 M 表示）。

-——全自动车钩。

=——半自动车钩。

*——半永久牵引杆。

> **轨道前沿**
>
> 2022年9月20日，在2022年德国柏林轨道交通技术展览会上，中车株洲电力机车有限公司研制的出口欧洲多流制电力机车精彩亮相。
>
> 这台机车外形酷似野牛，牵引功率为5600kW、起动牵引力为300kN，最高运行时速为140km。该机车是按照TSI标准（欧盟铁路互联互通技术规范）研制的高端绿色牵引装备，具有优质、成熟、安全、可靠、环保等特点，采用高安全性、高稳定性、长使用寿命的钛酸锂电池作为辅助动力源，既能快速充电，又能回收制动产生的能量，可在无电网区域（如站场、港口、货场等）实现短时牵引。

> 更重要的是，该款机车满足多种供电制式，运用多流制交流传动技术，可自动识别接触网的电压变换，保证跨网运行安全平稳，能够满足沿线不同国家、不同供电制式的铁路运输需求，将首次实现中国轨道交通产品在欧洲重要货运通道的七国认证。

2. 客车车次

城市轨道交通每天开行列车数以百计，为了对这些列车进行识别，就需要为每一列车规定一个车次号，单日运营时间内车次号是唯一的。不同城市对列车车次号的规定有所区别，如北京地铁、南京地铁的车次号是4位编码，上海地铁1、2号线，西安地铁1、2号线以及石家庄地铁是5位编码，广州地铁是6位编码。如某城轨公司规定电客列车车次号为8位数，前三位为目的地号，中间三位为服务号，后两位为行程号。行程号个位为奇数是下行，偶数为上行。在列车运行图、运营时刻表及日常行车工作中使用"服务号+行程号"5位车次号。而有的城轨公司规定电客列车车次号为7位数，由服务号、序列号和目的地码组成，其中：服务号一天中不变，由3位数字组成；序列号针对某一确定的服务号，是唯一的，由两位数字组成；目的地码也由两位数字组成。

3. 工程车和救援列车

（1）工程车和救援列车的应用　工程车一般采用柴油机作为动力，主要用于城市轨道交通工程领域，但是特殊情况下也承担救援任务。救援列车主要用于救援，当列车在线路上发生故障不能动车时，由控制中心决定是否开行救援列车。一般救援列车由电客列车承担，在救援之前要实行清客。

（2）工程车与救援列车的车次号　工程车与救援列车的车次号一般均为3位编码，但是不同的城轨公司规定也有区别。如某城轨公司的工程车的车次号为401~419，救援列车的车次号为901~909。而有的公司则规定工程车的车次号为501~519，救援列车的车次号为601~609。

> **轨道前沿**
>
> 由中国中车股份有限公司（简称中国中车）承担研制的我国首列中国标准地铁列车于2021年6月28日在郑州下线，标志着我国在地铁车辆技术领域取得重大创新突破。中国标准地铁列车是以中国标准为主导，采用标准化、模块化、系列化的设计理念，继承既有地铁列车运用经验并结合国内地铁用户需求自主开发的、具有技术引领性的全新产品。中国标准地铁列车拥有完全自主知识产权，"中国标准"覆盖率达到85%以上。该地铁列车系统融合了全自动驾驶、智能化、数字化、人性化技术，采用目前国际最高自动化等级GOA4的全自动驾驶运行系统，具有安全可靠的无人驾驶技术、智能高效的人机交互技术、兼容并蓄的系统集成技术和环保舒适的旅客界面技术等。值得一提的是，该列车的铝合金车体环保可降解，实现轻量化，安全节能。编组可随意调节，可长可短，可根据季节旅客流量变化决定车辆编组数量。

三、轨道与道岔

1. 轨道

轨道是铺设在路基之上，供列车运行的线路，直接承受列车及其载荷作用，并把载荷传递给路基或桥隧建筑物。轨道结构应具有足够的强度、稳定性和平顺性，以保证列车按规定的最大载重和最高允许速度运行。轨道一般由钢轨、轨枕、扣件、道床等组成，如图1-5所示。

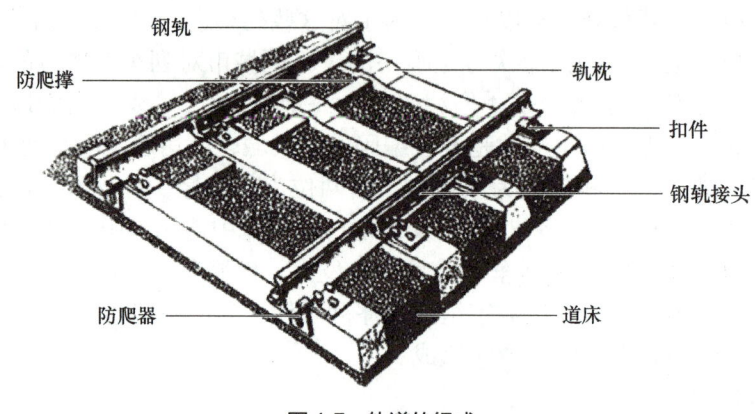

图1-5 轨道的组成

2. 道岔

道岔是线路连接设备的一种，用来使列车/车辆从一股道转入另一股道。有了道岔，可以充分发挥线路的通过能力。道岔在车站、车辆段和停车场使用较多。道岔由于使用寿命短、构造复杂、使用数量多、养护维修费用较大、行车安全性低、对列车通过速度有限制等特点，因此与曲线和接头并称城市轨道交通的三大薄弱环节。

道岔由转辙器、连接部分和辙叉及护轨组成，如图1-6所示。转辙器由两根尖轨、两根基本轨、连接部分以及转辙机组成。

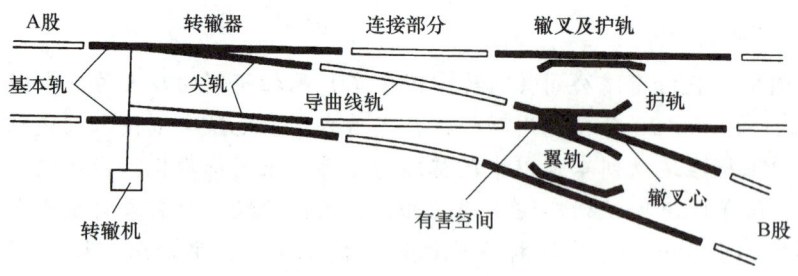

图1-6 道岔的基本构造

道岔的种类较多，一般可分为单开道岔、双开道岔、三开道岔、交分道岔、交叉渡线以及菱形道岔，如图1-7～图1-11所示。其中，单开道岔的数量最多，占90%以上。

（1）单开道岔　单开道岔指主线是直线，侧线在主线的左侧或者右侧岔出，如图1-7所示。

（2）双开道岔　双开道岔指主线向左右两侧对称或者不对称岔出两条线路，又称为对称道岔或者异向道岔，如图1-8所示。

项目一　城市轨道交通行车基础

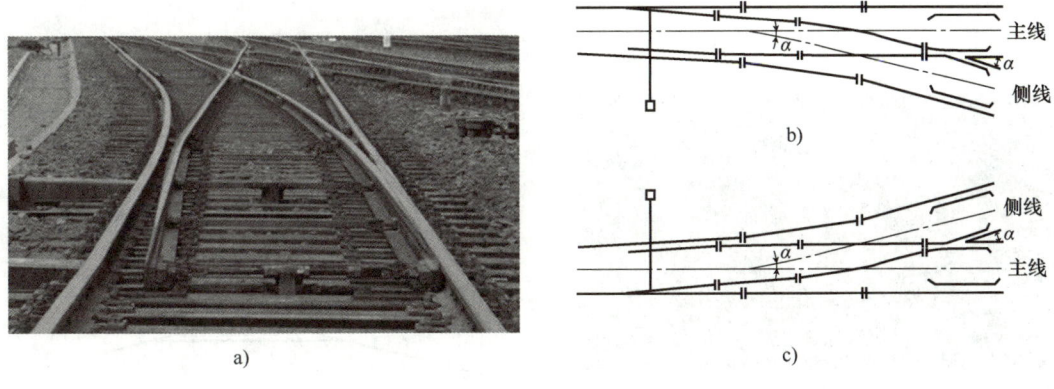

图 1-7　单开道岔

图 1-8　双开道岔

（3）三开道岔　三开道岔指将一个道岔纳入另一个道岔内构成的一种较为复杂的特殊道岔结构形式，具有可开通三个方向的独有特性，如图 1-9 所示。

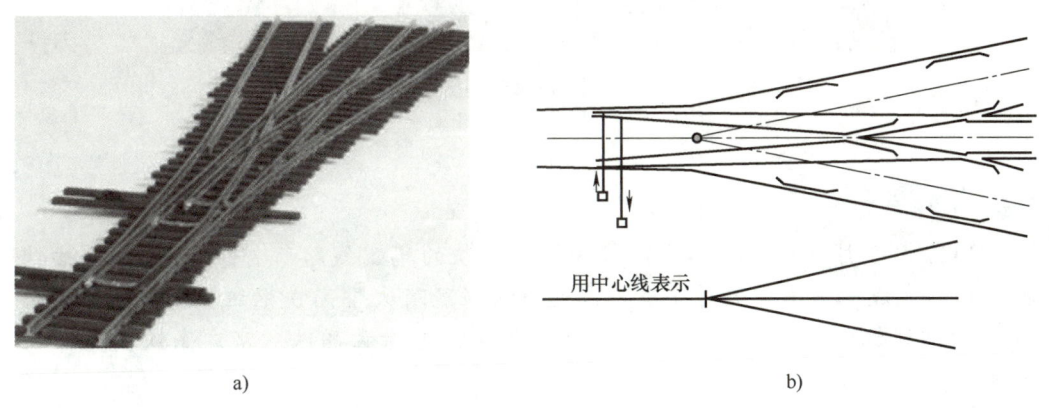

图 1-9　三开道岔

（4）交分道岔　交分道岔指两条线路相互交叉，列车不仅能够沿着直线运行，而且能够由一条直线转入另一条直线，又可以分为单式交分道岔和复式交分道岔，如图 1-10 所示。

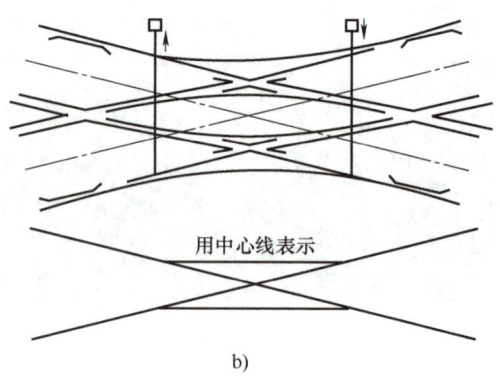

a) 　　　　　　　　　　　　　　b)

图 1-10　交分道岔

（5）交叉渡线　交叉渡线由四副辙叉号码相同的单开道岔和一副菱形道岔组成。在需要连续铺设两条方向相反的普通渡线而受地面长度限制时，可以采用这种渡线。

（6）菱形道岔　菱形道岔通常叫作菱形交叉。它由两组锐角辙叉和两组钝角辙叉组成，但没有转辙器，所以股道之间不能转线，如图 1-11 所示。

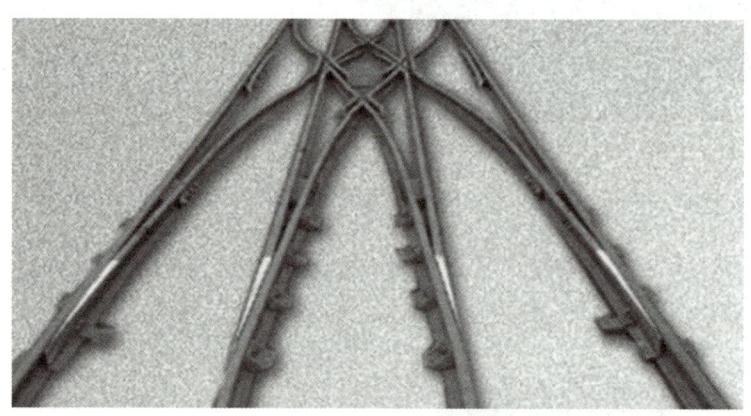

图 1-11　菱形道岔

> **扩展阅读**
>
> 　　2022 年 3 月 9 日，济郑高铁接入徐兰高铁的鸿宝线路所首组 42 号道岔插铺施工顺利完成。这不仅创造了有砟高速道岔在既有大型高铁枢纽长距离纵移、曲线段插铺到位的国内记录，也标志着济郑高铁与徐兰高铁、京广高铁实现互联互通。
>
> 　　插铺的 42 号道岔全长为 157.2m，总重量为 262t，是我国具有完全自主知识产权，目前在高铁枢纽插铺型号最大、长度最长的有砟高速道岔，代表着国内插铺道岔的最高技术水平。该道岔的直向通过速度是 350km/h，侧向通过速度是 160km/h，能够大大缩短列车转线时间，提高通行效率。

四、信号与通信系统

1. 信号系统

信号系统是用于指挥和控制列车运行,提高行车效率的设备系统,也是城市轨道交通系统中最重要的设备之一。信号系统改变了依靠传统地面信号指挥行车的方式,以车载信号为主体。信号系统包括信号、联锁和闭塞等设备。

2. 通信系统

通信系统是城市轨道交通运营的联络中枢,与信号系统共同完成行车调度指挥、列车自动运行等,通信系统为信号系统提供传输通道。它的主要任务是及时传送城市轨道交通运营各系统、各部门和控制中心间及其相互间的信息,使城市轨道交通各个子系统之间紧密联系,同时也是城市轨道交通内外联系的通道。

通信系统主要包括传输系统、电话系统、无线通信系统、闭路电视、广播系统、时钟系统和乘客信息系统等若干个子系统。

五、供电系统

城市轨道交通供电系统,是保障城市轨道交通安全可靠运营的又一重要系统,担负着整个城市轨道交通系统中线路、设备、列车运行等所需电能的供应与传输,供电电源取自城市电网,且大部分为城市电网一级负荷,经过高压输电网、主变电所降压、配电网络和牵引变电所降压、换流等环节,以适当的电压等级供给城市轨道交通各类用电设备。

城市轨道交通供电系统包括外部电源、主变电所、牵引供电系统、车站和区间动力照明供电系统和电力监控系统。

1. 外部电源

城市轨道交通系统的外部电源主要有集中式供电、分散式供电和混合式供电三种形式。

2. 主变电所

主变电所将城市电网的高压 110kV(或 220kV)电源降压后以 35kV 或 10kV 的电压等级分别供给牵引变电所和降压变电所。为保证供电的可靠性,地铁线路通常设置两座或两座以上的主变电所。其中,主变电所由两路独立的电源进线供电,内部设置两台相同的主变压器。

3. 牵引供电系统

牵引供电系统提供电客列车运行所需的电能,它由牵引变电所、接触网和钢轨等组成。国内的地铁全部采用直流供电方式,电压等级有 1500V 和 750V 两种。对应于这两种供电制式,车辆的受流方式主要为第三轨受流和受电弓受流,因此,车辆的馈电方式也相应为第三轨和接触网方式,目前各城市的供电方式不一,如北京地铁采用了 750V 的第三轨供电,石家庄地铁采用了 1500V 的接触网供电。

4. 车站和区间动力照明供电系统

车站和区间动力照明供电系统为车站和区间各类照明、自动扶梯、风机、水泵等动力机械设备和通信、信号、自动化等设备提供电源,它由降压变电所和动力照明配电电路组成。

5. 电力监控系统

电力监控系统的作用是保证控制中心能够对供电系统的主变电所、牵引变电所、降压变电所的供电设备的运行状态实时进行监控、控制及数据采集。它由控制中心的主机、设在各变电所的远程控制终端以及连接终端与中心的通信网络三部分组成。

任务二　认知行车指挥系统岗位

任务目标

知识目标：
1. 了解行车指挥系统的岗位构成。
2. 了解主要行车岗位的工作职责。

能力目标：
1. 具备识别轨道及线路基本设备的能力。
2. 具备识别列车基本结构的能力。

素质目标：
1. 培养学生的爱岗敬业精神。
2. 培养学生的职业认同感。

知识课堂

一、行车指挥系统岗位构成

在城市轨道交通行车指挥系统中，控制中心为调度机构，同时设置了不同的调度工种，按照不同工种实行分工管理，如图 1-12 所示。

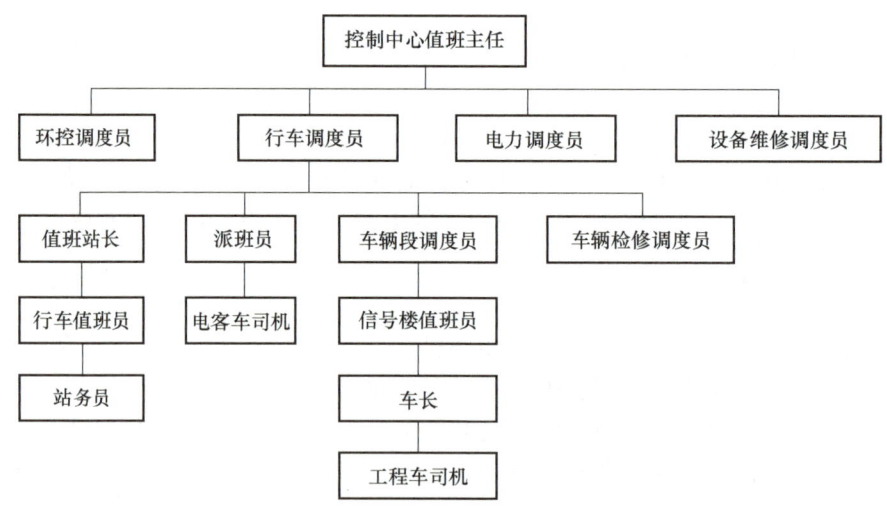

图 1-12　行车指挥系统的结构图

运营指挥分为一级和二级两个指挥层级，二级服从一级；一级指挥有行车调度员、电力调度员、环控调度员和设备维修调度员（不同城市轨道交通企业可能设在不同部门），控制中心的日常工作由值班主任组织和领导；二级指挥有车站值班站长、车辆段调度员、车辆检修调度员、派班员以及其他二级指挥调度；各级指挥要根据各自的职责任务独立开展工作，并服从控制中心值班主任总体协调指挥。

二、主要行车人员的工作职责

城市轨道交通的正常运营需要行车调度员、值班站长、行车值班员、站务员、列车司机、车辆段调度员、信号楼值班员、派班员等各岗位协调配合共同完成，不同的岗位有不同的工作任务和职责。

1. 行车调度员

（1）概述　行车调度员负责城市轨道交通的日常行车组织与指挥工作，被称为地铁"最强大脑"，承担着保障线网畅通，有序准时送达乘客的重任，对列车的安全运营起决定性作用。

（2）行车调度员主要工作职责

1）负责组织列车运行图的实施，并对偏离运行图的列车进行调整，尽快恢复正点运行。

2）与电力调度员、环控调度员相互配合，共同完成运营组织工作，确保班组运营安全。

3）按照相关规定，指挥和协调行车各岗位的运作，组织实施各种行车工作计划，确保行车工作正常运行。

4）传达上级有关运营工作的指令，及时发布调度命令，布置、检查、落实行车工作计划，确保行车工作顺利进行。

5）组织调试车、工程车的开行，合理安排施工作业，监督施工作业和人员的安全。

6）合理处置运营中的紧急事件，及时调整列车服务运行，尽快恢复正常运营，减少损失。

7）监控各种行车设备运作，做好故障记录与通报。

8）加强安全检查，发现异常情况及时处理并报告。

9）收集、填写运营工作有关数据指标，做好原始记录。

10）协助值班主任确认"运营日报"，确保填写准确无误。

> **岗位掠影**
>
> 在北京地铁1号线，每晚1min意味着有超过1100名乘客受到影响。调度员处置突发事故的时间，多是按秒来计算的。2011年6月23日，北京特大暴雨。调度指挥中心1号线有3名调度员在值。16时20分，苹果园中控员打来紧急电话："古城洞口出现雨水倒灌！"
>
> 仅仅6min，司机已经看不到列车的走行轨了，进水量如此巨大，行车调度员杨杰感到形势严峻。1号线修建比较早，排水设备有限，排水能力不足，加上洞口站外是一个U形槽，一旦雨水进来就会大面积倒灌。就在此时，又发现走行轨旁边的供电设备进水发生打火冒烟现象，抢修人员要求接触轨立即停电抢修。一边是设备面临"被烧"的风险，一边是被迫停在区间势必引发一车乘客的紧张焦虑。杨杰用了不到1min立即做出决定，保乘客安全，车辆迅速倒退，让设备再挺会儿。
>
> 指令下达后，后方车辆迅速腾出倒退空间。退行的2min过程中，杨杰与前方中控员保持通话，前方连续三次请示紧急停电，都被杨杰"扛"了过去。列车到达古城下行站线后，前方立即采取接触轨停电措施。整个过程由于组织有序，不到5min就得以完成，既避免了区间清人、疏导乘客可能带来的恶劣影响，保证了乘客人身安全，也避免了设备进一步受损。

> 地铁就像血液循环系统，行车调度员就像急诊室医生。突发事件来了，行车调度员首先要保证这条线路的生命体征，即它的正常运行状态，病灶就是发生故障的地方，减少这个点对周边区段的影响，要"两条腿走路，一边保障非故障区段的有效运行，一边尽快建立故障区段的通路，缓解堵塞，同时跟信号维修员等专科医生配合好"。

2. 值班站长

（1）概述　值班站长需要对本班值班员、站务员进行监督和管理，负责本班的客运服务和安全生产工作，同时需要对保洁人员、施工人员、安检人员等驻站人员进行属地管理。

（2）值班站长主要工作职责

1）执行有关规章制度，做到有令必行，有禁必止。

2）加强班组管理，对本班员工进行技能培训并进行监督、检查、指导和考评管理。

3）加强票务管理，负责车站的车票、现金安全及票款的解行。

4）掌握列车运行情况，安排车站行车组织工作。

5）做好车站客运服务工作，妥善处理各类服务纠纷。

6）当遇到突发事件或者紧急情况，按应急处理预案组织人员进行处理，尽快恢复车站正常运作。

7）正确规范填写车站的各类台账资料并及时上报。

8）做好车站综合治理管理，并积极配合和协调各兄弟部门的关系。

9）完成上级领导临时交办或外部门需协办的其他工作。

3. 行车值班员

（1）概述　行车值班员主要负责车站的行车指挥管理工作，当发生突发事件时，负责现场指挥和信息汇报工作，是车站行车工作的最高指挥者。

（2）行车值班员主要工作职责

1）严格遵守并执行上级指示、命令和有关规章制度。

2）负责与行车调度员联系、接收调度命令、统一指挥车站行车工作。

3）严格执行一次作业程序，熟悉行车设备的性能，掌握操作方法。

4）控制车站广播，密切关注监视屏，掌握站台乘客动态。

5）LOW 停用时负责现场人工排列进路。

6）非运营时间做好巡道、设备维修的登记和注销手续。

7）保管、使用行车设备备品，正确填写各种行车日志，字迹清楚。

8）发现危及行车或人身安全的紧急情况时及时制止，按规定处理。

9）完成上级领导临时交办或外部门需协办的其他工作。

4. 站务员

（1）概述　站务员主要安排在售票岗和巡视岗（站厅巡视岗、站台巡视岗）。

（2）售票岗主要工作职责

1）负责当班客服中心的售票和咨询工作。

2）处理与乘客相关的票务事务。

3）对填写的票务报表和当日票款收益负责。

4）负责本班客服中心内的设备和备品的管理。

5）售票、咨询问题，兼任站厅巡视岗，负责站厅巡视（不含出入口、通道）。

(3) 站厅巡视岗主要工作职责

1）帮助有需要的乘客，主动提供优质服务。

2）检查乘客携带的物品行李，严防易燃、易爆、有毒危险品进站。

3）注意乘客动态，提醒特殊乘客注意安全。

4）出入口、站厅发生治安、客伤等突发事件时，及时处置，保护现场，报告车控室。

5）积极疏导乘客，维持客流秩序。

6）接受乘客问询及处理乘客事务，指引乘客到客服中心进行车票处理。

7）巡视站厅各种设备设施、告示、贴纸、安全警示标志等的状态，发现异常及时报车控室。

8）负责站厅边门管理，按规定给符合人员开边门。

9）制止违反城市轨道交通相关法律、法规、管理条例的行为。

(4) 站台巡视岗主要工作职责

1）负责按站台接发列车标准接发列车，监视列车运行状态、维护候车秩序、关注乘客动态和乘客乘降过程，处理在接发列车过程中发生的突发事件。

2）负责巡视站台区域消防设备设施状态：站台门状态，扶梯运行状态，站台监控亭（备品间）内的所有设备设施的状态，扶梯、站台门等各类安全警示标志的设置情况。

3）注意站台乘客动态：发现可疑人员和可疑物品及时处置，并报车控室。

4）制止违反城市轨道交通相关法律、法规和管理条例的行为。

5. 列车司机

(1) 概述　列车司机作为列车运行的直接操作者，肩负着重要的安全职责，必须具有高度的安全意识，严格遵守各项规章制度，还要有较强的业务能力和应变能力。

(2) 列车司机主要工作职责

1）运营开始前负责列车的整备作业。

2）运营中负责列车按照运行图的要求，安全准点快速地驾驶列车，负责列车正线运行作业、站台作业和折返作业。

3）运营后负责车辆进入车辆段进行整备作业。

4）配合车辆段的车辆调试、验收和保养等工作。

6. 车辆段调度员

(1) 概述　车辆段调度员的日常工作除了为正线运营提供接发列车的保障以外，还负责车辆段内的施工作业安全。车辆段调度员是车辆段行车工作的最高指挥者，被称为车辆段里的指挥员。

(2) 车辆段调度员主要工作职责

1）负责车辆段内行车组织和指挥工作。

2）负责车辆段内电客车和工程车的调车转轨作业。

3）负责车辆段内施工、检修作业的审批和办理工作。

4）负责车场范围所有计划内和临时性的施工安排。

5）组织实施列车调试作业、列车出入车辆段作业。

6）指挥信号楼值班员合理安排场内行车作业，确保发车、收车及调车作业安全。

7）严格执行车场内接触网停/送电操作的有关规定，及时安排信号楼值班员在微机联锁设备上进行防护。

8）指挥工程车司机、电客车司机配合各施工部门工作，布置并监控工程车司机、电客车司机的作业流程，认真执行各项规章制度和作业标准。

7. 信号楼值班员

（1）概述　车辆段设有信号楼，信号楼里设有一个重要岗位就是信号楼值班员。信号楼值班员被称为是地铁场段的"守护神"，为地铁行车组织系统"穿针引线"。信号楼值班员主要负责接发列车、调车作业及信号微机控制台操作，确保做到正点发车和不间断接车的目标。

（2）信号楼值班员主要工作职责

1）接收并执行行车调度员的接发列车和调车作业计划。

2）负责按照分公司规章及"调车作业通知单"的要求，合理排列车辆调车作业及试车线调试作业。

3）负责车辆段内的行车指挥、出入场和调车进路排列、列车接发工作和施工防护。

4）负责微机联锁设备的操作及显示状态的 24h 监控工作，发现设备故障情况或列车运行时状态异常，立即命令司机停车，向车场调度报告并做好相关记录。

5）负责通过无线调度台与电客车司机、工程车司机、施工负责人下达命令和通知。

6）参加车场交接班会议，保管、清点行车备品，打扫保持办公场所卫生。

8. 派班员

（1）概述　派班员根据列车运行图和施工计划，编制工程车作业计划和列车交路表，编制客车司机和工程车司机值班表。

（2）派班员主要工作职责

1）根据列车运行图要求和车辆完好情况，合理编排好每日运用车辆计划，确保运营车辆技术状态完好。

2）全面掌握车辆质量情况、库内停放车辆股道位置和车辆出入库作业动态。

3）做好与检修、机电、通号等相关部门间的协调工作，确保运用车的供给。

4）及时登记各类行车信息，并及时将车辆故障汇总单交车辆检修部门进行处理。

5）与行车调度员、信号楼值班员、司机及有关人员积极配合，确保列车安全正点运行。

6）准确、清晰、迅速抄写、传递行车调度员命令，并按规定登记，要求字迹清楚工整。

7）具体负责派班工作，按规定办理司机请、销假登记手续，正确填记司机考勤簿，妥善保管好各类假条。

8）负责司机出、退勤工作，向司机传达上级命令、指示要求及安全行车事项，检查司机抄录的行车注意事项和司机的精神状态，督促司机按运行图的规定正点出库；做好行车用品和备品的发放工作。

9）具体负责司机报单的核对和统计工作，正确统计行驶里程。

10）认真执行交接班制度，确保各种设备和行车备品齐全并处于良好状态，搞好岗位卫生。

项目二

城市轨道交通行车信号系统

学习导入

城市轨道交通信号系统是保证列车运行安全、提高运输效率的设备，是城市轨道交通的关键技术装备之一。城市轨道交通行车信号系统都有哪些部分和具体设备组成呢？它们的具体功能都是什么呢？什么是联锁和闭塞呢？如何完成信号的操作呢？列车运行控制系统又是什么呢？带着这些问题，我们走进本项目。

任务一　认知行车信号基础

任务目标

知识目标：
1. 熟悉信号的概念、分类、显示及意义。
2. 掌握色灯信号机的分类、使用条件及显示的意义。
3. 掌握正线信号机的类型、种类和功能。
4. 了解听觉信号的用途、标准及显示。

能力目标：
1. 具有正确选择色灯信号机使用时机和使用原则的能力。
2. 具有识别不同种类信号机的能力。
3. 具有识别不同线路标志和行车标志的能力。

素质目标：
1. 通过了解不同听觉信号的含义，培养学生树立安全意识。
2. 通过学习信号机故障的事故案例，培养学生安全无小事的工作责任心。
3. 培养学生的自我探究能力。

知识课堂

一、信号基础概述

1. 信号的概念及分类

信号是用特定的物体（包括灯）的颜色、形状、位置，或用仪表和音响设备等向行车人员传达有关机车、车辆运行条件、行车设备状态以及行车的指示和命令等信息。它是行车及调车作业的命令，有关人员必须严格执行。

城市轨道交通列车在各自轨道上的行驶需要遵从一定的信号指挥，为了保证列车行驶的安全，提高运输的效率，设有多种信号用来指挥列车的行车作业。

城市轨道交通信号按安装方式可以分为固定信号、手信号和移动信号。

（1）固定信号　固定信号是被固定安装在运行线路一定位置，用以指示列车运行和调车工作的信号，如信号机、行车信号标志牌、信号表示器等。

（2）手信号　手信号是行车工作人员使用信号旗、信号灯或其他身体部位来传递视觉信息的通信方式。它主要用于指挥、联系以及传达行车相关的事项。手信号与固定信号机的显示具有同等作用，且行车人员必须严格按照手信号的显示来进行操作。

（3）移动信号　当运行线路在特殊情况下或需要施工、救援，要求列车禁止驶入某地点、区域或需减速运行时应设置移动信号，移动信号根据需要临时设置或撤除。如停车信号牌或灯、减速信号牌或灯、减速防护地段终端信号牌或灯。

城市轨道交通信号按照感官方式，可以分为视觉信号和听觉信号。视觉信号又可以分为昼间、夜间和昼夜通用信号，昼间和夜间的信号分别以不同方式显示。公里标、曲线标、站段分界标、站界标、预告标等就属于昼夜通用信号，色灯信号也属于昼夜通用信号。

1）视觉信号有四种基本颜色，分别表示不同的含义：

红色表示要求停车。

黄色表示注意或减低速度。

绿色表示按正常速度运行。

白色表示允许调车时越过调车信号机。

2）听觉信号：号角、口笛、响墩等发出的音响和机车的鸣笛声。

在昼间遇降雾、暴风、雨雪及其他情况，致使停车信号显示距离不足1000m，注意或减速信号显示距离不足400m，调车信号及调车手信号显示距离不足200m时，应使用夜间信号。隧道内只采用夜间或昼夜通用信号。

> **轨道前沿**
>
> 　　2022年7月，中国通号自主化ETCS-400T车载系统在奥地利维也纳顺利完成实验室集成试验及验收，标志着中国通号成为继德国西门子、法国阿尔斯通之后成功集成ETCS（欧洲列车控制系统）与德国本国车载设备（LZB/PZB）的中国信号系统制造商。中国通号负责该项目车载系统设计、车载设备供货和集成，以及整系统认证（NoBo、AsBo、DeBo）工作，使车载系统满足欧洲列车控制系统（ETCS-2）要求，并实现控制多个欧洲本国车载设备（PZB90、LZB80E、EVM、LS）的功能。技术团队依托丰富的高速铁路列车运行控制系统研发和应用经验，打造具备欧洲多国车载设备集成的高配甚至顶配版ETCS车载系统，同时，牵头与泰雷兹、西门子、德意达等团队共同完成奥地利实验室车载信号系统集成试验，并获得北德认证机构现场验收，完成共屏人机交互、人机交互单元冗余热备、多国车载控制及动态切换等多项国际公认的高难度关键技术及功能，敲响以德国为代表的欧盟核心市场大门，填补国内信号厂商在此认证领域的空白。

2. 色灯信号机的种类及使用原则

城市轨道交通采用色灯信号机，以其显示灯光的颜色、数目和亮灯的状态来表示信号。色灯信号机分为高柱和矮柱两种。高柱信号机安装在钢筋混凝土信号机柱上，主要使用在需要显示距离远、观察位置明显的地方，如车辆段的进段、出段信号机，如图 2-1 所示。矮柱信号机安装在信号机水泥地基上，一般使用在信号显示距离要求不远，如隧道等安装空间有限的地方，如图 2-2 所示。

图 2-1 高柱信号机

图 2-2 矮柱信号机

色灯信号机主要有透镜式色灯信号机和 LED 色灯信号机。

（1）透镜式色灯信号机　透镜式色灯信号机的种类有高柱（安装在钢筋混凝土信号机柱上，由机柱、机构、托架、梯子组成）、矮柱（安装在信号机水泥地基上）、单机构（单显示、双显示、三显示）、双机构（四显示、五显示，还可以带引导信号、容许信号机构和进路表示器）等。

透镜式色灯信号机的每个灯位由灯泡、灯座、透镜组、遮檐和背板等组成。透镜式色灯信号机的光系统灯泡置于透镜组焦点处，使灯泡发出的光呈平行射出，光线集中，照射远，如图 2-3 所示。

（2）LED 色灯信号机　LED 小型信号机采用高亮度发光二极管（LED）作为信号机构的发光器件，机构大小同透镜式色灯信号机一样，信号点灯单元由 LED 构成。用 LED 发光盘取代信号灯泡，显示距离超过 1.5km，节能、聚焦稳定，显示颜色

图 2-3 透镜式色灯信号机

包括红色、黄色、绿色、白色等，与透镜色灯信号机构颜色一致，满足灯光信号颜色标准要求。

（3）色灯信号机的使用原则及使用时机

1）移动闭塞法（CTC 模式）。在正常情况下，根据信号 CBTC 移动闭塞系统原理自动控制列车运行，凭车载信号显示以 AM 或 SM 模式驾驶列车，正线进路防护信号不显示，列车加速、减速、停车和开门等由系统自动控制或由司机参照系统人工控制。

2）点式列车控制闭塞法（ITC 模式）。信号具备点式 ATP 功能时，采用进路行车法组织行车，凭地面信号显示及车载信号显示以 SM 模式驾驶列车。

3）区段进路闭塞法。正线区段进路以相邻两站出站信号机之间的进路为单元划分，列

车运行以一条区段进路为列车间隔,一个区段内只允许一辆列车运行。信号具备联锁功能但不具备点式 ATP 功能时,采用区段进路闭塞法组织行车,凭地面信号显示以 URM 模式驾驶列车。

3. 正线信号机的类型及灯光配列

(1)进站信号机　进站信号机设置在车站入口外方适当距离,用于防护车站内作业安全。进站信号机显示一个红色灯光表示不准列车越过信号机进入站内,显示一个绿色灯光表示允许列车按规定速度越过信号机进入站内。进站信号机一般采用高柱双机构,带引导信号机构,自上而下灯位为黄、绿、红、黄、白。其命名是按列车运行方向[如 X(下行)、S(上行)]加数字表示。

(2)出站信号机　出站信号机设置在车站出口,即列车由车站向区间发车处前方,指示列车能否由车站进入区间。出站信号机显示一个红灯表示不准列车出站,显示一个绿灯表示允许列车出发进入区间,出站信号机是按列车运行方向,右下角加股道号命名的,如 X_1S_5 等。车站可根据需要设置进、出站信号机,或仅设置出站信号机。

(3)预告信号机　将主体信号机的信号显示状态提前告诉司机,其灯光配列与主体信号相同。预告信号机命名第一字母为 Y,后面缀主体信号机编号。

(4)防护信号机　在正线道岔岔前和岔后适当地点设置防护信号机。一般采用黄、绿、红三显示机构。正线上防护信号机用"X""F"等命名,以数字序号作为下标,下行咽喉编为单号,上行咽喉编为双号,从站外向站内顺序编号。

(5)阻挡信号机　在线路尽头处设置阻挡信号机,表示列车停车位置。阻挡信号机采用单显示机构,只有一个红灯。当阻挡信号机显示红灯时,列车应在距信号机至少 10m 的安全距离前停下。当车站设置有阻挡信号机时,与防护信号机按照共同顺序编号。

(6)调车信号机　调车信号机装设在经常进行调车作业的线路上,用来指示机车进行调车作业。一般采用白、蓝两显示机构。其编号从列车到达方向顺序编号,上行咽喉用偶数,下行咽喉用奇数。

(7)通过信号机　采用 ATC 系统的城市轨道交通,自动闭塞通过信号机已经失去了主体信号的作用,一般在区间不设置通过信号机。为便于 ATP 设备发生故障时控制列车运行,可以根据需要设置通过信号机。通过信号机可采用两显示、三显示或四显示机构。以信号机所在地点坐标公里数和百米数命名,上行为偶数,下行为奇数。

4. 行车标志的类型

地铁运行中的行车有关标志分为线路标志和信号标志。它们是行车工作的一个重要组成部分,主要用来对列车运行时的驾驶以及运行设备的巡检维修等指示相关目标、条件、操作要求。

(1)线路标志　表示建筑物及线路设备位置或状态的标志称为线路标志。与行车直接有关的线路标志主要有以下几种:

1)百米标:表示正线距离里程计算起点每一百米的长度,以百米为单位。

2)公里标:表示城市轨道交通线路从起点开始计算的连续里程标志,以 km 为单位。

3)曲线标:曲线起点和曲线终点标志的简称。设在曲线中点处,标志上标明了曲线中心里程、半径大小、圆曲线及缓和曲线长度超高、加宽等有关数据。

4)圆曲线及缓和曲线始终点标:设在直线、曲线缓和、曲线三者相互联系的节点处或开始与终止处,标明所向方向为直线、圆曲线、缓和曲线。

5）坡度标：设在线路纵断面的变坡点处。它在正面与背面分别表示两边的坡度与坡段长度，箭头所指为上坡或下坡，箭尾数字表示坡度千分率，侧面标明变坡点位置。

6）桥梁标：表示桥梁位置（中心里程）的标志，一般设置在桥梁中心里程处或桥头端，上面标明桥梁编号及中心里程数。

（2）信号标志　表示运行线路所在地点的情况和状态，指示行车人员依据标志的要求，及时、正确地进行相关作业与操作的标志称为信号标志。与行车相关的信号标志主要有以下几种：

1）警冲标：在两条线路汇合处，为了防止停留在一线的车辆与邻线上的车辆发生侧面冲撞而设在两汇合线路之间间隔4m的中间标志。股道之间间距不足4m时应设在两线路中心线最大间距的起点处。

2）站界标：是车站与区间分界处的标志，主要用于车站管辖范围区界划分和列车运行时位置识别。

3）鸣笛标：要求司机鸣笛的标志。一般设在道口、桥梁、隧道口以及线路状况复杂地段的外方规定位置。

4）停车牌：指示列车停车位置的标志。通常用于车站站台规定的乘客上下车的停车地点以及列车折返时指示司机停车的地点，它固定设置在规定位置。

5）一度停车标：要求列车在该地点停车后进行确认线路、道岔以及进行相关操作后继续行驶的指示标志。

6）车挡表示器：设在线路尽头线车挡上的表示器，便于司机以及车辆调度员确认车挡位置。隧道内显示红色灯光，地面线路昼间使用红色方牌，夜间使用红色灯光。

7）接触网终止标：表示接触网已终止的标志，设在接触网终端，警告司机不准越过该标，防止脱弓。

8）预告标：通常设于非自动闭塞区段进站信号机外方，用以预告进站信号机位置距离的标志。

9）引导接车地点标：引导员引导接车时所站的位置的标志。引导员接车时原则上站在进站信号机外方或站界标处。

在信号标志中，有些标志具有警告意义和防护功能，运行列车必须在其标志的内方停车，不得越过或者相碰，一旦越过或者相碰将构成行车事故，如警冲标、车挡表示器、接触网终止标等，它们与行车信号显示有相同性质的含义。信号机显示关系行车安全。

事故案例

2014年5月2日，韩国首尔2号线地铁去往蚕室方向的两列班车在上往十里站发生追尾事故，共造成249人受伤。事发原因是地铁站之前的两台信号机显示出现故障，工作人员未检查设备到位，使本应提示前车距离要求停止的信号错误显示为允许通行，这导致后车撞上了正要出站的前车。作为城市轨道交通信号设备的维保服务工作者，要时刻关注信号设备的正常运行，每一个设备的安全可靠运行都至关重要。

二、听觉信号

1. 听觉信号的用途及标准

在行车工作中，各工作或作业相互之间有些不能通过口头、电话及视觉信号的方法取得联系，因此必须使用听觉信号进行相互的联络，维持工作的持续、效率和安全。

鸣示听觉信号时，为防止混淆，应按音节长短及间隔的规定标准进行，其规定如下：

1）长声鸣示时间为3s，短声鸣示时间为1s，音响的间隔时间为1s。

2）如果需要重复鸣示时，每次（组）须间隔5s以上。

3）在一般情况下隧道内取消列车、机车启动鸣笛和声响联络，如遇运行中危及行车安全以及人身安全的突发事件和特殊情况时除外。

4）地面车站、基地作业时应充分考虑居民区等情况，执行城市轨道交通有关规定。

2. 听觉信号的鸣示

列车、车组、工程车等列车的听觉信号鸣示方式见表2-1。口笛鸣示方式见表2-2。

表2-1 列车、车组、工程车等列车的听觉信号鸣示方式

序号	名称	鸣示方式	使用时机
1	起动注意信号	一长声	1）列车起动或机车车辆前进时 2）接近车站、鸣笛标、隧道、施工地点、黄色信号、引导信号、天气不良时 3）在区间停车后，继续运行时，通知车长
2	退行信号	二长声	列车、机车车辆、单机开始退行
3	召集信号	三长声	要求防护人员撤回时
4	呼唤信号	二短一长声	1）列车或机车要求出入基地时 2）在车站要求显示信号时
5	警报信号	一长三短声	1）发现线路有危及行车安全的不良处所时 2）列车发生重大、大事故及其他需要救援情况时 3）列车在区间内停车后，不能立即运行，通知车长时
6	试验自动制动机复示信号	一短声	1）试验自动制动机开始减压时 2）接到试验制动结束的手信号，回答试验人员时 3）调车作业中，表示已接受调车员所发出的信号时
7	缓解信号	二短声	试验制动机缓解时
8	紧急停车信号	连续短声	司机发现邻线发生故障，向邻线上运行的列车发出紧急停车信号时，邻线列车司机听到后，应立即紧急停车

表2-2 口笛鸣示方式

序号	工作项目	鸣示方式
1	发车、指示机车向显示人反方向移动	一长声
2	指示机车向显示人方向移动	一短一长声
3	指示发车	一长一短声
4	制动机减压	一短声

（续）

序号	工作项目	鸣示方式
5	制动机缓解	二短声
6	取消	二长一短声
7	再显示	二长二短声
8	列车接近通报信号 上行 下行	二长声 一长声
9	停车信号	连续短声

任务二　行车手信号操作

任务目标

知识目标：
1. 熟悉手信号的概念、作用及显示时机。
2. 掌握手信号的显示方式。
3. 掌握调车手信号的显示方式。
4. 掌握不同行车手信号的打法和操作。

能力目标：
1. 具有识别各种手信号的能力。
2. 具有正确执行各种行车手信号的能力。

素质目标：
1. 通过准确执行各种行车手信号，培养学生精益求精的工匠精神。
2. 通过根据不同行车情况执行正确手信号的操作，培养学生树立按章行车的意识。

知识课堂

一、手信号的概念、原则与显示时机

1. 手信号的概念及作用

手信号是运行系统的重要的信号显示，在运行时间中经常要使用手信号来表示或传达相关的行车指示和命令，它与运行以及运行安全有着密切的联系。手信号是运行中普遍采用的一种视觉信号，它使用信号旗或信号灯及用显示信号的人的手臂显示的信号，主要通过旗、手臂等的状态变化使接收信号的行车人员明确显示的意义并遵守执行。

手信号的基本作用是机动指挥列车运行和调车作业，对相关的行车事项进行联络。

手信号包括准许通行信号、停车信号、注意或减速信号、引导信号。这些信号与固定信号机显示的含义具有相同的作用。

2. 手信号的显示原则和显示时机

（1）**手信号的显示原则**　手信号的显示原则是指在进行手信号显示时的原则规定。

1）地面车站及基地内，昼间使用信号旗，夜间使用信号灯。
2）地下车站一律使用信号灯，按夜间规定办理。
3）显示手信号时左手持红旗，右手持绿旗（扳道员右手持黄旗）。

（2）**手信号的显示时机**　手信号的显示时机是指正确及时地掌握显示手信号的时间，即什么时候开始显示手信号，什么时候收回所显示的手信号；时机的掌握对安全行车与提高行车效率有着直接密切的关系。

1）显示通过、停车等信号时，必须在看见列车灯光时开始显示，待列车头部越过显示信号地点后方可收回。
2）显示发车信号必须在确认列车起动后方可收回。
3）显示引导信号要待列车越过显示地点后方可收回。
4）显示调车手信号须待司机回示后方可收回。
5）显示停车信号和临时停车信号须待列车停车后方可收回。

3. 手信号的显示方式

手信号的显示方式见表 2-3。

表 2-3　手信号的显示方式

序号	手信号	显示方式	
	类别	昼间	夜间
1	停车信号：要求列车停车	展开的红色信号旗，无红色信号旗时，两臂高举头上，向两侧急剧摇动	红色灯光，无红色灯光时，用白色灯光上下急剧摇动
2	紧急停车信号：要求司机紧急停车	展开红旗下压数次，无信号旗时，两臂高举头上，向两侧急剧摇动	红色灯光下压数次，无红色灯光时，用白色灯光上下急剧摇动
3	减速信号：要求列车降低速度运行	展开的黄色信号旗，无黄色信号旗时，用绿色信号旗下压数次	黄色信号灯光，无黄色灯光时，用白色或绿色灯光下压数次
4	发车信号：要求司机发车	展开的绿色信号旗，上弧线向列车方面进行圆形转动	绿色灯光上弧线向列车方面进行圆形转动
5	通过手信号：准许列车由车站通过	展开的绿色信号旗	绿色灯光
6	引导信号：准许列车进入车站或车辆段	展开黄色信号旗，高举头上左右摇动	黄色灯光高举头上左右摇动
7	好了信号：某项作业完成	用拢起信号旗进行圆形转动	白色灯光进行圆形转动

4. 调车手信号

在车辆段内调车作业时，有关行车人员必须严格执行行车调度员调车手信号的显示要求，列车司机确认调车手信号后，应鸣笛回示并按要求及时动车，不间断瞭望信号；没有信号不准动车，信号不清立即停车；在调车过程中应严格执行各项调车速度规定。牵引运行时，前方进路由司机负责确认，推进运行时，前方进路由调车员负责确认；车辆连挂完毕，列车司机必须先确认调车员的起动手信号，再确认前方进路信号开放后，方可动车。调车手信号的显示方式见表 2-4。

表 2-4　调车手信号的显示方式

序号	调车手信号	显示方式	
	类别	昼间	夜间
1	停车信号	显示方式见表 2-3 第一项	
2	减速信号	展开的绿色信号旗下压数次	绿色灯光下压数次
3	指挥列车或车辆向显示人方向来的信号	展开的绿色信号旗在下方左右摇动	绿色灯光在下方左右摇动
4	指挥列车或车辆向显示人反方向去的信号	展开的绿色信号旗上下摇动	绿色灯光上下摇动
5	指挥列车或车辆向显示人方向稍行移动的信号（包括连挂）	左手拢起红色信号旗直立平举，右手展开的绿色信号旗在下方左右小摆动	绿色灯光下压数次后，再左小动
6	指挥列车或车辆向显示人反方向稍行移动的信号（包括连挂）	左手拢起红色信号旗直立平举，右手展开的绿色信号旗在下方上下小动	绿色灯光平举上、下小动
7	三、二、一车距离信号	右手展开的绿色信号旗下压三、二、一次	绿色灯光平举下压三、二、一次
8	连挂作业	两臂高举头上，拢起的手信号旗杆呈水平末端相接	红绿色灯光交互显示数次
9	试拉信号	按本表第 6 项的信号显示，当列车起动后立即显示停车信号	
10	取消信号：通知前发信号取消	拢起的手信号旗，两臂于前下方交叉后，左右摇动数次	红色灯光进行圆形转动后，上下摇动

（1）使用原则　工程车在区间根据需要进行车辆甩挂作业时，应严格按照调车手信号显示要求执行。试验列车自动制动机的手信号显示方式如下：

制动：昼间——用拢起信号旗高举头上。夜间——白色灯高举。

缓解：昼间——用拢起信号旗在下部左右摇动。夜间——白色灯光在下部左右摇动。

试验完了（或其他作业完成的显示）：昼间——用拢起信号旗进行圆形转动。夜间——白色灯光进行圆形转动。

（2）使用时机　工程车连挂车辆（电列车除外）完毕后，必须进行制动机检阅或全部试验，手信号的显示按上述要求执行；司机确认试验手信号后，鸣笛回示并按显示信号要求执行。

二、行车手信号的操作

1. 发车手信号

位置：位于站台发车端列车驾驶室侧窗旁的安全位置。

动作：右手持绿色信号灯或展开绿色信号旗面对司机进行顺时针圆形转动。

结束条件：列车起动后收回。

2. 停车手信号

位置：位于来车方向站台发车端的端头，面向来车方向站立。

动作：昼间为展开的红色信号旗；夜间为平举手（轨道侧）持红色信号灯。

结束条件：列车至规定停车位置停稳时收回。

3. 调车手信号

位置：位于调车进路首架信号机处安全位置，面向来车方向。
动作：右手持黄（白）色信号灯或展开的黄色信号旗高举头上左右摇动。
结束条件：列车头部越过显示地点时收回。

4. 紧急停车手信号

位置：危及行车安全事发点，迎来车方向安全位置。
动作：手持红色信号灯或展开的红色信号旗高举头顶左右急剧摇动；无信号灯和信号旗时，两臂高举头顶左右交叉急剧摇动。
结束条件：列车停稳后收回。

 历史沿革

我国第一条自主设计建造的干线铁路——京张铁路，当年就是用一盏煤油灯来调度列车的，这盏煤油灯在铁路信号系统里叫作号志灯。20 世纪 80 年代初，京张铁路的信号系统全部完成替换。新系统的应用，大大提高了调度列车的效率，为不久以后的火车大提速奠定了基础。而这盏号志灯，在褪去使用价值后，被珍重地收藏进它曾经工作过的青龙桥站。

2019 年 12 月 30 日，就在这座百年老站向下 4m 深的地方，一列火车疾驰而过，时速 350km。中国第一条智能化高铁——京张高铁开通了。京张高铁的列车自带数千个传感器，可随时监控列车的情况。此外，北斗卫星导航系统的应用，真正实现了列车自动驾驶。中国铁路信号的最高标准在中国第一条智能化高铁得以集中呈现。2021 年，京张高铁实现了 5G 信号覆盖。

在国家发展铁路事业的总体布局和发展需求下，中国铁路信号技术从手信号到机械信号，从继电式电气信号一直发展到现在的智能自动驾驶时代，真正实现了从零发展到引领世界的巨大科技飞跃。

任务三 认知联锁系统

 任务目标

知识目标：
1. 掌握联锁的概念、内容及基本条件。
2. 掌握联锁系统对列车进路的控制。
3. 了解计算机联锁的概念和结构。

能力目标：
1. 具有能够根据行车情况完成进路控制的能力。
2. 具有能够根据线路条件进行计算机联锁操作的能力。

素质目标：
1. 通过掌握联锁中进路、道岔和信号相互制约的概念，培养学生的逻辑思维。
2. 通过掌握联锁的基本条件，培养树立学生按规章行车的规则意识。

一、联锁概述

1. 联锁概念

在车站，为了保证机车车辆和列车在进路上的安全，有效利用站内线路，高效率地指挥行车和调车，改善行车人员的劳动条件，利用机械、电气自动控制和远程控制、计算机等技术和设备，使车站范围内的信号机、进路和进路上的道岔相互具有制约关系，这种关系称为联锁。联锁是车站联锁的简称，是信号设备的重要组成部分。

车站内有许多条线路，它们通过道岔相连接，当道岔开通不同的方向时，列车就会有不同的进站或出站路线，即有不同的进路。如图 2-4 所示，当道岔处于定位时，列车从线路Ⅰ进站；当道岔处于反位时，列车从线路Ⅱ进站。

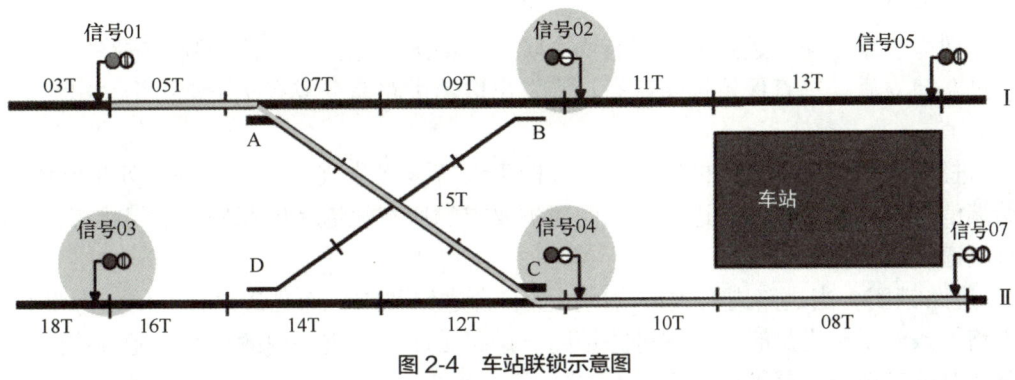

图 2-4　车站联锁示意图

进路是指在车站范围及区间线路上列车由某一指定地点（始端信号机）运行到另一指定地点（终端信号机）所经过的路段。进路的防护由设于进路入口处的始端信号机来担当，所有的列车均需要根据信号机的开放来通过进路，进站信号机防护的范围是车站和列车接车进路；出站信号机防护的进路是应去区间；调车信号机防护的范围是调车进路和机车所进入的线路。

2. 联锁的基本内容

联锁的基本内容包括：防止建立会导致机车车辆相冲突的进路，必须使列车或调车车列经过的所有道岔均锁闭在与进路开通方向相符合的位置，必须使信号机的显示与所建立的进路相符。

3. 联锁的基本条件

联锁的基本条件有以下四个方面：

1）进路上各区段空闲时才能开放信号机，这是最基本的要求。如果进路上有列车占用，此时信号机的开放则可能会引起列车相撞。

2）当开放某一进路时，必须先将进路上的所有道岔扳到正确位置后，防护进路的信号机才能开放。如果信号机开放后，相关道岔还未处在正确位置，则车辆会进入异线，可能会引起列车与停留车的冲突。

3）当防护某一进路的信号机开放以后，这一进路上的道岔应被锁闭，不能再扳动。

4）当某进路的信号机开放以后，与之敌对的进路（两条或两条以上的进路，有一部分相互重叠或交叉，有可能发生列车或机车车辆冲突的进路）的信号机应全部被锁闭，不能开放。

二、联锁设备的功能

联锁设备具有的功能包括轨道电路的处理功能、进路控制功能、道岔控制功能、信号控制功能和进路自动设置功能。

1. 轨道电路的处理功能

轨道电路的处理功能是接收和处理轨道区段的"空闲""占用"状态信息，并把该状态信息转发给其他相关设备。

2. 进路控制功能

进路控制功能就是建立进路和解锁进路的功能。建立进路的过程就是从开始办理进路到防护该进路的信号开放过程。解锁进路的过程就是从列车驶入进路到越过进路中全部轨道区段的过程，或是操作人员解除已建立的进路过程。

（1）建立进路　　建立进路的过程有四个阶段，即进路选择、道岔控制、进路锁闭和信号控制。进路建立后，一直保持锁闭状态；当发出取消进路命令或有车正常占用又出清后，进路才能取消。

1）进路选择。进路选择的条件是：操作手续符合操作规范，所选进路处于空闲状态，进路始端信号机灯丝完好，对进路有侧向防护要求的所有轨道区段都处于空闲状态，在进路中没有轨道区段被占用。

2）进路锁闭。当进路内有关道岔的位置符合进路要求，而且进路在空闲状态没有建立敌对进路等条件得到满足时，实现进路锁闭。进路锁闭后，进路内的道岔不能再被操纵，与该进路敌对的其他进路就不能建立了。

（2）解锁进路　　如果进路和进路的接近轨道区段处于空闲状态，那么控制中心发出取消进路命令，进路立即取消。当列车接近进路时，若此时由于某种原因需取消进路，则取消进路的操作需延时生效，以确保即使列车冒进，此时进路仍处于锁闭状态，道岔不会转换，列车不会颠覆，不致产生危险。

3. 道岔控制功能

（1）监测　　全天候监控所有道岔的状态，如果发生列车挤岔等不正常情况，可由道岔监测设备反映到控制室，并给出声光报警。

（2）锁闭　　道岔锁闭电路接收到控制中送来的锁定道岔指令，对道岔进行锁闭操作，并返回一个锁闭成功或锁闭失败的状态信息给控制中心。根据需要还可以对每组道岔进行单独锁闭。

（3）错开道岔动作时间　　只有当道岔区段空闲、道岔不在指定位置并未被锁定时，才需要对道岔进行转换操作。

4. 信号控制功能

联锁设备负责监视轨旁信号状态，并依据进路、轨道区段、道岔和其他轨旁信号状态信息对其进行自动控制。当收到控制中心送来的信号更新指令时，则更新信号状态。

5. 进路自动设置功能

正常情况下，地铁中只需要开通某一固定进路。根据列车的目的地，进路自动设置功能在适当时间自动请求进路。进路自动设置功能有以下两种模式：

（1）根据列车时间表自动设置进路　根据当前列车识别号和列车位置，由当前时刻表设置进路。自动进路设置功能必须考虑时刻表定义的时间顺序；当进路或轨道电路发生变化时，此功能将检查等待列表，并发送一个请求信息。

（2）根据列车识别号自动设置进路　在某些降级模式下，虽然列车时刻表无效，但自动进路设置仍可根据列车识别号来确保，实际列车识别通过位于每个站台和正线车辆上的应答器来定义进路控制，设置适当的进路。

三、计算机联锁

1. 联锁概念

计算机联锁是指利用计算机对车站作业人员的操作命令及现场表示的信息进行逻辑运算，从而实现对信号机及道岔等进行集中控制，使其达到相互制约的车站联锁设备，即微机集中联锁。进入21世纪后，我国的计算机联锁发展非常迅速，新建车站都采用计算机联锁。与传统的6502继电联锁相比，计算机联锁在技术上有很大的优越性。

2. 计算机联锁的结构

计算机联锁设备主要有人机交互层、联锁控制层、采集/驱动层和室外设备层，如图2-5所示。

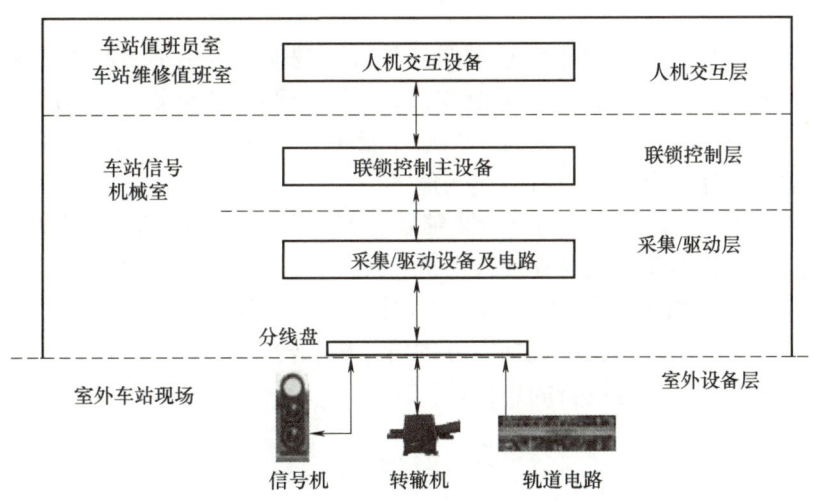

图2-5　计算机联锁系统的结构

（1）人机交互层　人机交互层的设备一部分设置于车站值班员室，另一部分设置于车站维修值班室内，人机交互层的功能是车站值班员通过其进行操作，向联锁层输入操作命令，接收联锁层输出的反映设备工作状态和行车作业情况的表示信息。维修人员通过其了解车站联锁设备的运行情况和故障情况，以便进行维修。

在计算机联锁系统中，要求将计算机采集的信号设备状态（如站场中信号机显示的颜色、道岔实际位置和轨道占用情况等信息）以及其他相关信息显示出来。常用的显示方式有CRT显示和LED（或LCD）方式，如图2-6所示。

（2）联锁控制层　联锁控制层是车站联锁系统的核心，联锁控制层设备设置在车站信号楼的机械室内。联锁控制层的基本功能是实现联锁逻辑控制。联锁控制层接收来自人机交互层的操作的命令，依据从采集/驱动层接收到的反映室外信号机道岔和轨道电路状态的信息，结合内部的中间状态信息，进路联锁逻辑运算产生相应的输出信息。

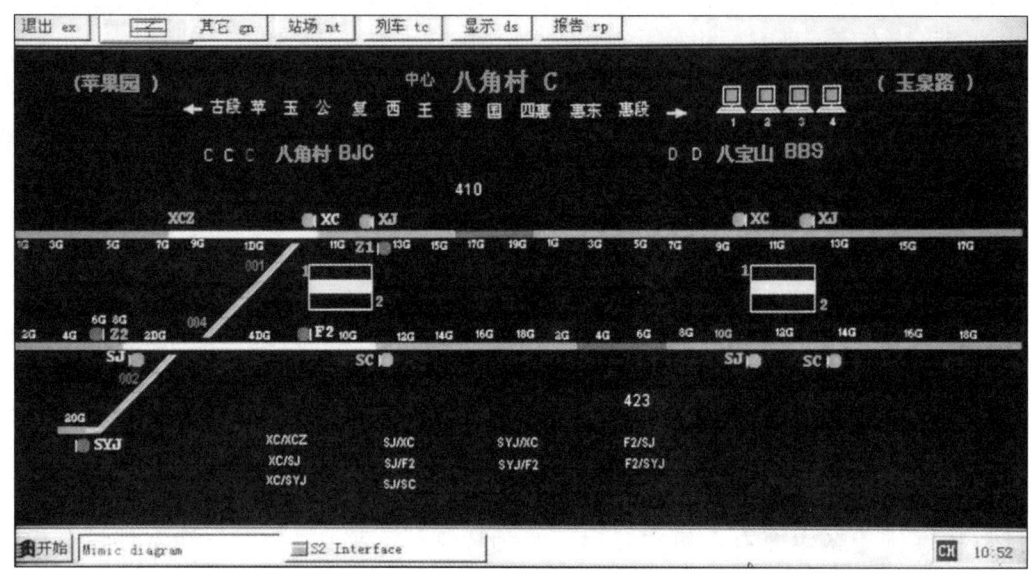

图 2-6　计算机联锁系统显示

联锁控制层是系统核心，进行联锁逻辑的处理。逻辑层应用了 2 取 2 和 3 取 2 等技术。2 取 2 系统由两个各自独立的相同的系统组成，数据由两个通道输入，比较并同时进行处理。只有当两个通道的处理结果相同时，结果才能输出，一旦检查出第一个故障，系统将停止工作，这样避免了连续出现故障所引起的危害。

（3）采集/驱动层　采集/驱动层为联锁层和室外设备层的中间层，在两者之间起信息交互。硬件电路的转换等功能同时在硬件上进行隔离，以保证室内设备的安全性。联锁层和采集/驱动层是联锁控制的实际执行机构，必须符合故障-安全原则。

（4）室外设备层　室外设备层包括室外的信号机、转辙机和轨道电路等设备及其相应的动作电路，用于驱动室外信号设备的直接动作。

> **扩展阅读**
>
> 　　我国联锁系统起步较晚。在老中青三代研发团队多年的共同努力下，2002 年，在襄樊（今襄阳）开通国内第一套电气化车站的全电子化计算机联锁系统。2008 年，在呼和浩特铁路局包白线西斗铺站，正式开通国内第一套国铁正线全电子化计算机联锁系统，2013 年 9 月，铁路信号车站全电子化计算机联锁系统通过了国际安全等级最高的欧标 SIL4 级认证，实现了我国铁路信号由第二代电气集中联锁和第三代计算机联锁向国际最新的第四代全电子化计算机联锁系统的跃进。截至 2022 年底，全电子计算机联锁系统已在全国 16 个铁路局，21 个省、自治区、直辖市的地方铁路以及冶金、煤炭、石油、石化、电力等大型厂矿企业的 610 多个车站投入使用，产生直接经济效益 5.5 亿元，间接经济效益 23 亿元。打破了德国、法国、瑞典和日本的技术封锁，使我国跻身全面掌握此项核心技术及生产制造能力的行列。

项目二　城市轨道交通行车信号系统

任务四　认知列车自动控制（ATC）系统

 任务目标

知识目标：
1. 掌握 ATC 系统的组成及不同结构的 ATC 系统的特点。
2. 掌握 ATP 系统和 ATO 系统的基本原理及功能。
3. 掌握 ATS 系统的基本功能及控制。
4. 掌握 CBTC 的关键技术。

能力目标：
1. 具有系统性分析 ATC 三个子系统功能的能力。
2. 具有准确操作 ATS 系统、完成 ATS 系统各项功能的能力。

素质目标：
1. 通过学习 ATC 三个子系统内在的联系，培养学生的系统性思维。
2. 通过学习我国自主研发的 CBTC 系统，使学生树立民族自豪感和专业自豪感。

 知识课堂

一、列车自动控制（ATC）系统

列车自动控制（Automatic Train Control，ATC）系统是城市轨道交通信号系统的核心，它由列车自动防护（Automatic Train Protection，ATP）、列车自动驾驶（Automatic Train Operation，ATO）、列车自动监控（Automatic Train Supervision，ATS）三个子系统组成。

ATP 系统是整个 ATC 系统的安全核心，负责列车间的安全间隔、超速防护及车门控制，主要包括轨旁设备和车载设备。ATS 系统为 ATC 系统的上层管理部分，负责监督、控制、协调列车运行，根据客流与实际运行情况，选定并维护运行图，自动或人工调整停站或区间运行时间，并与综合监控系统和旅客向导系统接口。ATS 系统主要由中央计算机及相关显示、控制与记录设备以及车站 ATS 设备构成。ATO 系统需在已装备 ATP 系统的条件下使用，负责自动控制列车车速、调整列车运行、形成平滑控制牵引力和制动力的指令、在一定精度范围内对位停车等。它有利于列车节能并提高旅客乘坐的舒适度和减轻司机的劳动强度。

各子系统之间相互支持，以实现对列车的控制，保障列车行驶的安全和提高运输效率。ATC 系统按照其信息传递的方式可以分为点式 ATC 系统和连续式 ATC 系统。

1. 点式 ATC 系统

在地面设置应答器，如图 2-7 所示。当列车驶过地面应答器，车载应答器与地面应答器对准时，车载应答器通过电磁感应的方式将能

图 2-7　应答器

量传递给地面应答器，地面应答器的内部电路开始工作，将所存数据仍通过电磁感应传送到车上。列车计算机系统根据所得到的数据计算制动曲线。

点式 ATC 系统（图 2-8）因其主要功能是实现列车超速防护，所以又称为点式 ATP 系统。点式 ATC 系统所使用的地面应答器有着高信息容量和结构简单等优点，但是难以胜任高密度情况，后续列车通过地面应答器获知前方有车信号，算出一条制动曲线，后续列车驶过，前车已驶离，后续列车已经通过地面应答器，后车不能得到新的信息，只能减速到下一个地面应答器。同时，对于列车的速度控制是阶梯式的，不利于列车的平稳驾驶。

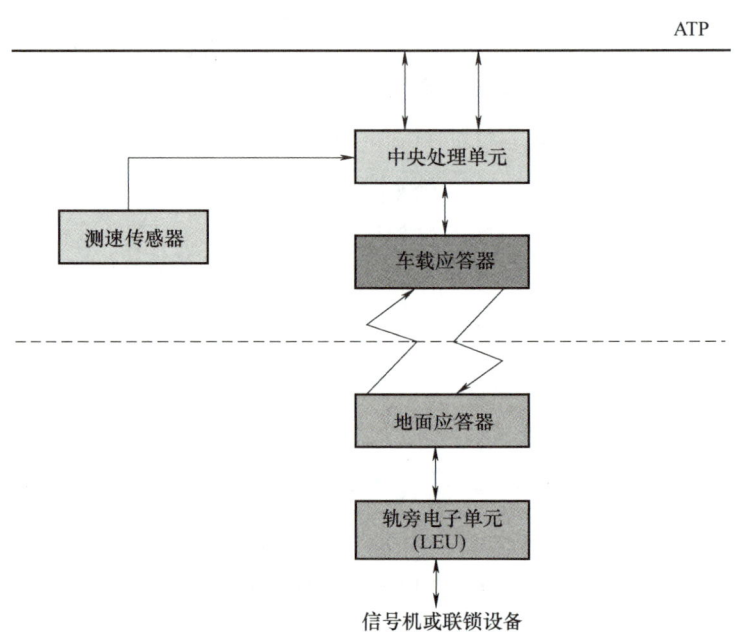

图 2-8　点式应答器系统

2. 连续式 ATC 系统

连续式 ATC 系统有速度码系统和距离码系统两种。不论是速度码系统还是距离码系统，其轨道电路都被用作双重通道，当轨道电路区段上无车时，轨道电路发送的是轨道电路检测信号或检测码；当列车驶入轨道电路区段时，立即转发速度信号或者有关数据电码。

速度码系统通常用不同的频率来代表不同的允许速度。由控制中心通过信息传输媒体将列车最大允许速度直接传至车上，这类指示在信息传递与车上信息处理方面比较简单，速度分级也是阶梯式的。显然，这种速度分级是比较粗略的，速度码系统从地面传递给列车的允许速度也是阶梯分级的，在轨道电路区段分界处的限速值是跳跃式的，这对于平稳驾驶、节能运行及提高行车效率都是非常不利的。因此，速度码系统已逐渐被能实时计算限速值的距离码系统所取代。

距离码系统从地面传至车上的是前方目标点的距离等一系列基本数据，车载计算机根据地面传至车上的各种信息（包括区间的最大限速、目标点的距离、目标点的允许速度、区间线路的坡度等）以及储存在车载单元内的列车自身的固有数据（如列车长度、常用制动及紧急制动的制动率、测速及测距信息等），实时计算出允许速度曲线，并按此曲线对列车的实际运行速度进行监控。

二、列车自动防护（ATP）系统

ATP 系统是保证列车安全、防止列车进入前方列车占用区段和防止超速运行的设备。ATP 系统负责列车运行保护，是列车安全运行的保障。ATP 系统是 ATC 系统的基本环节，是安全系统，必须符合故障 - 安全原则。

1. ATP 系统的设备

ATP 系统的设备主要是地面设备和车载设备两部分。

（1）地面设备　ATP 系统的地面设备主要由轨旁单元和发送接收器组成。ATP 系统的轨旁单元主要是计算机，负责对所获得信息的处理和信息的发送以及接收。ATP 系统的地面设备的发送和接收设备主要有轨道电路形式或 CBTC 系统下的无线通信设备，实现轨旁设备和车载设备间的车地通信。

（2）车载设备　ATP 系统车载设备将地面传来的数据通过 ATP 系统接收装置接收，然后与预先存储的列车数据一起进行计算，得出列车的允许最大速度，再将此速度和来自测速单元（速度传感器）的实时速度进行比较，若超过速度，则启动报警和制动。同时，ATP 系统车载设备还通过与列车接口，将所得的速度信息传给 DMI（人机界面）显示。司机显示功能向司机显示实际速度、最大允许速度、目标距离、目标速度、ATP 系统设备的运行状态，以及列车运行时产生的重要故障信息以保证安全。ATP 系统车载设备采用冗余的 2 取 2 或者 3 取 2 的系统结构，以保证系统最大限度的安全性和可用性，如图 2-9 所示。

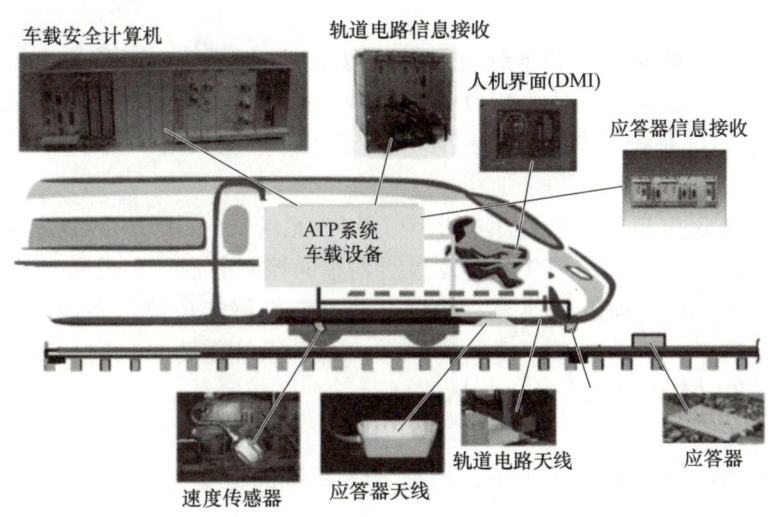

图 2-9　ATP 系统车载设备

2. ATP 系统的功能

ATP 系统可监督列车在安全速度下运行，确保列车一旦超过规定速度，立即实施制动，其主要实现以下功能：

1）自动连续地对列车位置进行检测，并向列车发送需要的速度、距离、线路条件等信息，以确定列车运行的最大安全速度。提供列车速度保护，在列车超速时提供常用制动或紧急制动，保证前行与后续列车之间的安全间隔，满足正向行车时的设计行车间隔和折返间隔。对反向运行列车能进行 ATP 系统保护。

2）确保列车进路正确及列车的运行安全。确保同一线路上的不同列车之间具有足够的安全距离，以及防止列车侧面冲撞。

3）防止列车超速运行，保证列车速度不超过线路、道岔、车辆等规定的允许速度。

4）为列车车门的开启提供安全、可靠的信息。

5）根据联锁设备提供的进路上轨道区间运行方向，确定相应轨道电路发码方向。

三、列车自动驾驶（ATO）系统

ATO系统主要用于实现"地对车控制"，即用地面信息实现对列车驱动、制动的控制，包括列车自动折返，根据控制中心指令自动完成对列车的起动、牵引、惰行和制动，送出车门和屏蔽门同步开关信号，使列车按最佳工况正点、安全、平稳地运行。

ATO系统为非故障-安全系统，其控制列车自动运行，主要目的是模拟最佳司机的驾驶，实现正常情况下高质量的自动驾驶，提高列车运行效率，提高列车运行的舒适度，节省能源。ATP系统是城市轨道交通列车运行时必不可少的安全保障，ATO系统则是提高城市轨道交通列车运行水平（准点、平稳、节能）的技术措施。

ATO系统采用的基本功能模块与ATP系统相同。与ATP系统一样，ATO系统也载有有关轨道布置和坡度的所有资料，以便能优化列车控制指令。ATO系统还装有一个双向的通信系统，使列车能够直接与车站内的ATS系统接口，保证实现最佳的运行图控制。

1. ATO系统的组成

ATO系统主要由地面设备和车载设备两部分组成。地面设备兼用ATP系统轨旁设备，接收与列车自动运行有关的信息。ATO系统车载设备每个驾驶室1个，一列车共有两个车载设备，主要由ATO系统控制器和天线组成，还包括一些其他如用于测速、定位的附件，它们都被安装在一个机柜里。

ATO系统要接收控制中心给列车的指令。ATO系统有一个车-地双向通信系统，通过它能够接收控制中心通过车站ATS系统发送给列车的控制命令，实现列车的最佳运营控制，如列车的运行调整、目的地的变换等。ATO系统具有精确定位停车系统，这个系统为列车提供精确的位置信息，帮助列车实现精确停车。ATO系统需要自动向列车内进行目的地及其线路信息广播和向车内显示屏提供车站信息。

2. ATO系统的功能

ATO系统在ATP子系统的保护下，根据ATS系统的指令实现列车运行的自动驾驶、速度的自动调整、列车车门控制。

1）自动完成对列车的起动、牵引、巡航、惰行和制动的控制，以较高的速度进行追踪运行和折返作业，确保达到设计间隔及旅行速度。

2）在ATS系统监视范围的入口及各站停车区域（含折返线、停车线）进行车-地通信，将列车有关信息传送至ATS系统，以便ATS系统对在线列车进行监控。

3）控制列车按照运行图进行运行，以达到节能及自动调整列车运行的目的。

4）ATO系统自动驾驶时实现车站站台定点停车控制、舒适度控制及节省能源控制。

5）能根据停车站台的位置及停车精度，自动对车门进行控制。

6）与ATS系统和ATP系统结合，实现列车自动驾驶、有人或无人驾驶。

四、列车自动监控（ATS）系统

ATS 系统主要是实现对列车运行及所控制的道岔、信号等设备运行状态的监督和控制，给行车调度人员显示出全线列车的运行状态，监督和记录运行图的执行情况，在列车因故偏离运行图时及时做出调整，辅助行车调度人员完成对全线列车运行状态的管理。ATS 系统是整个城市轨道交通应用的核心，它需要 ATP 系统和 ATO 系统的支持，根据运行时刻表完成对全线列车的自动监控，可自动或由人工监督和控制正线列车进路，并向行车调度人员和外部系统提供信息。ATS 系统的功能由位于控制中心内的设备实现。

ATS 系统能与 ATP 系统、计算机联锁设备或继电联锁设备配套使用，并有与时钟系统、旅客向导系统和综合监控系统的接口。

ATS 系统负责监控列车的运行，是非故障-安全系统。

1. ATS 系统的组成

ATS 系统主要由控制中心、车站、车场以及车载设备组成。

（1）控制中心　控制中心是 ATS 系统的核心，用于状态表示、运行控制、运行调整、车次追踪、时刻表编制及运行图绘制运行报告、调度员培训与其他系统的接口。ATS 系统控制中心设备主要包括设于设备室的控制主机、通信服务器、数据服务器等中心计算机系统，设于主控制室的综合显示屏、调度员及调度长工作站，设于运行图室的运行图工作站和设于培训室的培训、模拟工作站。

（2）车站　车站有集中联锁站和非集中联锁站的区别。集中联锁站设有一台 ATS 系统分机，连接 ATS 系统与 ATP 系统地面设备和 ATO 系统地面设备，采集车站设备信息、传送控制命令，与 ATS 系统联系。非集中联锁站不设 ATS 分机，PTI、PIIS 和 DTI 均通过集中联锁站的 ATS 系统分机与 ATS 系统联系，道岔和信号机由集中联锁站计算机控制。

（3）车场　车场设一台 ATS 系统分机，用于采集车场内存车库线的列车占用及进出车场的列车信号机的状态，在控制中心显示屏上给出以上信息的显示，以便控制中心及车场值班员及车场管理人员了解场内停车库线列车的车次及车组运用情况，正确控制列车出场。车场派班室和信号楼控制台室各设台终端，与车场 ATS 系统分机相连，根据来自控制中心的实际时刻表制订车场作业计划。

2. ATS 系统的功能

ATS 系统在 ATP 系统的支持下完成对列车运行的自动监控，主要实现以下基本功能：

1）通过 ATS 系统车站设备，能够采集轨旁及车载 ATP 系统提供的轨道占用状态、进路状态、列车运行状态以及信号设备故障等控制和监督列车运行的基础信息。

2）根据联锁表、计划运行图及列车位置，自动生成输出进路控制命令，传送至车站联锁设备，设置列车进路，控制列车停站时刻。

3）列车识别跟踪、传递和显示功能。系统能自动完成正线区段内列车识别号（服务号、目的地号、车体号）跟踪，列车识别号可由中央 ATS 系统自动生成或调度员人工设定、修改，也可由列车经车-地通信向 ATS 系统发送识别号等信息。

4）列车计划与实际运行图的比较和计算机辅助调度功能。能根据列车运行实际的偏离情况，自动生成调整计划供调度员参考或自动调整列车停站时分，控制发车时间。

5）ATS 系统中央故障情况下的降级处理，由调度员人工介入设置进路，对列车运行进路进行调整，由 ATS 系统车站完成自动进路或根据列车识别号进行自动信号控制，由车站人工进行进路控制。

6）在计算机辅助下完成对列车基本运行图的编制及管理，并具有较强的人工介入能力。通过将 ATS 系统设在车辆段的终端，向车辆段管理及行车人员提供必要的信息，以便编制车辆运用计划和行车计划。

7）通过列车运行显示屏及调度台显示器，能对轨道区段、道岔、信号机和在线运行列车等进行监视，能在行车调度员工作站上给出设备故障报警及故障源提示。

8）能在车站控制模式下与计算机联锁设备结合，将部分或所有信号机置于自动模式状态。

五、基于通信的列车运行控制（CBTC）系统

1. CBTC 系统概述

随着城市轨道交通的发展，对于列车速度和列车发车间隔的要求越来越高，原来被广泛使用的基于轨道电路的列车控制方式的各种弊端也逐渐显现出来。随着计算机技术、通信技术和控制技术的发展，以 3C（Computer，Communication，Control）技术代替轨道电路实现列车的控制成为最好的发展方向，出现了基于通信的列车运行控制（Communication Based Train Control，CBTC）系统。国际上对 CBTC 系统的定义：利用高精度的列车定位（不依赖于轨道电路）、双向连续大容量的车-地数据通信，车载地面的安全功能处理器实现的一种连续自动列车控制系统。

2010 年 12 月 30 日，国内首条具有完全自主知识产权的 CBTC 列车控制系统示范工程——亦庄线正式开通运营。北京交通大学研发的具备完全自主知识产权的 CBTC 核心技术和系统装备，实现了"自动驾驶""无人折返""安全运营"三项目标，使中国成为继德国（西门子）、法国（阿尔斯通）和加拿大（阿尔卡特）后第四个成功掌握该项核心技术并成功应用于实际运营线路的国家。

2. CBTC 的关键技术

列车-地面间双向通信技术是标志 CBTC 不同于基于轨道电路的列车控制的根本点。车-地通信技术成为 CBTC 应用中的关键技术，这类双向通信方式与一般语音和数据的双向通信在要求上又有不同，主要反映在要求高可靠性、实时性和安全可用性等多个方面。但是在实际环境方面、指挥范围方面、列车运行数量方面有所不同。此外，列车又有电气化干扰，所以车-地之间双向通信是比较复杂的问题。从目前已经开发应用的情况而言，车-地之间双向通信方式有下列几种：

（1）轨间交叉电缆　采用轨间电缆的列车控制，是利用轨间铺设的电缆传输信息的。轨间电缆是车-地通信的通道。为了抗牵引电流的干扰以及列车的定位，轨间电缆每隔一段距离（如 25m）做一次交叉。利用轨间电缆的交叉配置可以实现列车的定位，根据信号极性的变化以及次数来确定列车的实际位置。

采用轨间电缆的 ATC 系统的信息传递的连续性是以采用昂贵的轨间电缆为代价的，维修费用也高，而且轨间电缆的存在给线路养护工作带来了诸多不便。

（2）漏泄波导　基于漏泄波导通信的列车运行控制系统是以漏泄波导为通信媒介，通过车站和轨旁的设备实现地面与列车的信息交换，从而达到对列车运行的控制。列车在线路中的位置需要列车通过车载里程仪测量后经车载通信天线发送给轨旁设备，并经过处理后送到车站控制设备；车站控制设备再将这一信息转发给后续列车，后续列车知道了前行列车的位

置，可根据事先定义的安全行车原则，实现移动闭塞。采用以无线扩频电台和漏泄波导为通信媒介，漏泄波导作为无线电台的天线使用的方法，彻底解决了无线电台在地铁隧道中信号传输的问题，是一个安全、可靠、先进的信号系统，比较适合在地铁环境中使用。

（3）无线通信　采用无线通信的列车运行控制系统，利用无线通信传输列车信息。地面信息接入点将列车限制速度、坡度、距离等有关数据通过天线发送到列车上，由车载控制器对信息进行处理，计算出列车目标速度，对列车进行控制。

基于无线通信的列车运行控制系统主要由区域控制器（ZC）、车载控制器（VOBC）、数据通信系统（DCS）等部分组成。

1）区域控制器即区域的本地计算机，与联锁区一一对应，通过数据通信系统保持与控制区域内所有列车的安全信息通信。区域控制器根据来自列车的位置报告跟踪列车并对区域内列车发布移动授权 MA，实施联锁。区域控制器通常采用 3 取 2 或 2 取 2 的安全计算平台。

2）车载控制器与列车一一对应，实现列车自动保护和列车自动驾驶的功能。车载控制器也采用 3 取 2 的冗余配置。车载应答器查询器和天线与地面的应答器进行列车定位，测速设备用于测速核对列车定位进行校正。司机显示提供司机与车载控制器及 ATS 的接口，显示的信息包括最大允许速度、当前速度、到站距离、列车运行模式及系统出错信息等。

3）数据通信系统（DCS）实现所有列车运行控制子系统间的通信。系统采用开放的国际标准：以 802.3（以太网）作为列车控制子系统的接口标准，以 802.11 作为无线通信接口标准。这两个标准均支持互联网协议（IP）。

> **城轨工匠**
>
> 信号系统被称为地铁列车安全运行的"眼睛"，它的运行状况关系地铁列车的运行安全。只有"信号医生"——地铁信号检修人的精心维护，才能确保"眼睛"时刻雪亮。广州地铁信号高级检修专家戴杨波就是一位"列车眼科医生"。
>
> 2004 年，戴杨波入职广州地铁，在日常工作中主要负责发现设备异常、判断故障点和排除异常情况。十几年的工作历练，他对道岔 L 铁烧绝缘进行深入分析研究，通过加温度贴纸，加装地线并联空开、漏电保护装置等措施提高了道岔的绝缘性能；创新培训模式，开展师徒带教活动、传授工作经验，编写培训、故障处理指南等教材，自主搭建道岔培训基地，培养了多名业精技强的检修专家。戴杨波凭借一双火眼金睛和一身过硬的本领，攻下信号系统的多项技术难关，获"广东省五一劳动奖章""广州市突出贡献技术能手""广州市劳动模范"称号。（摘自广州地铁）

项目三

行车闭塞法

学习导入

为了保证列车在线路上的运行安全，前后两列车之间必须间隔一定的距离，否则有可能发生追尾等事故。为了保证连续发出的列车能够保持一定间隔，从而确保运行安全，需要采用一定的行车闭塞法，常用的行车闭塞法有哪些？原理是什么？本项目重点解决这些问题。

任务一　认知闭塞基础知识

任务目标

知识目标：
1. 了解闭塞的基本概念。
2. 了解区间行车组织的基本方法。
3. 熟悉闭塞区间的划分。
4. 掌握行车闭塞制式的分类。

能力目标：
1. 具有识别行车组织基本方法的能力。
2. 具有识别行车闭塞制式的能力。

素质目标：
1. 培养学生树立安全意识。
2. 培养学生的知识探究能力。

知识课堂

一、行车闭塞法的概念

两站之间的线路称为区间。列车运行是以车站的划分区间及自动闭塞区间的通过信号机或以同方向保持最小运行间隔的前行列车尾部和追踪列车头部为活动闭塞区间的分界线所划分的闭塞分区作为间隔。

为了保证列车在区间的运行安全，车站向区间发车时，必须确认区间空闲，以免发生列车正面冲突或追尾等事故。为了安全、准确、迅速、协调地完成运输生产任务，在组织列车运行时，这种为保证列车运行安全，通过行车设备或人工控制，并遵循一定的行车组织规则，使连续发出的列车能够保持一定间隔，从而确保运行安全的办法，称为行车闭塞法，简称闭塞。行车闭塞法的作用是控制轨道车辆与轨道车辆之间保持一定安全距离，以保证轨道车辆安全运行。

二、行车组织的基本方法

为了保证列车的安全运行，要采用一定的方法将前后两个列车分隔开。目前，区间行车组织的基本方法一般有时间间隔法和空间间隔法两种。

1. 时间间隔法

时间间隔法，即在一个区间内，列车按照事先规定好的时间由车站发车，使前行列车和追踪列车之间必须保持一定时间间隔的行车方法。

2. 空间间隔法

空间间隔法，即把线路划分为若干区间或分区，在每个区间或分区内同时只准许一列列车运行，使前行列车和追踪列车之间必须保持一定距离的行车方法。

时间间隔法实际上是一种不确切的空间间隔法。由于时间间隔法没有设备控制，当先行列车出发一定时间后才允许后续列车出发。先行列车可能在途中减速或因故停留，追踪列车不能确切地得到前行列车的运行状况，容易发生行车事故，故而安全性较差。所以，时间间隔法不能确保行车安全，我国原则上不再采用该方法，只在特殊情况（如一切电话中断时的行车）下采用。空间间隔法能够严格地把列车分隔在两个空间，可以有效地防止列车追尾和正面冲突事故的发生，确保列车运行安全。我国目前所采用的行车组织的基本方法是空间间隔法，通常所说的闭塞就是基于空间间隔的闭塞方法。

三、闭塞区间的划分

在城市轨道交通线路上采用的闭塞方式不同，闭塞区间的划分也不相同。闭塞区间的划分如图 3-1 所示。

采用站间闭塞时，在单线上以两个车站的进站信号机机柱的中心线为车站与区间的分界线；在双线或多线上，分别以各线路的进站信号机机柱或站界标的中心线为车站与区间的分界线。两站间的线路区段称为站间区间。

采用站间固定分区闭塞时，将站间区间划分为若干小区间（称为闭塞分区），并设置通过信号机进行防护。以同方向两架通过信号机机柱为闭塞分区的分界线。

采用移动闭塞时，是以同方向保持最小运行间隔的前行列车尾部和追踪列车头部为活动闭塞区间的分界线。

区间与站内的划分，是行车组织的一项重要内容，也是划分责任范围的依据。列车进入不同的地段时必须取得相应的凭证或准许。在我国，列车占用区间的凭证通常是车站出站信号机的准许显示或目标点和速度码。

四、闭塞制式

闭塞就是保证同一区间或者闭塞分区在同一时间内只能有一列列车运行，而保证一个区间或者闭塞分区只能运行一列列车的设备称为闭塞设备。闭塞技术从各个角度可以划分成许多类型，但是无论闭塞技术如何变化，为了保证列车在区间内行车安全，列车由车站驶向区间的条件必须满足：一要验证区间空闲；二要有进入区间的凭证；三要实行区间闭塞。一般可以将行车闭塞法分为自动闭塞法和人工闭塞法。当自动闭塞设备能使用时采用自动闭塞法组织行车，当自动闭塞设备不能使用时采用人工闭塞法组织行车。

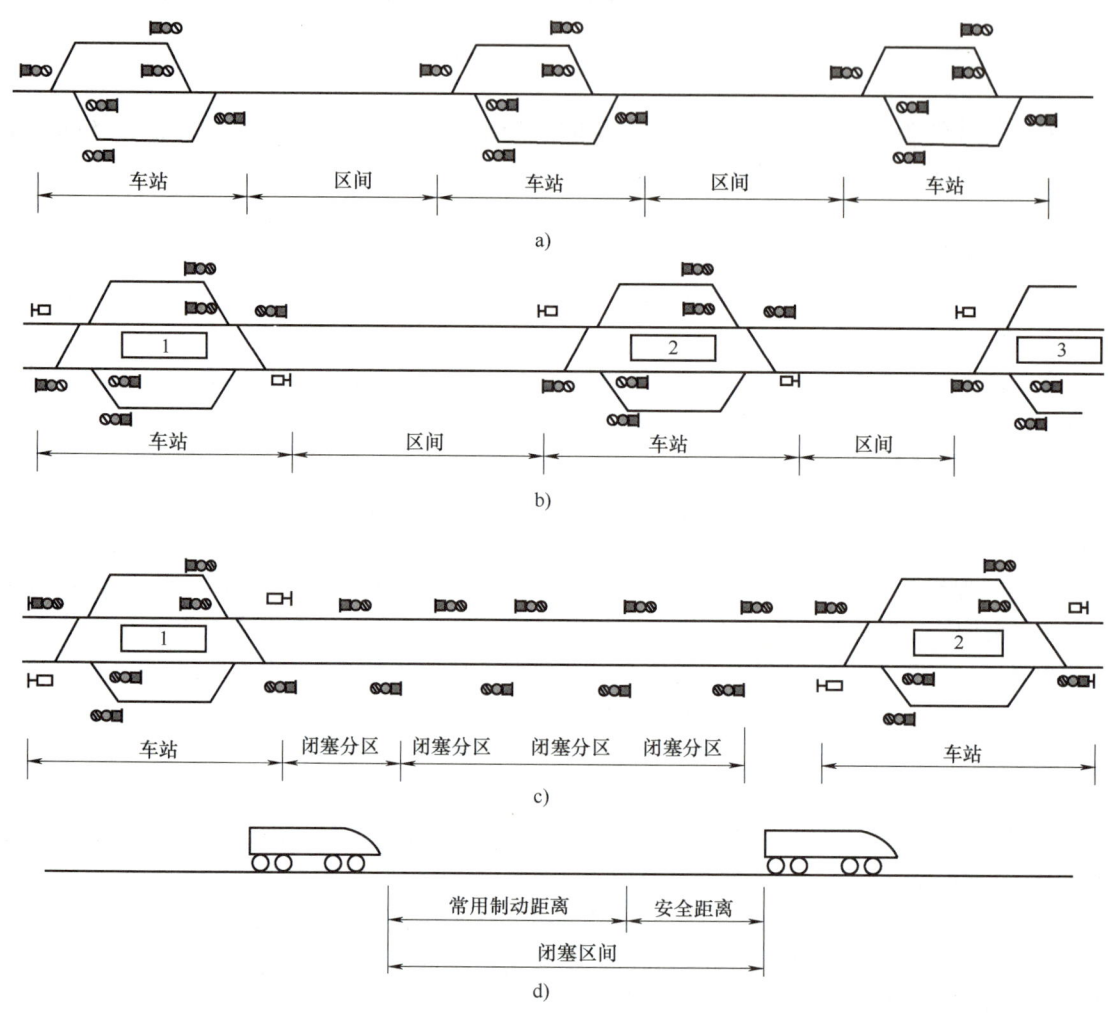

图 3-1 闭塞区间的划分

a）单线线路区间的划分　b）双线线路区间的划分
c）双线线路自动闭塞分区划分　d）移动闭塞线路闭塞分区划分

1. 自动闭塞

城市轨道交通的基本闭塞法主要是自动闭塞，自动闭塞是将站间区间划分为若干闭塞分区，以闭塞分区作为列车追踪运行空间间隔，根据列车运行及有关闭塞分区状态，自动变换信号显示和发送列车移动授权信息，列车凭地面信号或车载信号行车的闭塞方法。由于具体采取的技术手段不同，自动闭塞可分为传统的自动闭塞和装备列车运行自动控制系统的自动闭塞。

（1）传统的自动闭塞　传统自动闭塞一般设地面通过信号机，装备有机车信号，通过信号或凭证来保证列车按照一定的空间间隔运行。传统的自动闭塞通常就称为自动闭塞，因为要与装备列车运行自动控制系统的自动闭塞相区分故冠以传统的自动闭塞之称。目前，传统的自动闭塞一般适用于列车最高运行速度在 160km/h 及以下。传统的自动闭塞属固定闭塞的范畴，可分为三显示自动闭塞、四显示自动闭塞和多信息自动闭塞。

1）三显示自动闭塞。

红色灯光：前方闭塞分区有车占用停车，不准越过信号机。

黄色灯光：前方仅有一个闭塞分区空闲，减速通过。

绿色灯光：前方至少有两个闭塞分区空闲，按规定速度通过。

三显示自动闭塞在绿色灯光条件下，至少有两个闭塞分区空闲可供列车占用。因此，列车基本上是在绿色灯光或黄色灯光下运行，可以保持较高速度运行，或只需要短暂减速运行。此方法适合于客货列车混行的铁路系统。

2）四显示自动闭塞。

红色灯光：前方闭塞分区有车占用，停车，不准越过信号机。

黄色灯光：前方仅有一个闭塞分区空闲，低速列车减速通过。

绿黄色灯光：前方有两个闭塞分区空闲，高速列车减速通过。

绿色灯光：前方至少有三个闭塞分区空闲，按规定速度通过。

四显示自动闭塞保证列车在绿色灯光条件下运行，可以充分发挥列车运行速度，该方法比较适合于较高速度的铁路区段或城市轨道交通系统。

3）多信息自动闭塞。多信息自动闭塞也称为多显示自动闭塞，是对四显示及以上自动闭塞的统称。多于四显示时，往往地面通过信号机不具备多显示的条件，而以机车信号显示为主。

（2）装备列车运行自动控制系统的自动闭塞　列车运行自动控制系统（简称列控系统）保证列车按照空间间隔制运行的技术方法是靠控制列车运行速度的方式来实现的。从闭塞制式的角度来看，装备列车运行控制系统的自动闭塞可以分为固定闭塞、准移动闭塞和移动闭塞。

1）固定闭塞。固定闭塞指的是一条进路内两个同方向相邻信号机间只允许一列列车占用（列车救援时除外），列车凭地面信号运行的行车闭塞方法，可以分为点式模式和联锁后备模式。

固定闭塞将轨道划分为固定的闭塞分区，无论前车还是后车都是用轨道电路来监测的，所以系统只知道列车在哪个区段并不知道其具体位置，因此列车制动的起点和终点总在某一分区的边界。这种情况下列车的控制必然是分级的、阶梯式的。同时，为充分保证安全，必须在两列车间增加一个防护区段，这使列车间的安全间隔较大，影响线路的使用效率。在固定闭塞制式下，通过轨道电路判别闭塞分区的占用情况，并传输信息码，需要大量的轨旁设备，维护工作量较大，存在较多缺点。

2）准移动闭塞。准移动闭塞是介于固定闭塞和移动闭塞之间的一种闭塞方式。它对前后列车的定位方式是不同的，前行列车的定位是采用固定闭塞的方式，后续列车的定位是采用连续移动的方式。准移动闭塞的追踪目标点是前行列车所占用闭塞分区的始端，同时会留有一定的安全距离，而后行列车从最高速开始制动的计算点是根据目标距离、目标速度及列车本身的性能计算决定的。目标点相对固定，在同一闭塞分区内不依前行列车的走行而变化，而制动的起始点是随线路参数和列车本身性能不同而变化的。空间间隔的长度是不固定的，由于要与移动闭塞相区别，所以称为准移动闭塞。准移动闭塞并没有完全突破轨道电路的限制。

3）移动闭塞。移动闭塞是一种新型的闭塞制式。它不设固定闭塞区段，前、后两列车都采用感应环线或无线通信的移动定位方式。现今大多数先进的移动闭塞系统已采用无线通信系统实现各子系统间的通信，构成了基于无线通信技术的移动闭塞，国际上称为基于通信的列车控制（Communication Based Train Control，CBTC）系统。

与固定闭塞和准移动闭塞相比，移动闭塞制式下列车的追踪目标点是前行列车的尾部加上一定的安全距离，后续列车从最高速开始制动的计算点是根据目标距离、目标速度和列车本身的性能决定的，空间间隔长度不固定。

2. 人工闭塞法

人工闭塞法即常说的电话闭塞法。电话闭塞法是当基本闭塞设备故障或因其他原因不能使用时，为了保证列车能够正常运行所采用的一种最终的代用闭塞法。电话闭塞法闭塞区域为前方站间区间和站台区域，列车占用区间的凭证为路票。启用电话闭塞法组织行车前，需获得行车调度员发布同意使用的命令。

 扩展阅读

> 1825 年，全球第一条铁路在英国启用，标志着世界铁路时代的来临。如何保证火车行车安全是摆在全世界铁路人面前的一大课题。1858 年，英国开始使用空间间隔法，这种行车方法形成铁路区间的真正闭塞，由于这种闭塞方式能较好地保证行车安全，因而被世界各国所采用。经过不断的实践和改良，这种方法很快便发展为成熟的人工闭塞。中国铁路早期实行单路签行车方式，所以相当长时间内，它是我国铁路行车闭塞的主要方式。该方法办理手续烦琐、行车效率低、人工工作量大。1925 年，我国开通了由秦皇岛到南大寺的第一条半自动闭塞区段。相对于人工闭塞，该方法使列车运行的效率有了大大的提高。但这种闭塞方法站间只准走行一列列车，到达列车是否完整，闭塞的开放、恢复，仍需通过人工检查和办理。1955 年，我国开始大规模新建自动闭塞线路，这种闭塞方法用通过信号机把区间划分为若干个装设轨道电路的闭塞分区，通过轨道电路将列车和通过信号机的显示联系起来，使信号机的显示随着列车运行位置而自动变换，大大提高了列车运行效率。为了配合铁路高速度、大密度的发展趋势，移动闭塞应运而生，它是利用现代无线通信技术配合机车信号的使用，来代替连续的轨道电路和固定不动的闭塞区间，提高行车效率，保证行车安全。

任务二　认知固定闭塞法和移动闭塞法

 任务目标

知识目标：
1. 掌握闭塞技术的原理。
2. 掌握固定闭塞的特点。
3. 掌握移动闭塞的原理。
4. 掌握移动闭塞的特点。
5. 了解移动闭塞的应用和发展趋势。

能力目标：
1. 具有识别固定闭塞的能力。
2. 具有识别移动闭塞的能力。

素质目标：
1. 认识闭塞的技术原理，培养学生的行车安全意识。
2. 了解移动闭塞系统的发展，培养学生树立民族自信。

知识课堂

一、闭塞技术的原理

在固定划分的闭塞分区中,每一个分区均有最大速度限制。若列车进入了某限速为零或被占用的分区,或者列车当前速度高于该分区限速,ATP系统便会实施紧急制动。ATP系统地面设备以一定间隔或连续地向列车传递速度控制信息,该信息至少包含分区最高限速和目标速度两部分。列车根据接收到的信息和车载信息等进行计算并合理动作。速度码可通过轨道电路、轨间应答器、感应环线或无线通信等传输,不同的传递方式和介质也决定了不同列车控制系统的特点。

二、固定闭塞的特点

传统的固定闭塞制式下,系统无法知道列车在分区内的具体位置,因此列车制动的起点和终点总在某一分区的边界。为充分保证安全,必须在两列车间增加一个防护区段,这使列车间的安全间隔较大影响了线路的使用效率,如图3-2所示。

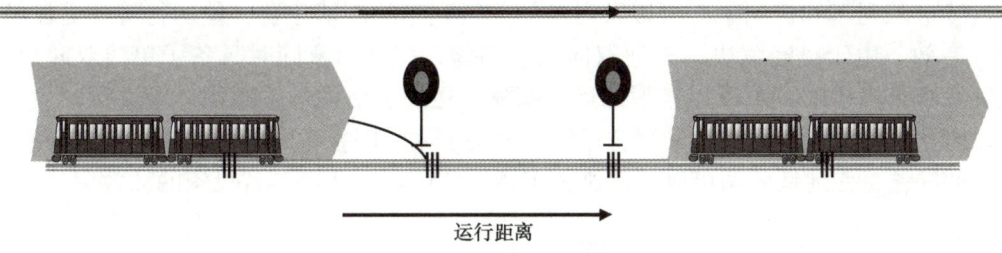

图3-2 固定闭塞示意图

固定闭塞的特点如下:
1)线路被划分为固定位置、某一长度的闭塞分区,一个分区只能被一列列车占用。
2)闭塞分区的长度按最长列车、满负载、最高速度、最不利制动率等不利条件设计。
3)列车间隔为若干闭塞分区,而与列车在分区内的实际位置无关。
4)制动的起点和终点总是某一分区的边界。
5)要求运行间隔越短,闭塞分区(设备)数也越多。
6)采用模拟轨道电路,轮轴传感器,加点式或环线传输,信息量少。

三、移动闭塞的原理

移动闭塞ATC控制系统突破了传统的以固定闭塞分区追踪运行的观念,只要实时了解前方列车与本列车的实际间隔距离,通过车载信号设备实时计算确保列车停在安全距离外的最佳制动时机即可实现列车追踪运行。移动闭塞中已经没有了将线路分成若干个闭塞分区的概念,列车间的运行间隔是动态的,并随前一列车的移动而移动,该间隔是按后续列车在当前速度下的所需制动距离加上安全富余量实时计算和控制的,确保追踪运行不追尾。列车制动时机、制动起始点和终点均是动态的,其目的是最大限度地利用机车车辆特性全速运行,尽可能缩短列车运行间隔,最有效最合理地利用区间有限空间,提高区间通行能力。

移动闭塞摆脱了用地面轨道电路设备判别列车占用闭塞分区与否的束缚，突破了固定闭塞的局限性，充分利用先进的通信传输手段，实时地或定时地进行列车与地面间的双向通信联络，使后续列车可以及时了解前方列车运行实际间隔距离，通过计算后续列车即可给出最佳制动曲线，既提高了区间通行能力，又减少了频繁减速制动操作，改善了旅客乘车舒适度，由于车地间通信信息量的加大，地面可以实时地向车载信号设备传递车辆运行前方线路限速情况，指导列车按线路限制条件运行，提高了列车运行安全性。

为了了解列车在区间走行的确切位置，各厂商使用的列车定位技术各不相同，有使用GPS卫星定位的，也有使用无线基站利用无线定位的，有使用环线电缆交叉定位的，也有使用波导管进行定位的，还有使用车载测速计程方式辅以轨旁应答器（里程标）定位的，精确定位一般能做到20~70cm。列车精确定位技术是衡量移动闭塞制式好坏的关键技术之一，要求该技术必须安全可靠。

移动闭塞的关键技术是车地间的双向通信问题。从目前各厂商系统来看，各系统通信组成方式都与列车精确定位技术有关，有利用卫星直接进行车地通信的，有利用无线电联系的，也有利用波导管双向传输的，还有利用漏泄同轴电缆和轨道环线等进行传输的，但受条件限制，卫星GPS定位技术和利用卫星传输信息的方式不宜在地铁上使用。

基于无线通信的移动闭塞列车控制系统直接面向列车，车-地间通信传输速率快，信息量大，后续追踪列车和控制中心可以及时获知前行列车的确切位置，使运行管理更加灵活，控制更为有效。由于已经解决了车地双向通信问题，移动闭塞同时具备了单线双向运行能力，在突发事件发生时，可以以较短的运行间隔、更加灵活的运输组织计划进行应急处理，同时移动闭塞特别适合不同车辆的混合运输，解决了固定闭塞中车辆更新不能满足原有牵引计算要求的缺憾，使地铁公司可以任意挑选车辆生产厂家，达到节省投资的功效。

四、移动闭塞的基本要素和特点

移动闭塞技术在对列车的安全间隔控制上更进了一步。通过车载设备和轨旁设备不间断的双向通信，ATP系统计算机可以根据列车实时速度和位置动态计算列车的最大制动距离。列车之间形成一个同步移动的虚拟分区。由于保证了列车前后的安全距离，两个相邻的移动闭塞分区就能以很小的间隔同时前进，这使列车能以较高的速度和较小的间隔运行，从而提高运营效率。

1. 移动闭塞的基本要素

在移动闭塞技术中，闭塞分区仅仅是保证列车安全运行的虚拟分区，是动态移动的，并不是实际存在的物理分区，这与传统的固定闭塞有较大区别。移动闭塞有三个基本要素，分别是列车定位、安全距离和目标点。

（1）列车定位　因为移动闭塞中没有轨道电路作为闭塞分区列车占用的检查设备，要想对列车进行有效控制，必须要知道列车的具体位置以及正在以何种速度运行等信息，因此列车定位对移动闭塞技术的实现就显得尤为重要。CBTC系统对在线的每一列列车，均能计算出距前行列车尾部的距离或者距离进站信号点的距离，从而对其实施有效的速度控制，作为列车在车站停车后打开车门及屏蔽门的依据。列车定位由车载设备和地面设备共同完成。

（2）安全距离　安全距离是后续追踪列车的命令停车点与其前方障碍物之间的一个固定距离。障碍物可以是确认了的前行列车尾部的位置或者无道岔表示（道岔故障）的道岔位置。该距离是基于列车安全制动模型计算得到的一个附加距离，它保证追踪列车在最不利条件下能够安全地停止在前行列车的后方而不发生冲撞。所以，安全距离是移动闭塞系统中的关键，是整个系统设计的理论基础和安全依据，如图 3-3 所示。

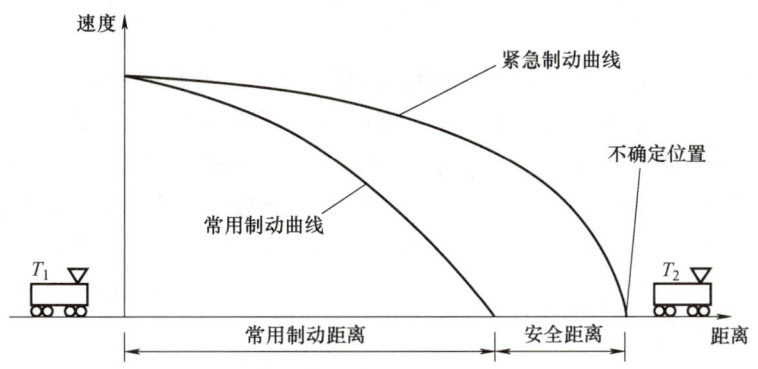

图 3-3　安全距离示意图

（3）目标点　移动闭塞技术中的目标点与固定闭塞中的允许信号作用一样，都是列车运行的凭证，列车必须获得了前行的目标点，才能够移动。目标点通常是设在列车前方一定距离的某个位置点，一旦设定，即表明列车可以安全运行至该点，但不能超过该点，移动闭塞系统就是通过不断前移列车的目标点引导列车在线路上安全运行的。

2. 移动闭塞的特点

移动闭塞突破了传统固定闭塞与准移动闭塞的局限性，具有以下特点：

1）线路没有固定划分的闭塞分区，追踪列车之间没有固定的闭塞长度，列车间隔是动态的，并随前一列列车的移动而移动，有利于提高列车的行车密度和区间通过能力。

2）列车间隔是按后续列车在当前速度下所需的制动距离，加上安全余量计算和控制的，确保不追尾，如图 3-4 所示。

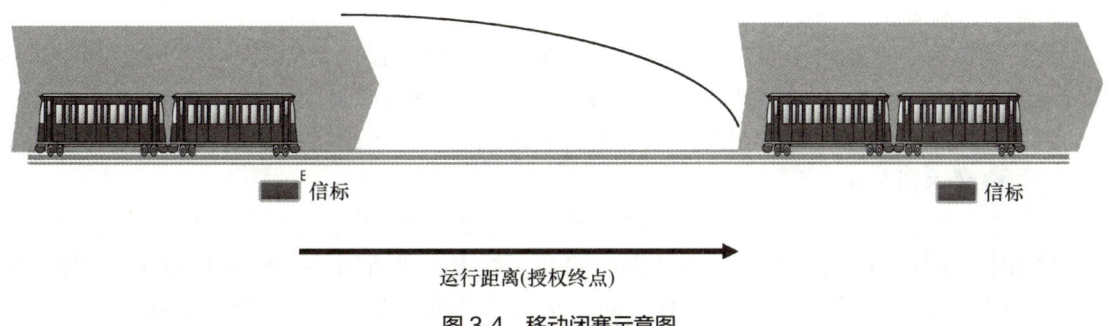

图 3-4　移动闭塞示意图

3）制动的起点和终点是动态的，轨旁设备的数量与列车运行间隔关系不大，运行成本和维护费用大大减少。

4）列车最小运行间隔相较于固定闭塞和准移动闭塞更小。

5）采用先进的地 - 车双向通信传输，信息量大，真正实现了列车运行系统的闭环控制，易于实现无人驾驶。

6）采用无线通信可以达到连续通信的目的，能提供连续的列车安全间隔和超速防护，具有很好的精确性和灵活性。

五、移动闭塞的应用

本方案采用基于常用无线通信技术的阿尔斯通 URBALIS 移动闭塞方案。

(1) **列车定位原理** 阿尔斯通 URBALIS 系统采用车载编码里程计结合电子地图进行列车定位。

进路电子地图结构的基本原理是将网络描述为一个二进制树形网络。当列车在轨道上沿着某个方向前进时，每当遇到分叉节点，都可以与下列两个分支相连：一个是直接分支，另一个是分叉分支，如此不断递归。网络中的每个分支都有一个编号。在每个节点上，具有后续分支的链路均被标记。二进制树形网络的一个部分，最多包含 16 个分支，此部分称为子区段。由 4 个子区段组成一组，称为区段。每个区段和子区段都有一个编号。所以，一个完整的分支编号是由区段编号、子区段编号以及子区段中的当前分支编号组成的。

列车从车辆段出发，首先在转换轨处进行初始化，赋予列车在电子地图中的初始位置，然后由列车里程计计程并通过无线通信电台每隔一定时间向控制中心报告本列车位置。

里程计子系统的设计是使用一个车轮探测器连接到车轮。车轮探测器向 ATC 系统车载设备发送脉冲，车轮每 1 转发送 100 个脉冲。ATC 系统车载设备对脉冲进行计数，以确定列车速度。该功能是通过在列车车轴上安装一个编码里程计测量车轮的角速度来实现的。

编码里程计本身是检测故障安全的。也就是说，通过采用特殊的内部设计可以检测到所有的电气故障。该编码引进信息冗余以检测里程计故障，未检测到故障的概率小于 $1\sim10^{-12}$。通过对读取到的移动和其他冗余里程计的移动进行粗略比较，可检测里程计的机械故障（故障或锁定车轴）。编码里程计也可检测旋转方向。编码里程计还可以非常精确地检测零速度。该信息对于列车车门监控非常重要。能够检测到的最小位移量是 3cm。

如果 T 是 ATC 系统获得 N 个脉冲的时间，D 是车轮直径，可以得到列车速度为

$$TrainSpeed = \frac{1}{T} \cdot \frac{N}{100} \pi D$$

为了避免由于车轮磨损而产生误差，在车辆段转换轨处设两个固定距离的轮径补偿信标点，车载 ATC 系统储存的车轮直径将在每次列车离开车辆段时自动更新。

为了消除所有测速误差，在线路上安装有定位欧式信标。这些信标提供一个绝对故障安全位置，精度达到 5cm。

(2) **车-地通信原理** 阿尔斯通 URBALIS 系统通信由网络子系统和无线子系统构成。

控制中心通过 100M 冗余光纤骨干网与轨旁无线电台进行通信，轨旁无线电台沿线每隔 400m 左右冗余设置，分别接入冗余骨干网，交叉重叠覆盖全线，单个电台故障不会影响系统正常工作。网络子系统基于 LAN IEEE 802.3 第 2 层标准，允许列车一侧的设备之间进行通信，如图 3-5 所示。

列车首尾各装一套车载无线电台，负责与轨旁无线电台进行通信联络，无线子系统基于无线（WLAN）IEEE 802.11a 标准，允许列车和轨旁设备进行通信。在第 3 层中，IP 及其标准协议和服务设置负责执行解决方案。

轨旁无线电台的两根天线根据其位于室外或室内的不同位置，分别被安装在塔顶和隧道顶端的正确方向，进行定向发射，以使轨道的无线电覆盖率最大。无线电调制解调器安装在塔底部的封闭区域内，或置于隧道的墙壁上。

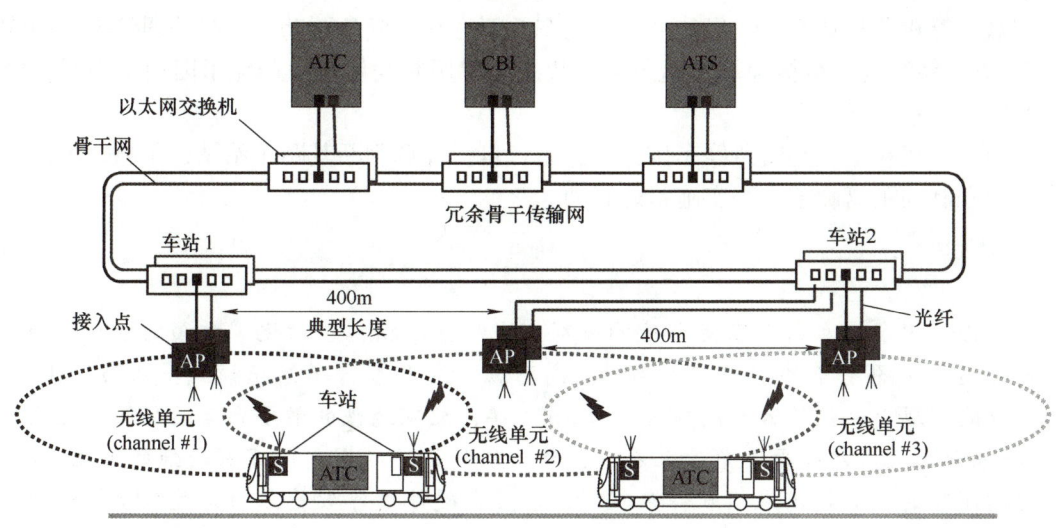

图 3-5 阿尔斯通 URBALIS 系统通信构成图

无线电调制解调器通过防雷击装置，经由同轴电缆连接到天线，使用电源转换器进行供电。无线电调制解调器通过以太网 10/100 Base FX 光纤连接至距离最近的交换器上。无线电调制解调器为双频，可以工作在 ISM1（2.4 GHz）和 ISM2（5 GHz），尤其是 2400~2483 MHz、5150~5350MHz、5470~5725MHz 和 5725~5825MHz。

无线电调制解调器能够提供 6~24dBm 的可调节输出功率，因此可灵活应用于各种类型的天线或辐射电缆，以及通过耦合单元进行管理。该无线电调制解调器服从 ETSI EN 300 328。

（3）列车控制原理　轨旁 ATC 系统设备将收集所有列车的位置信息，并根据位置、速度、预期组件以及位置报告中提及的列车属性将列车所需的自动防护安全包分配给所要考虑的每列列车，从而使自动防护安全包相互关联直至接收到来自于列车的下一个位置信息。在更新了所有的自动防护安全包后，轨旁 ATC 系统设备将为每一个车载 ATC 系统计算相关移动权限，并将其以权限范围消息的方式发送给列车。

一列列车移动权限是通过搜索列车前方第一个保护点安全包、反向进路、未检测的道岔等信息确定的。每列列车能够决定它至权限结束点（可被看作一面"砖墙"）为止的速度和距离曲线。

在上述正常情况下，自动防护安全包的更新独立于列车检测系统的占用情况和进路设置。对于移动权限而言，也不使用轨道占用信息，但是进路必须进行相应的设置；如果进路未设置，或者列车在未经授权的方向上行驶，列车将会收到一个限制权限范围。

出于可用性和耐用性考虑，URBALIS 系统容许丢失一些消息。AP 的形状已将在预测组件中可能丢失的情况考虑在内。出于安全考虑，消息具有时效性。当消息过期后，即产生限制权限范围。

如果轨旁 ATC 系统超过 5s 没有从目标驾驶室中收到任何定位消息，该驾驶室会被认为是一个无法通信的驾驶室。只有在这种情况下，ATC 系统会推测每一个自动防护终端的位置。若该驾驶室处于 CBI 授权的方向，认为驾驶室以最大速度移动；若没有对应于 CBI 授权的方向，认为处于 RM 限制人工驾驶速度（25km/h）。

车载计算机收到轨旁 ATC 系统移动授权信息包，将及时更新数据库内容，并实时计算列车最大运行速度和目标距离，ATP/ATO 系统设备将控制列车按一次模式制动曲线运行。

车载计算机若与轨旁无线通信中断,列车并不会马上紧急制动,而是按通信中断前收到的轨旁 ATC 系统授权目标停车点运行,一般采用常用制动停车,避免了因通信中断紧急制动而影响旅客乘车舒适度。

车载计算机在接收到紧急停车按钮信息后,自行计算判断其距车站站台距离,根据当时列车车速和制动距离确定是否实施紧急制动。

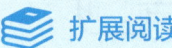 扩展阅读

> 移动闭塞技术结合了当今信号控制领域及行车指挥自动化等方面的理念,使地铁运营公司有条件实现"小编组,高密度"的新型行车组织模式,从而快速、高效地实现最大化的客流周转量。自 2021 年,北京地铁的最小列车运行间隔缩至 1min45s。从初期投资的角度来看,移动闭塞与传统的固定闭塞有较强的可比性。移动闭塞的核心技术采用软件来实现,使其在硬件设备数量方面大大低于传统的固定闭塞系统。因此,选用移动闭塞能在建设初期以最大的性价比得到当今世界最先进的技术,综合造价低。此外,由于系统多由软件构成,易于扩展,还能为以后的扩容、改造及设备升级节省大量的资金。由于整个移动闭塞系统可以做到在室外除感应环线电缆外没有任何硬件设备,因此其日常维护费用和工作量都明显减少。由此说明移动闭塞信号系统在中国地铁、轻轨及高速铁路建设中的重要作用。

任务三　认知电话闭塞法

任务目标

知识目标:
1. 掌握电话闭塞法概念、使用条件及基本规定。
2. 掌握路票的规范填写方法。
3. 了解电话闭塞法的使用流程。

能力目标:
1. 具有区分使用电话闭塞条件的能力。
2. 具有运用电话闭塞法组织列车运行的能力。

素质目标:
1. 培养学生树立生命至上的安全意识。
2. 培养学生树立按规章组织列车运行的标准意识。

 知识课堂

一、电话闭塞法概述

1. 电话闭塞法的定义

电话闭塞法是人工办理闭塞的一种方法,是车站/车辆段之间以电话记录号作为确认闭塞区间空闲的凭证,车站填写路票交付司机,利用路票作为列车占用区间的凭证,以车站值

班站长（或指定胜任人员）的发车手信号作为发车凭证的一种行车组织方法。

2. 电话闭塞法组织行车的使用条件

电话闭塞是当基本闭塞设备不能使用时，由区间两端站的车站值班员利用站间行车电话以发出电话记录号码的方式办理闭塞的一种方法。

电话闭塞不论单线或双线，均按站间区间办理。由于没有机械、电气设备控制，全凭制度约束来保证行车安全，因此办理手续必须严格。为保证同一区间在同一时间内不会用两种闭塞法，在停用基本闭塞法改按电话闭塞法或恢复基本闭塞法时，均需行车调度员下达调度命令后方准采用，行车凭证为路票。

当遇有下列情况时，需改用电话闭塞法行车。

（1）基本闭塞设备发生故障　自动闭塞设备发生故障或停电，包括区间内两架及以上信号机故障或灯光熄灭；移动闭塞采用全人工后退模式。

（2）无双向闭塞、设备的双线区间反方向发车或改按单线行车无双向闭塞设备的双线区间反方向发车　当无双向闭塞设备的双线区间的一条正线因施工或其他原因封锁，另一条正线改按单线行车时，虽然该正线正方向闭塞设备能使用，但由于该正线的反方向无闭塞设备，如果对该线路正方向与反方向运行的列车采用不同的闭塞方法，不但增加了行车调度员发布变更或恢复基本闭塞法命令的次数，而且车站办理时容易发生错误。因此，双线改按单线行车时，上、下行运行的列车均需改用电话闭塞。

（3）列车由区间折回　当列车由区间折回时，需改用电话闭塞法行车。

（4）施工列车或轨道车运行　遇列车调度电话不通时，闭塞法的变更或恢复，应由该区间两端站的车站值班员确认区间空闲后，直接以电话记录办理。

3. 电话闭塞法的基本规定

（1）电话闭塞的闭塞区间　电话闭塞的闭塞区间指相同运行方向两架相邻出站信号机间的区域。

（2）行车凭证　使用电话闭塞法行车时，列车占用闭塞区间的行车凭证为路票，司机在闭塞车站需拿到路票后凭发车手信号动车，一个闭塞区间只允许一趟列车占用。行车调度员发布电话闭塞法组织行车的调度命令后，闭塞区间内列车采用 NRM 模式驾驶，执行电话闭塞法行车的车站单方向发出的首列车限速为 25km/h，同方向后续列车限速为 40km/h。非固定股道接车、折返应在路票上注明接车、折返股道。电话闭塞法时，司机要加强瞭望，遇弯道时，司机需控制行车速度，遇突发事件时能够随时停车。

（3）道岔锁定　执行电话闭塞法区段，进路上的道岔必须锁定，优先使用 ATS 站级工作站锁定，当 ATS 站级工作站电子锁定无法使用时，由车站人员现场确认进路正确后使用钩锁器锁定（折返道岔钩锁器只挂不锁）。

（4）进出折返线或存车线　列车进出折返线或存车线（利用存车线进行站前折返作业除外）时，比照调车方式办理，限速 15km/h。车站准备好进路后，先用无线通信设备通知司机（如通信设备故障，由现场人员口头通知），然后由值班站长或指定人员在指定地点显示道岔开通信号，司机凭显示信号进出折返线或存车线。

（5）启动电话闭塞法行车的时机　电话闭塞法区域内全部列车已在站停稳，所有区间空闲后，行车调度员及时向有关车站及司机发布命令。

4. 取消闭塞的相关规定

（1）办妥闭塞需要取消时　办妥闭塞因故不能接车或发车，需要取消闭塞时，如果列车尚未动车时立即发出停车手信号进行防护，通知该列车取消闭塞，列车原地待令，确认无误后，提出的一方发出的电话记录号作为取消闭塞的依据，并需及时报行车调度员；发车手信号一旦发出或列车已经起动，原则上不能取消闭塞。

（2）列车出发以后取消时　特殊情况下列车出发后途中退回发车站时，由发车站发出电话记录号作为取消闭塞的依据，并需及时向行车调度员报告。

（3）其他情况取消　恢复移动闭塞或固定闭塞行车时取消；每日运营结束，全部电客车回段后，自行取消。

（4）取消闭塞用语　"取消××次闭塞，电话记录号码×××××"。

二、路票使用的相关规定

1. 路票六要素

路票为电话闭塞法行车组织时列车占用区间的凭证，路票六要素为：电话记录号码、列车车次、运行区间、值班员签名、日期、行车专用章，如图3-6所示。

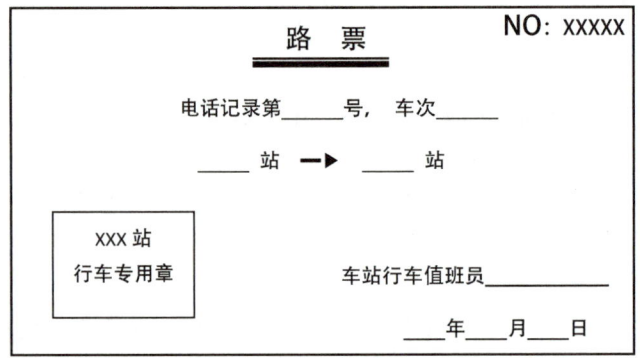

图3-6　路票

2. 路票填写规定

1）发车站需查明闭塞区间空闲。取得接车站同意接车的电话记录号码后，发车进路准备妥当后方可填写路票。

2）先填写行车日志后填写路票。

3）路票必须按顺序逐张使用。路票在车控室由行车值班员亲自签发，并对路票的六要素进行确认。

4）路票作为行车凭证不得随意涂写或撕毁。填写如有增添字句及涂改，均应作废，需重新填写。

5）路票填写的日期以接车站承认闭塞时间为准。零时以前办理的闭塞，司机如在零时后收到路票仍视为有效。

6）列车反向运行时。车站需在路票左上角加盖"反方向运行"专用章。

3. 电话记录号码使用规定

电话记录号码自每日0时起至24时止，按日循环编号。电话记录号的数字组成在不同城市其规定有所不同。如西安地铁规定电话记录号由五位数字组成，前两位为车辆段（停车场）及车站编号（1号线为10~30），后三位为序列号。而武汉地铁则规定，电话记录号码由三位数字组成,第一位表示发出电话记录号码的车站:1 表示宗关站、2 表示硚口路站、3 表示利济北路站、4 表示大智路站、5 表示黄浦路站、6 表示车场,第二、三位表示序号,从 01~99 使用。

以西安地铁为例,渭河车辆段编号为 00,北客站—会展中心站编号为 01~17,各站的序列号为 001~9999(表 3-1)。

表 3-1 车站编号及电话记录号码

车站	车站编号	电话记录号码	车站	车站编号	电话记录号码
渭河车辆段	00	00001~00999	安远门站	09	09001~09999
北客站	01	01001~01999	北大街站	10	10001~10999
北苑站	02	02001~02999	钟楼站	11	11001~11999
运动公园站	03	03001~03999	永宁门站	12	12001~12999
行政中心站	04	04001~04999	南稍门站	13	13001~13999
凤城五路站	05	05001~05999	体育场站	14	14001~14999
市图书馆站	06	06001~06999	小寨站	15	15001~15999
大明宫西站	07	07001~07999	纬一街站	16	16001~16999
龙首原站	08	08001~08999	会展中心站	17	17001~17999

三、电话闭塞法行车组织流程

ATS 系统或 LOW 工作站正常使用时,车站原则上不进行接发列车作业。行车值班员根据列车到发情况,播放到站、关门以及安全相关广播,做好乘客服务,并通过闭路电视系统(CCTV)监视列车、屏蔽门开关状态,以及乘客上、下车情况,确保乘客安全。在列车进站时,车站行车值班员及站台工作人员监视列车的运行状态,注意站台乘客动态,发现危及行车安全时立即按压紧急停车按钮或显示停车手信号。

而当车站信号联锁设备故障,在中央 MMI 或车站 LOW 工作站上不能人工排列进路办理列车的接发,需人工现场手摇道岔准备进路时,需根据行车调度员发布的站间电话闭塞法组织行车的调度命令,严格按照电话闭塞法接发列车作业程序和要求执行。目前,我国城市轨道交通系统暂时没有统一的电话闭塞法接发列车作业程序,不同城市略有不同,后续章节具体介绍。

> **扩展阅读**
>
> 信号降级模式下电话闭塞法行车组织的基本原则与方法在全国各城市相同,但在空间间隔大小的采用上基本形成了以下两种模式:
>
> 1)"一站一区间"运行间隔模式。同一方向相邻的两列列车以一个站间区间作为运行间隔,即当次列车出清前方站后,前方站可承认后方邻站的闭塞请求。当前,北京地铁、深圳地铁、广州地铁等都在使用该方法。
>
> 2)"两站两区间"运行间隔模式。同一方向相邻的两列列车以两个站间区间作为运行间隔,即当列车出清关联站后,前方站方可承认后方邻站的闭塞请求。当前,南京地铁、沈阳地铁和哈尔滨地铁都在使用。

项目四

列车开行计划与列车运行图认知

学习导入

城市轨道交通安全、舒适、便利地在城市范围内运输乘客，既能最大限度地满足市民出行的需求，保证乘客准时、迅速地到达目的地，又能取得较好的经济效益，做到运能和运量之间的平衡。那么，城市轨道交通列车有条不紊地运行依靠什么？每天投运多少列车数才能保证运能和运量之间的平衡？以上这些问题在本项目中都能找到答案。

任务一　制订列车开行计划

任务目标

知识目标：
1. 熟悉客流 OD 表。
2. 掌握断面客流量的计算方法。
3. 熟悉编制全日行车计划的方法。
4. 了解车辆运用计划的编制方法。

能力目标：
1. 具有识读客流 OD 表的能力。
2. 具有独立计算断面客流的能力。
3. 具有独立编制全日行车计划的能力。

素质目标：
1. 培养学生严谨认真的工匠精神。
2. 培养学生的行车安全意识。

知识课堂

一、客流计划

1. 客流的定义

客流是指在单位时间内，城市轨道交通线路上乘客流动人数和流动方向的总和，包含客流的数量、方向和时间三个要素，其中，客流是预测客流或实际客流。

2. 断面客流量

断面客流量是指运营线路单方向相邻两站间 1h 内通过的乘客数量，也称为断面客运量。断面客流量分为上行断面客流量和下行断面客流量，可通过票务系统清分模型直接计算或采用客流调查方式取得。具体计算公式为

$$P_{i+1}=P_i-P_下+P_上 \tag{4-1}$$

式中　P_{i+1}——第 $i+1$ 个断面的客流量（人）；

　　　P_i——第 i 个断面的客流量（人）；

　　　$P_下$——在车站下车人数（人）；

　　　$P_上$——在车站上车人数（人）。

正常运营状态下，运营线路断面客流量的最大值称为最大断面客流量。通常情况下，城市轨道交通线路上行和下行两个方向的最大断面客流量不在同一个断面上。

3. 客流计划

客流计划是指在一定时期内，城市轨道交通线路上预测的乘客人数。它是全日行车计划、列车运行计划和车辆运用计划编制的基本依据，是运输计划的重要基础。新投入运营线路的客流计划是在客流预测资料基础上编制的，即有运营线路的客流计划是在实际客流统计和客流调查资料基础上编制的。客流计划主要包括站间到、发客流量，各站上、下行方向上、下车人数，全日客流量，全日分时客流量，高峰小时客流量等。

客流计划是以站间到、发客流量 OD 表作为原始资料，先计算各车站上、下车人数，再计算各区间断面客流量，最后从中找出最大断面客流量。具体计算步骤如下：

（1）**收集客流资料**　收集城市轨道交通线路各车站到、发客流资料，即 OD 表。表 4-1 所示为某城市轨道交通线路某时段的站间客流量 OD 表，该线路设有 A~E 共 5 座车站，其中，从 A 站往 E 站为下行。

表 4-1　某城市轨道交通线路某时段的站间客流量 OD 表　　　　（单位：人/h）

到	发					
	A	B	C	D	E	合计
A	—	7264	6532	7238	9150	30184
B	5800	—	4635	4352	6284	21071
C	6924	1367	—	741	1873	10905
D	12098	9658	2157	—	520	24433
E	21860	1309	4951	3124	—	31244
合计	46682	19598	18275	15455	17827	117837

（2）**计算各车站上、下车人数**　以 A~E 下行为例，在 A 站上车的人数即从 A 站出发到 B、C、D、E 各车站的人数之和。在 E 站下车的人数即从 A、B、C、D 各站出发到 E 站下车的人数之和。依此类推，可以计算出各车站上、下车人数，见表 4-2。

表 4-2　各车站上、下车人数　　　　（单位：人）

下行上车人数	下行下车人数	车站	上行上车人数	上行下车人数
30184	0	A	0	46682
15271	7264	B	5800	12334
2614	11167	C	8291	7108
520	12331	D	23913	3124
0	17827	E	31244	0

（3）计算区间断面客流量　根据断面客流量计算式（4-1）和表 4-2 各车站上、下车人数，得到各区间断面客流量，见表 4-3。

表 4-3　各区间断面客流量　　　　　　　　　　　　　　（单位：人）

下行	区间	上行
30184	A—B	46682
38191	B—C	53216
29638	C—D	52033
17827	D—E	31244

（4）计算最大断面客流量　从各区间断面客流量数据中找出最大断面客流量，在表 4-3 中最大断面客流量出现在上行 B—C 区间。

在客流计划的编制过程中，高峰小时的断面客流量可以通过两种方法确定：一是由高峰小时站间到、发客流数据来计算；二是由全日站间到、发客流量数据来估算。当用全日站间到、发客流数据估算时，在求出全日断面客流量数据后，高峰小时的断面客流量按占全日断面客流量的比例来估算，比例系数的取值通过客流调查确定即可。

二、全日行车计划

1. 全日行车计划定义

全日行车计划是营运时间内各个小时开行的列车对数计划，它规定了轨道交通线路的日常运输任务，是编制列车运行图、计算运输工作量和确定车辆运用的基础资料。

编制全日行车计划需要综合考虑营运时间内各个小时的最大断面客流量、列车定员人数、车辆满载率和服务水平期望值等多种因素。

2. 编制全日行车计划所需资料

在编制全日行车计划前，必须收集下列资料：

（1）运营时间　运营时间是指城市轨道交通运营线路运送乘客的时间。一般各城市轨道交通系统均留有一定的非运营时间（主要集中在 00：00—05：00 时段），用于进行线路、设备的检修和维护。

（2）全线分时段客流分布　全线分时段客流分布可根据客流的时间分布进行预测、调查分析，确定不同峰期时段的客流量。

在线路运营分析或运行图编制的实际运用中，为充分做到车流、客流相吻合，除掌握全天各小时内的客流分布外，还要掌握 0.5h 乃至 10min 的客流变化量。客流数据一般可以通过 AFC 系统得到。表 4-4 是某城市在运营时段内全日分时客流分布表。

表 4-4　某城市在运营时段内全日分时客流分布表

营运时间	比例（%）	营运时间	比例（%）
5：00—6：00	13.82	14：00—15：00	28.45
6：00—7：00	15.48	15：00—16：00	30.44
7：00—8：00	100.00	16：00—17：00	32.49
8：00—9：00	72.66	17：00—18：00	87.41
9：00—10：00	54.25	18：00—19：00	65.56
10：00—11：00	50.76	19：00—20：00	36.96
11：00—12：00	38.26	20：00—21：00	25.74
12：00—13：00	24.37	21：00—22：00	16.91
13：00—14：00	26.79	22：00—23：00	12.87

（3）全日分时最大断面客流量　全日分时最大断面客流量通常是在最大断面客流量的基础上，根据全日分时客流分布表来计算确定。

（4）线路断面满载率　线路断面满载率是指在单位时间内，运营线路单向断面客流量与相应断面运力的比值，也称为断面拥挤度。在实际工作中，线路断面满载率通常是指高峰小时内，单向最大客流断面的车辆载客能力利用率，计算公式为

$$\beta = \frac{p_{\max}}{c_{\max}} \times 100\% \quad (4\text{-}2)$$

式中　β——线路断面满载率；

$p_{\max}$——单向最大断面客流量（人）；

$c_{\max}$——高峰小时线路输送能力（人）。

线路断面满载率既反映了高峰小时开行列车在最大客流断面的满载程度，也反映了乘客乘坐列车的舒适程度。为了提高城市轨道交通列车运用效率、降低运输成本和提高经济效益，在编制全日行车计划时，轨道交通系统在高峰小时时段内允许适当的列车超载。

3. 编制全日行车计划的方法

（1）计算全日分时开行列车数　全日分时开行列车数通常是在全日分时最大断面客流量、列车定员数和线路满载率的基础上确定的，计算公式为

$$n_i = \frac{p_{\max}}{p_{列}\beta} \quad (4\text{-}3)$$

式中　n_i——分时开行列车数（列或对）；

$p_{\max}$——分时最大断面客流量（人）；

$p_{列}$——列车定员数（人）；

β——线路断面满载率。

（2）计算行车间隔时间　行车间隔时间计算公式为

$$t_{间隔} = \frac{3600}{n_i} \quad (4\text{-}4)$$

式中　n_i——分时开行列车数（列或对）；

$t_{间隔}$——行车间隔时间（s）。

为方便乘客出行，提高城市轨道交通的服务水平，根据实际情况将各时段行车间隔做微调。一般规定在 9：00~21：00 的非高峰运营时段内，确定最终行车间隔时间标准不大于6min；而在其他非高峰运营时段内，最终确定的行车间隔时间标准不大于10min。另外，全日行车计划中的高峰小时行车间隔时间要符合列车在折返站的出发间隔时间要求。

（3）确定全日分时开行列车数　根据行车间隔，使用式（4-4）倒推各时段的开行列车数量。

4. 编制全日行车计划

下面以某城市地铁线路全日行车计划的编制为例，说明全日行车计划的编制步骤。

（1）编制资料

1）早高峰小时（7：00—8：00）客流量为 50000 人。

2）全日分时最大断面客流分布见表 4-5。

3）列车编组数是6，车辆定员数为310人。

4）线路断面满载率，高峰小时为1.1，其他运营时间为0.9。

表4-5 全日分时最大断面客流分布

运营时间	比例（%）	运营时间	比例（%）
5：00—6：00	12.98	14：00—15：00	28.32
6：00—7：00	16.02	15：00—16：00	29.44
7：00—8：00	100.00	16：00—17：00	36.78
8：00—9：00	74.31	17：00—18：00	79.22
9：00—10：00	35.57	18：00—19：00	73.17
10：00—11：00	32.89	19：00—20：00	42.10
11：00—12：00	45.72	20：00—21：00	26.28
12：00—13：00	37.37	21：00—22：00	17.89
13：00—14：00	28.11	22：00—23：00	12.54

（2）编制步骤

1）根据全日分时最大断面客流分布表4-5计算全日分时最大断面客流量，计算结果见表4-6。

表4-6 全日分时最大断面客流量 （单位：人）

运营时间	最大断面客流量	运营时间	最大断面客流量
5：00—6：00	6490	14：00—15：00	14160
6：00—7：00	8010	15：00—16：00	14720
7：00—8：00	50000	16：00—17：00	18390
8：00—9：00	37155	17：00—18：00	39610
9：00—10：00	17785	18：00—19：00	36585
10：00—11：00	16445	19：00—20：00	21050
11：00—12：00	22860	20：00—21：00	13140
12：00—13：00	18685	21：00—22：00	8945
13：00—14：00	14055	22：00—23：00	6270

2）根据式（4-3）计算运营时间内各小时开行的列车数，计算结果见表4-7。

表4-7 全日分时开行列车数

运营时间	分时开行列车数	运营时间	分时开行列车数
5：00—6：00	4	14：00—15：00	8
6：00—7：00	5	15：00—16：00	9
7：00—8：00	25	16：00—17：00	11
8：00—9：00	22	17：00—18：00	24
9：00—10：00	11	18：00—19：00	22
10：00—11：00	10	19：00—20：00	13
11：00—12：00	14	20：00—21：00	8
12：00—13：00	11	21：00—22：00	5
13：00—14：00	8	22：00—23：00	4

3）采用式（4-4）计算行车间隔，为方便乘客出行，将各时段行车间隔做微调，计算结果见表 4-8。

表 4-8 全日行车计划

运营时间	开行列车对数	行车间隔	运营时间	开行列车对数	行车间隔
5：00—6：00	6	10min	14：00—15：00	8	7min30s
6：00—7：00	6	10min	15：00—16：00	9	6min40s
7：00—8：00	25	2min24s	16：00—17：00	11	5min27s
8：00—9：00	22	2min44s	17：00—18：00	24	2min30s
9：00—10：00	11	5min27s	18：00—19：00	22	2min44s
10：00—11：00	10	6min	19：00—20：00	13	4min37s
11：00—12：00	14	4min17s	20：00—21：00	8	7min30s
12：00—13：00	11	5min27s	21：00—22：00	6	10min
13：00—14：00	8	7min30s	22：00—23：00	6	10min

由表 4-8 可以得到该线路的全日行车计划：全天开行列车数是 220 对，其中，早高峰时段开行列车 25 对，行车间隔时间是 2min24s，晚高峰时段开行列车 24 对，行车间隔时间是 2min30s。

三、车辆运用分类和计划

1. 车辆运用分类

城市轨道交通系统为满足乘客的需求，必须保有一定数量的车辆。车辆按运用上的区别，可分为运用车、检修车和备用车三种。

（1）运用车 运用车是为完成日常运输任务而配备的技术状态良好的车辆，运用车的需要数量与高峰小时开行列车对数、列车运送速度及在折返站停留时间等因素有关，按下式计算

$$N = \frac{n_{高峰} \theta_{列} m}{3600} \tag{4-5}$$

式中 N——运用车辆数（辆）；

$n_{高峰}$——高峰小时开行列车数（对）；

$\theta_{列}$——列车周转时间（s）；

m——列车编组数（辆）。

列车周转时间是指列车在运营线路上往返一次所消耗的全部时间（不包括回库、检修等时间）。它包括了列车在区间运行、列车在中间站停车供乘客乘降，以及列车在折返站进行折返作业的全过程。

$$\theta_{列} = \sum t_{运} + \sum t_{站} + \sum t_{折停} \tag{4-6}$$

式中 $\sum t_{运}$——列车在线路上往返一次各区间运行时间的和（s）；

$\sum t_{站}$——列车在线路上往返一次各中间站停站时间的和（s）；

$\sum t_{折停}$——列车在折返站停留时间的和（s）。

当列车在折返站的出发间隔时间大于高峰小时的行车间隔时间时，必须在折返线上预置一列列车进行周转，此时运用车数要相应增加。

（2）检修车　检修车是指处于定期检修状态的车辆。车辆经过一段时间的运用后，各部件会产生磨耗、变形或损坏，为保证车辆始终处于良好的运行状态，并达到最大限度的使用率，需要定期对车辆进行检修。

车辆的定期检修是一项有计划的预防性维修制度，我国现行城市轨道交通车辆检修分为列检、月检、定修、架修和大修（又称为厂修）等五个等级。列检和月检为日常维修，其中，定修、架修和厂修为定期检修。

在车辆各种检修中，两次检修的间隔通常以车辆走行里程或间隔时间为依据，见表4-9。

表4-9　车辆日常维修和定期检修周期

类别	检修种类	检修周期	
		里程/万 km	时间
日常维修	列检	—	每天或双日
	月检	—	1个月
定期检修	定修	12.5～15	1.5年
	架修	50～60	5～6年
	厂修	100～120	10～12年

（3）备用车　为了适应客流的变化，确保完成临时紧急的运输任务，以及预防运用车发生故障，必须保有若干技术状态良好的备用车辆。备用车的数量一般是运用车数量的10%左右，原则上停放在线路两端终点站或车辆段内。

2. 车辆运用计划

车辆运用计划在列车运行图和车辆检修计划的基础上进行编制，车辆运用计划包括以下四个方面：

（1）确定车辆出入段顺序和时间　在新列车运行图下达后，车辆段有关部门应根据列车运行图的要求，及时确定运用车辆的出段顺序、出段时间和担当车次，回段顺序、回段时间和返回方向。工作人员根据列车运行图关于列车在始发站出发时刻的规定确定列车出段时间，并明确乘务员出勤时间、列车出库和出段时间。同样，工作人员根据列车运行图确定车辆回段顺序、回段时间和返回方向。

（2）铺画车辆周转图　列车正线运行通常采用循环交路，根据列车运行图和车辆出段顺序，车辆运用计划以车辆周转图的形式规定了全日对应各出段顺序的车辆在线路上往返运行的交路，车辆在两端折返站到达和出发时间，以及车辆出入段时间和顺序，如图4-1所示。

项目四　列车开行计划与列车运行图认知　57

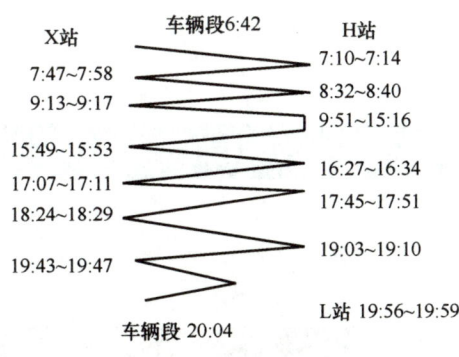

图 4-1　车辆周转图

（3）确定对应各出段顺序的车辆　根据车辆的运用情况和技术状态，在每日傍晚具体规定次日车辆的出段顺序和运行交路。在确定车辆的运用时，应尽量使各列车的走行公里数在一段时期内大致均衡。

（4）配备乘务员　城市轨道交通列车乘务员即客车司机，他们为列车安全运行保驾护航。地铁司机实行轮乘制，轮班模式为四班三运转，即白班、夜班、早班、休息。一条地铁线路拥有四个电客车车队进行相互配合轮乘，共同肩负起地铁安全运营的任务。

由于乘务员每天值乘的列车不固定，在编制车辆运用计划时，应对乘务员的出勤时间、退勤时间、出勤地点、退勤地点、值乘列车车次、班中休息时间和吃饭时间等均做出详细安排。乘务员单次值乘的驾驶时长不应超过 2h，连续值乘间隔不应小于 15min。

> **轨道前沿**
>
> **地铁巡检进入智能机器人时代**
>
> "守卫者"是继 4 号线蒲汇塘基地的"瓦力"机器人后，上海地铁梅陇基地新添的智能化程度更高的车辆巡检机器人。它沿袭了"瓦力"的沉稳，四轮八驱极大提高了其机动性。同时采用基于 3D 激光、深度相机和 IMU 的多传感器融合技术，短时间内便可完成对列车转向架的 3D 稠密点云地图构建，大大提高了检修效率。
>
> 外形酷似探月机器人一样的"守卫者"还搭载了线扫激光、高清相机、红外热成像仪等多种传感器，可实现 2D、3D 同源异构数据的采集，基于深度学习技术完成多种缺陷和故障的 AI 精准识别，如异物、裂痕、螺栓松动、缺失等。同时，它还具备了不同状态下的正反向 25°爬坡、列车侧边不停车巡检、任务智能调度等功能。
>
> 2022 年 8 月，"守卫者"处在测试阶段，它实现了从列车状态感知到路径规划再到故障识别的全流程自主巡检。维保人员只需单击启动键，机器人就会对列车车号、车头方向进行自动识别，再进行导航路径规划，前往股道的下方开启通宵作业。整个过程中，工作人员通过人机交互系统，便能实时掌握"守卫者"的一举一动，包括下发和切换任务指令，了解巡检进度、结果及缺陷分布，通过高清相机查看巡检内容，并对巡检中发现的异常信息，通过声、光等方式提醒工作人员进行及时处理。（摘自劳动报）

任务二　识读列车运行图

 任务目标

知识目标：
1. 了解列车运行图的作用。
2. 掌握列车运行图的组成。
3. 熟悉列车运行图的分类。

能力目标：
1. 具有识读列车运行图的能力。
2. 具有区分列车运行图的能力。

素质目标：
1. 通过对列车运行图的学习，培养学生的时间意识。
2. 通过对列车有序运转需要多部门密切合作的学生，培养学生的团结协作精神。

 知识课堂

一、列车运行图的含义

列车运行图是列车运行的图解，用于表示列车在区间运行、在车站到发或通过时刻的技术文件。它是城市轨道交通全线组织列车运行的基础，规定了各次列车占用区间的顺序，列车在区间运行时分，列车在各个车站的到达、出发（通过）时刻，列车在各个车站的停站时分，折返站列车折返作业时分，列车出入段时刻和顺序等。

二、列车运行图的作用

城市轨道交通列车的有序运转需要机电、车辆、供电、通号等与行车有关的部门工作人员密切配合，并按照规定的程序协调一致地工作。而列车运行图是列车运行的基础，只有当列车按图运行时，才能保证列车准时、安全地运行。

列车运行图规定了列车在各站和区间运行的过程，即规定了与列车运行相关各部门的对应工作。控制中心根据列车运行图监控列车运行，维持正线列车运行秩序，确保列车运行安全、正点；车站根据列车运行图中规定的列车到达和出发时刻，安排车站的行车和客运组织工作；车辆段根据列车运行图确定每天需要上线的列车数、派出的时刻，列车的出入段顺序、时刻，乘务员的作息计划；车辆、机电、供电和通信信号等部门都应按列车运行图的要求组织施工及维修工作等。

列车运行图对乘客也有重要的意义，它以运营时刻表的形式向乘客提供运营服务，某城市地铁运营时刻表见表 4-10。乘客通过运营时刻表了解列车的出发、到达时刻，方便合理安排出行时间。因此，列车运行图既是联系城市轨道交通各部门工作的纽带，也是联系城市轨道交通运营企业和乘客的纽带，对城市轨道交通运营企业有至关重要的作用。

表 4-10　某城市地铁运营时刻表

下行				车站		上行			
01501	01401	01301	01201			01002	01102	01202	01302
6:35:30	6:29:59	6:24:29	6:18:22	到	A 发	7:21:06	7:26:48	7:32:20	7:37:53
6:36:15	6:30:44	6:25:14	6:19:07	发	到	7:20:21	7:26:03	7:31:35	7:37:08
6:38:35	6:33:04	6:27:34	6:21:27	到	B 发	7:18:03	7:23:45	7:29:17	7:34:50
6:39:05	6:33:34	6:28:04	6:21:57	发	到	7:17:33	7:23:15	7:28:47	7:34:20
6:40:37	6:35:06	6:29:36	6:23:29	到	C 发	7:16:00	7:21:42	7:27:14	7:32:47
6:41:12	6:35:41	6:30:11	6:24:04	发	到	7:15:25	7:21:07	7:26:39	7:32:12
6:43:06	6:37:35	6:32:05	6:25:58	到	D 发	7:13:30	7:19:12	7:24:44	7:30:17
6:43:36	6:38:05	6:32:35	6:26:28	发	到	7:13:00	7:18:42	7:24:14	7:29:47
6:45:07	6:39:36	6:34:06	6:27:59	到	E 发	7:11:25	7:17:07	7:22:39	7:28:12
6:45:37	6:40:06	6:34:36	6:28:29	发	到	7:10:55	7:16:37	7:22:09	7:27:42

三、列车运行图的格式

列车运行图是运用坐标原理表示列车运行时间和空间关系的一种图解形式。我国大多数城市轨道交通系统采用的列车运行图横坐标表示时间，纵坐标表示距离，如图 4-2 所示。

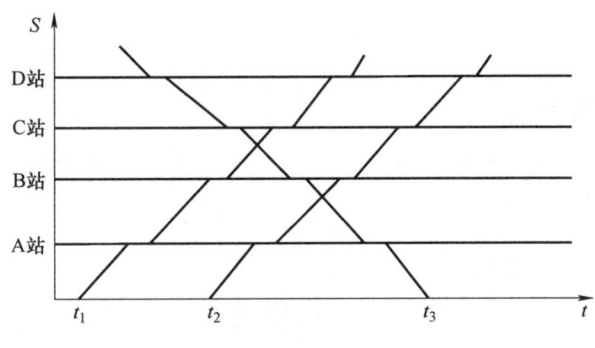

图 4-2　列车运行图

列车运行图主要包含以下内容：

1. 横坐标

列车运行图上的横坐标表示时间，按照一定的比例将时间轴进行等分，每一等分表示的时间是 1min 或 2min。

2. 纵坐标

列车运行图上的纵坐标表示车站中心线，根据区间的实际里程或区间运行时分比率将纵轴进行划分，车站中心线所在位置作为距离定点。

3. 竖线

竖线是一组平行的等分线，每一等分表示时间。不同的列车运行图每一等分表示的时间不同，城市轨道交通系统通常以 1min 或 2min 为单位。

4. 横线

横线是一组平行的不等分线，每一条横线表示一个车站的中心线，中间站用细实线表示，换乘站、折返站和终点站用粗实线表示。

5. 斜线

列车运行图上的斜线即列车运行线，表示列车的运行轨迹。

6. 时刻

在列车运行图上，列车运行线与车站中心线的交点表示列车到达、出发或通过某车站的时刻。城市轨道交通列车在车站停留时间很短，行车间隔也比较小，所以一般不在列车运行图上标注时刻。

7. 方向

在列车运行图上，从左上方向右下方倾斜的线表示下行列车的运行线，从左下方向右上方倾斜的线表示上行列车的运行线。

四、列车运行图的分类

根据时间轴刻度、区间正线数目、列车运行速度、上下行方向的列车数目、列车运行方式等条件，列车运行图可以分为以下几种类型：

1. 按时间轴的刻度分类

按照时间轴刻度，列车运行图可分为一分格运行图、二分格运行图、十分格运行图和小时格运行图。

（1）一分格运行图　如图4-3所示，一分格运行图主要用于行车间隔较小的城市轨道交通系统，在这种运行图上，横轴以1min为单位用细竖线加以划分，十分格和小时格都用粗竖线表示。

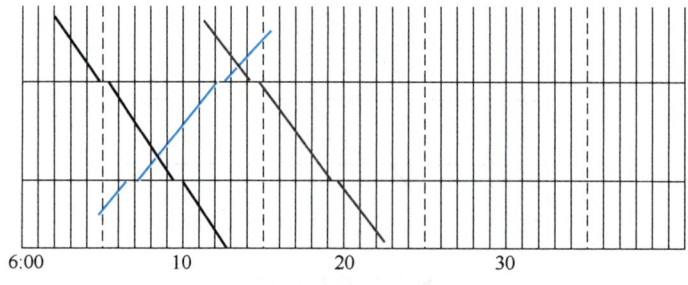

图4-3　一分格运行图

（2）二分格运行图　如图4-4所示，二分格运行图主要用于行车间隔稍大的城市轨道交通系统，在这种运行图上，横轴以2min为单位用细竖线加以划分，十分格和小时格都用粗竖线表示。

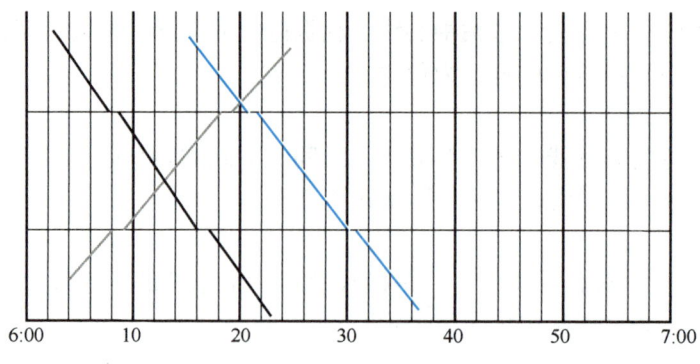

图4-4　二分格运行图

（3）十分格运行图 如图4-5所示，十分格运行图主要用于市郊铁路和城际铁路等轨道交通系统，在这种运行图上，横轴以10min为单位用细竖线加以划分，0.5h用虚线表示，小时格用粗竖线表示，列车到发时刻只标注10min以下的数字。

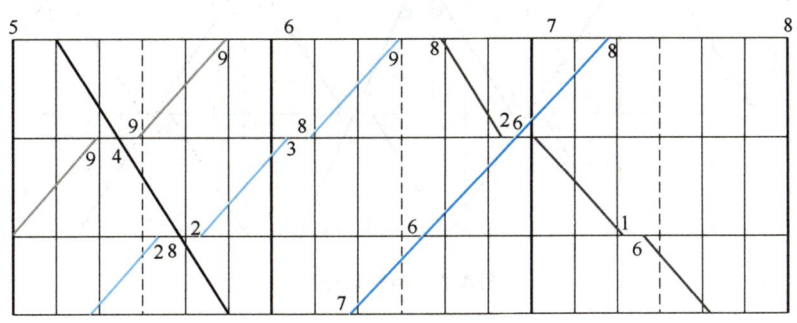

图4-5 十分格运行图

（4）小时格运行图 如图4-6所示，小时格运行图主要用于编制旅客列车方案图和机车周转图，在这种运行图上，横轴以1h为单位用细竖线加以划分，列车到发时刻只标注60min以下的数字。

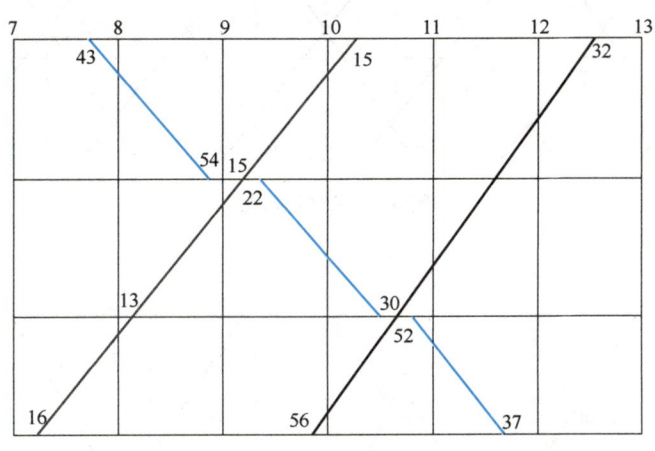

图4-6 小时格运行图

2. 按区间正线数分类

按照区间正线数分类，列车运行图可分为单线运行图、双线运行图和单双线运行图。

（1）单线运行图 列车在单线区段运行时，上行和下行方向的列车在同一正线上运行，列车的交会、越行只能在车站进行，如图4-7所示。城市轨道交通线路一般采用双线单方向运行的模式，因此单线运行图使用较少。

（2）双线运行图 列车在双线区段运行时，上行和下行方向列车在各自的正线上运行，因此，上下行方向列车在运行时互不干扰，可以在区间内或车站上交会。城市轨道交通系统一般都设有双线，采用双线运行图，如图4-8所示。

（3）单双线运行图 列车在既有单线又有双线的区段运行时，采用单双线运行图，如图4-9所示。在城市轨道交通线网中，只在非正常情况下的列车运行调整期间使用单双线运行图。

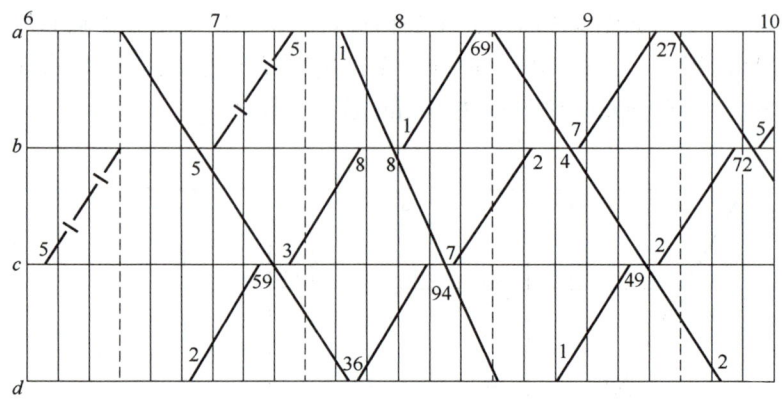

图 4-7 单线运行图

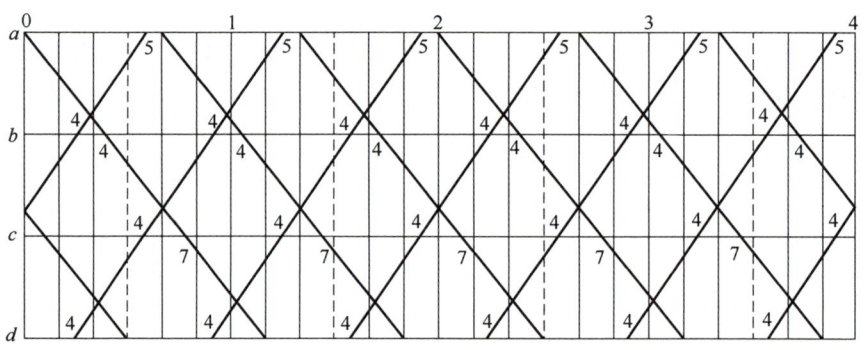

图 4-8 双线运行图

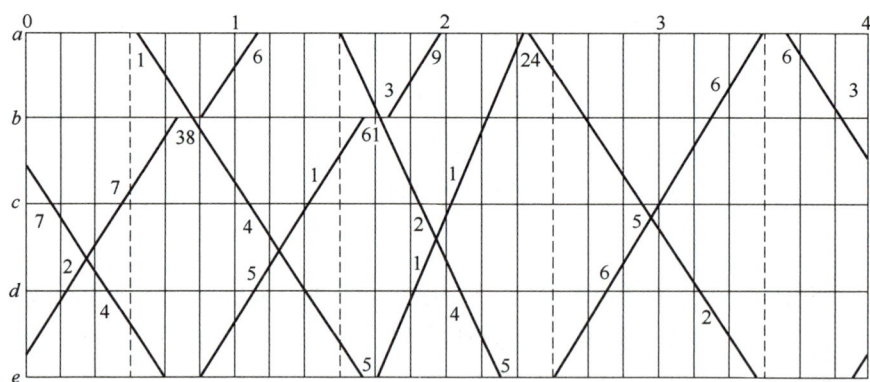

图 4-9 单双线运行图

3. 按列车之间的运行速度差异分类

按列车之间的运行速度差异分类，列车运行图可分为平行运行图和非平行运行图。

（1）平行运行图 在平行运行图中，在同一区间内，同一方向列车的运行速度相同，且列车在区间两端站的到达、出发或通过的运行方式也相同，且区段内无列车越行，因而列车运行线相互平行，如图 4-10 所示。

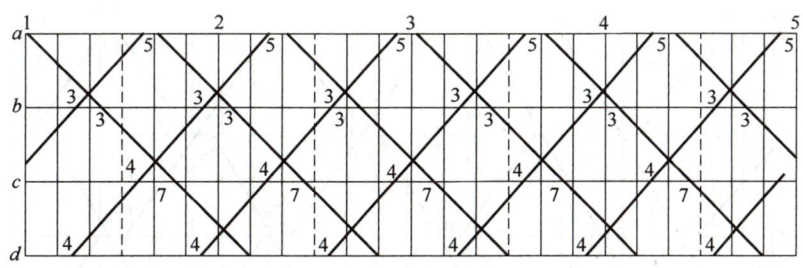

图 4-10 平行运行图

（2）**非平行运行图** 在非平行运行图中，画有各种不同速度的列车，且列车在区间两端站的到达、出发或通过的运行方式不同，在区段内可能产生列车越行，因而列车运行线不相互平行，如图 4-11 所示。

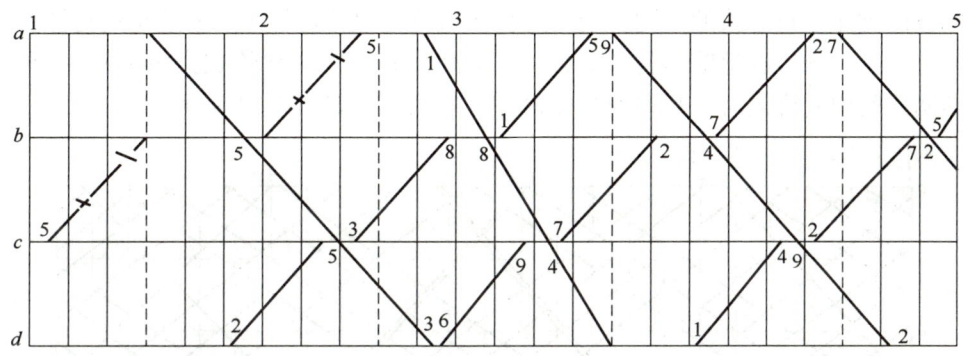

图 4-11 非平行运行图

4. 按上下行方向的列车数目分类

按上下行方向列车数目是否相等，列车运行图可分为成对运行图和不成对运行图。

（1）**成对运行图** 在同一区段内，上下行列车数相等的列车运行图为成对运行图，如图 4-12 所示。

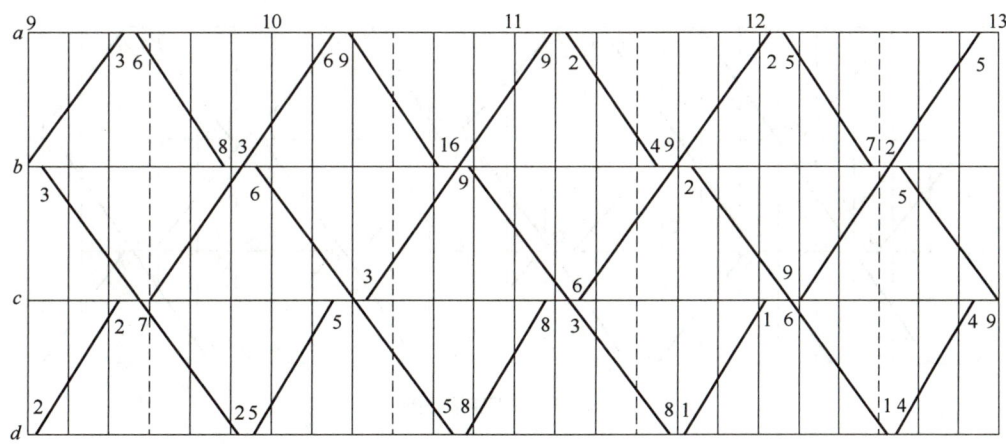

图 4-12 成对运行图

（2）**不成对运行图** 在同一区段内，上下行列车数不相等的列车运行图为不成对运行图，如图 4-13 所示。

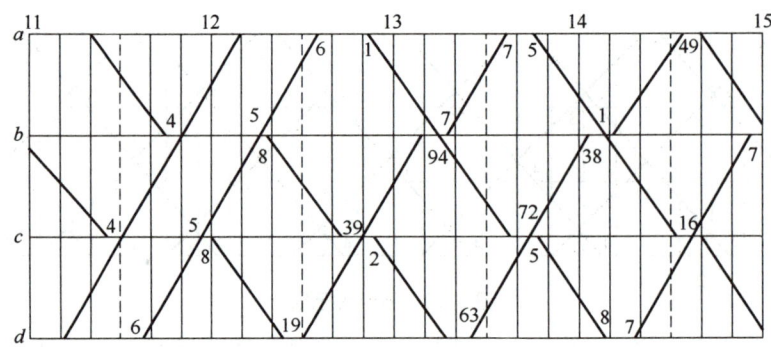

图 4-13 不成对运行图

5. 按同方向列车运行方式的不同分类

按同方向列车运行方式的不同，列车运行图可分为追踪运行图和非追踪运行图。

（1）追踪运行图　在追踪运行图上，同方向列车的运行以闭塞分区为间隔。这种运行图上一个站间区间内允许同时有几列列车按追踪方式运行，如图 4-14 所示。

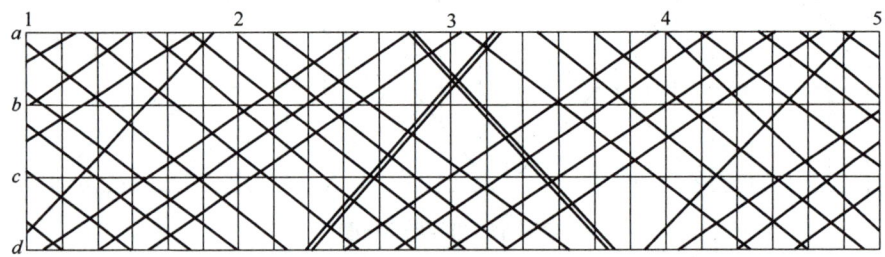

图 4-14 追踪运行图

（2）非追踪运行图　在非追踪运行图上，同方向列车的运行以站间区间为间隔，即在非自动闭塞区段采用，如图 4-15 所示。

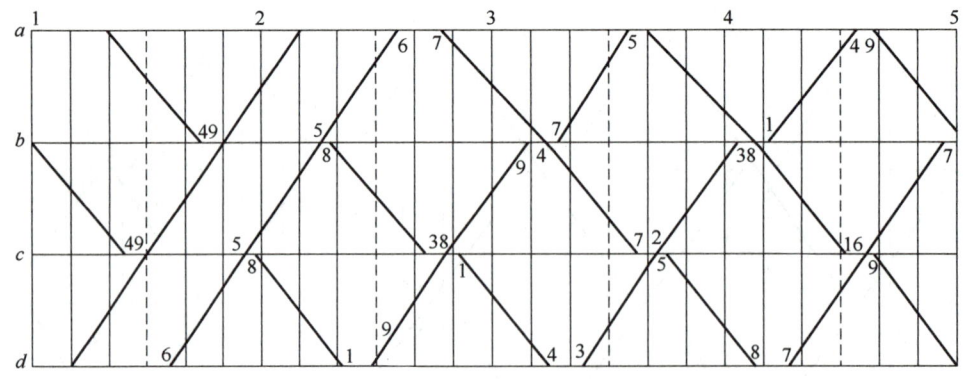

图 4-15 非追踪运行图

以上阐述的列车运行图分类方法都是根据运行图的某一特点进行区分的，在实际工作中，每一张列车运行图都同时具有多方面的特点。图 4-16 所示的列车运行图既是双线的、成对的，又是平行的和追踪的。

五、运营时刻表

运营时刻表规定了城市轨道交通线路的每个运营周期（即以一天为单位）的起止时间、高峰期时段、各次列车占用区间的顺序、列车在一个车站到达和出发（或通过）的时刻、列车在区间的运行时分、列车在车站的停站时分、折返站列车折返作业时分、列车出入车辆段的时刻以及列车出入段的顺序。

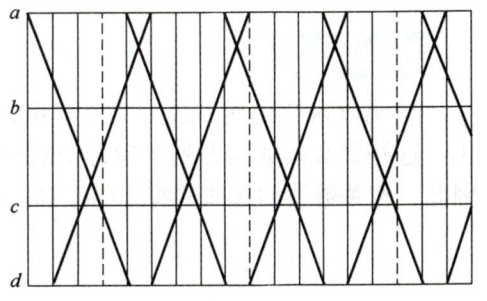

图 4-16 双线成对平行追踪运行图

 规章制度

运行图应保持相对稳定

《城市轨道交通行车组织管理办法》（交运规〔2019〕14号）第二章第五条规定：列车运行图的编制应以满足客流需求为导向，综合考虑线路客流规律及线网衔接等因素，有效发挥线路能力，经济合理地运用车辆和安排施工维修时间，确定线路运营时间及各时段的行车间隔、停站时间、行车交路等。运营单位应将列车运行图作为行车组织工作的基础，组织内部各部门严格根据列车运行图的要求开展运营生产工作，保证按图行车。

列车运行图应保持相对稳定，需要常态化延长运营服务时间或缩小行车间隔的，运营单位应充分论证运用车数量、线路条件等设施设备能力及施工维修时间、人员配备需要等情况，确保满足安全运营条件的方可组织实施。

列车运行图应至少保存2年。

任务三　编制列车运行图

 任务目标

知识目标：
1. 了解列车运行图的基本要素。
2. 熟悉列车运行图的编制方法。
3. 掌握列车运行图的铺画方法。
4. 了解列车运行图的指标。

能力目标：
1. 具有识别列车运行图基本要素的能力。
2. 具有独立铺画列车运行图的能力。
3. 具有计算列车运行图的指标的能力。

素质目标：
1. 培养学生树立时间意识。
2. 通过绘制列车运行图，培养学生严谨认真、精益求精的工匠精神。

知识课堂

在城市轨道交通系统中，列车运行图的编制其实是一系列编图相关参数和数据的图形化，这些参数和数据即列车运行图的要素。列车运行图的要素直接影响运行图质量的高低，因此，相关数值的选取要符合国标和行业规范。

一、列车运行图的要素

列车运行图的要素主要包括列车区间运行时分、列车停站时间、列车折返作业时分、需要上线列车数、列车运行间隔时间、列车出入车辆段作业时间、运营时间和停送电时间等。

1. 列车区间运行时分

列车区间运行时分指列车在两个相邻车站之间的运行时间标准时分，它与列车性能、区间长度、平面曲线半径大小、纵断面坡度大小等因素相关。其值的确定应该在列车牵引计算的基础上，通过多次试跑实测得出。

列车区间运行时分计算公式为

$$T_{运}=t_{纯运}+t_{起}+t_{停} \tag{4-7}$$

式中 $T_{运}$——列车区间运行时分；

$t_{纯运}$——列车不停车通过相邻两个车站所需的区间运行时分；

$t_{起}$——起车附加时分；

$t_{停}$——停车附加时分。

列车区间运行时分的运行距离为相邻两车站中心线之间的距离。由于上、下行方向的线路平面、纵断面条件、列车的运行速度等不一定相同，所以列车区间运行时分应按各种列车和上下行方向分别查定。此外，列车区间运行时分还应根据列车在每一区间两个车站上不停车通过和停车两种情况分别查定，如图4-17所示。列车到站停车的停车附加时分和停站后出发的起动附加时分，应根据列车类型、列车编组辆数以及进出站线路平、纵断面条件查定。

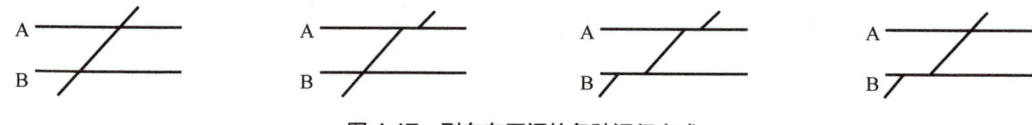

图4-17 列车在区间的各种运行方式

2. 列车停站时间

列车在各站停站时间指列车在某一站停稳时起，经过列车门、屏蔽门打开，乘客乘降，列车门、屏蔽门关闭，信号开放到列车起动时止的时间。城市轨道交通系统列车停站作业可分解为进站停稳至屏蔽门、车门打开，乘客上下车，关闭车门和屏蔽门至列车起动三部分。一般开门时间大约在5s左右，关门时间在3~5s，如果站台上采用屏蔽门设置，还要考虑屏蔽门与车门之间的时间差。

乘客上、下车的时间与乘客数量、车辆车门数和宽度、站务员的疏导管理有密切的关系。根据资料统计，每位旅客上下车约需0.6s，计算公式为

$$t_{上下}=\frac{0.6Q_{上下}}{N_{列}M} \tag{4-8}$$

式中　$t_{上下}$——乘客上下车时间 (s)；
　　　$Q_{上下}$——高峰小时内单个方向本站上下客人数之和（人）；
　　　$N_{列}$——高峰小时通过本站的列车数（列）；
　　　M——每列车的车门数（个）。

列车停站时间为

$$t_{停站} = t_{门} + t_{上下} + \Delta t \tag{4-9}$$

式中　$t_{停站}$——每列车在车站上的停留时间（s）；
　　　$t_{门}$——开关门时间（s）；
　　　$t_{上下}$——乘客上下车时间（s）；
　　　Δt——一定程度的富裕时间（s）。

3. 列车折返作业时分

列车折返作业时分指列车到达终点站或中间站进行折返作业转换到另一个行车方向的时间。它包括列车在车站开关门时间、乘客上下车时间、确认信号时间、出入折返线时间、司机换岗时间等。折返作业时间受折返进路的长度、折返方式、列车长度、列车起动制动能力、司机换端时间、信号设备水平、司机操作水平等诸多因素的影响。

4. 需要上线列车数

列车是城市轨道交通系统用来运输乘客的工具，是地铁工程的灵魂和核心。需要上线列车数取决于客流量的大小，增加上线列车数能有效提升线网的运输能力，但并不是上线列车数越多越好。城市轨道交通企业会根据客流量的大小，使线网运输能力与运量精细化匹配，经济、合理地安排使用列车。

5. 列车运行间隔时间

列车运行间隔时间是指两列同方向载客列车的间隔时间，分为到达间隔和发车间隔。在一条城轨线上的任意一个站台上观察，同一方向前后两列车到站时刻之差称为到达间隔，离站时刻之差称为发车间隔。在同一站台列车停站时间固定的情况下，到达间隔和发车间隔是相同的。

列车运行间隔时间的设置需要考虑客流需求和系统能力（即实际能够开行列车的数量），一般与列车配备数量、牵引供电能力、列控系统能力和车站停站时分等诸多因素相关。

6. 列车出入车辆段作业时间

列车出入车辆段作业时间指列车从车辆段出发至到达与其相衔接的正线车站的作业时间或从车站返回到车辆段的作业时间。

7. 运营时间

运营时间即城市轨道交通运营线路运送乘客的时间。我国各城市轨道交通系统运营时长在 14~19h 范围内，一般在非运营时间（集中在 00：00~05：00），主要用来进行线路、设备的检修和维护。

8. 停送电时间

停送电时间指每天运营开始前送电和运营结束后停电所需的操作和确认的时间。

二、列车运行图的编制方法

1. 列车运行图编制特点

城市轨道交通线路一般采用双线单向、靠右侧、逆时针往返运行的模式，正线贯穿所有车站和区间，供载客列车运营。在正常情况下，列车在车站进行乘降作业，无交会和越行，停站数量多、时间短，全日开行车次多。

城市轨道交通的客流量在一天的不同时段、不同方向都是不均衡的，工作日和周末客运量也不相同。因此，列车运行图有自身的特点，在编制列车运行图时要考虑客流量的特点、车辆的维修、乘务员的安排、列车的折返方式、列车在车站的停站时间、换乘站的末班车衔接等诸多因素。

2. 列车运行图编制原则

列车运行图的编制应遵循以下几个原则：

（1）保证行车安全　列车运行图应符合行车各项作业程序和作业时间标准，相关数值的选取要符合国标和行业规范。

（2）高效运用设备　列车运行图应做好列车运行线路和车流的结合，充分利用线路通过能力。在满足客流需求的前提下，尽量提高车辆满载率和旅行速度。为避免牵引供电设备超负荷，对供电区段内同时起动的列车数应加以限制。

（3）服务乘客　列车运行图要根据客流量在时间和空间的分布情况确定列车的分布，同时要保证一定的服务水平，尤其是刚开通的新线路。同时，列车运行图应合理规定列车到达换乘站时刻，减少乘客换乘时间；合理规定运营非高峰时段的列车间隔，减少乘客候车时间。此外，列车运行图应注意城市轨道交通和其他交通方式的相互衔接。

（4）配合站段工作　为使换乘站的列车到发密度均衡，列车运行图应安排列车错时到达换乘站，缓解站台压力，每条线路的上下行首末班车的发车时刻在换乘站要衔接。当车辆段未设置专用试车线时，列车运行图上应预留调试列车运行线。

3. 编制列车运行图所需基本资料

在编制列车运行图前，需要准备以下资料：全日分时最大断面客流量、列车交路方案、线路通过能力、车站折返能力、换乘站通过能力、能提供的运用车数量、列车运行间隔、列车区间运行时分、列车停站时间标准、列车在折返站停留时间标准、列车出入车辆段作业时间标准、城市轨道交通运营时间、车辆连续运用圈数和乘务工作制度、供电部门停送电时间、现行列车运行图完成情况的分析。

4. 编制列车运行图步骤

城市轨道交通运营管理部门负责组织编制列车运行图，大体经历分析讨论、制订方案、铺画详图和计算指标四个阶段，详细工作步骤如下：

1）按上级要求和编图目标确定编图要求。

2）收集编图资料，对相关问题组织调查研究和试验，确定列车运行图要素。

3）分析现行列车运行图的完成情况和存在问题，提出改进意见。

4）确定全日行车计划。

5）确定上线列车数。

6）编制列车运行方案。

7）征求控制中心、车站和车辆部门对列车运行方案的意见，并进行必要的调整。

8）根据列车运行方案铺画列车运行图。

9）全面检查列车运行图的质量，计算列车运行图指标。

10）将编制好的列车运行图、列车运行图相关资料和编制说明等文件报送有关部门审核批准。

三、列车运行图的铺画

列车运行图的铺画可以分为两步：第一步是编制列车运行方案，重点解决列车运行图的全面布局问题；第二步是依据列车运行方案铺画列车运行图，即详细规定每一列列车在各个车站的到达、出发或通过时刻，在区间的运行时分、在车站的停留时分、折返作业时分等。

在铺画列车运行图前，需要先确定车站中心线的位置。

1. 编制列车运行方案

编制列车运行方案时需要考虑以下几个因素：

（1）方便乘客 为更好地方便乘客，在编制列车运行方案时，要合理安排首班车和末班车的出发、到达时刻，并注意与其他交通工具的衔接；合理规定列车停站时间和列车在区间内的运行时间；在确保安全的前提下，提高列车运行速度，以减少乘客乘车时间；在早、晚客流高峰时段，合理安排上线列车数，减少乘客在车站的候车时间；换乘站应优化列车的到达和出发时刻，使多条线路列车合理地衔接，减少乘客在车站的换乘时间。

（2）列车运行与折返站作业协调 列车在中间站采用渡线折返时，有可能使短交路列车折返作业和长交路列车到发作业的进路相互干扰。因此，在编制列车运行图方案时，应调整列车在中间站折返的到发间隔，尽量安排平行作业，避免列车运行时的进路干扰，提高列车的通过能力。

（3）列车运行与换乘站作业协调 在客流高峰时段，如果各线列车同时到达换乘站，会造成车站内客流的拥挤。因此，为减轻车站客运组织工作压力，在编制列车运行方案时，应安排各线列车交错到达换乘站。

（4）列车运行与车辆段有关作业的协调 在城市轨道交通中，为保证每天有足够的技术状态良好的运用车，必须均衡安排车辆的列检作业。在安排列车回车辆段检修时，应考虑列检的能力；在车辆段没有设置专用试车线时，应在正线上预留调试列车运营线，调试的时间应安排在客流非高峰时段。

2. 列车运行图车站中心线的确定方法

车站中心线的确定有两种方法，即按区间实际里程比率确定和按区间运行时分比率确定。

（1）按区间实际里程比率确定 按区间实际里程比率确定，即按照整个区段内各车站实际里程的比率确定车站中心线。采用这种方法时，列车运行图上的站间距离能反映线路实际情况。由于各区间的线路和纵断面情况不完全相同，列车在各区间的运行速度有差别，采用这种方法画出的列车运行图在整个区段的运行线是一条斜折线，比较杂乱，很难看出列车在区间运行时分上的差错。

（2）按区间运行时分比率确定 按区间运行时分比率确定，即按整个区段内上行（或下行）列车在各区间运行时分的比例来确定车站中心线。采用这种方法绘制列车运行图，列车在整个区段的运行线是一条斜直线，既美观，也容易看出列车在区间运行时分上的差错。

假如某城轨线路有 A、B、C、D、E、F 六个车站，其中，以 A 站往 F 站为下行，列车下行单程运行时分共计 15min。首先在运行图上确定该线路两端点站 A 和 F 的位置，在端点站 F 的横线上向右截取 15min 的线段，得分割点 G，连接 A、G 两点，得一斜直线；然后从端点站 F 开始，根据各区间上行列车的运行时分 T_{A-B}=3min、T_{B-C}=4min、T_{C-D}=3min、T_{D-E}=3min、T_{E-F}=2min，在端点站 F 的横线上向右依次截取相应的线段，得到对应的分割点；

再继续以分割点作为基点作横轴的垂直线,得到垂直线与斜直线的相交点;最后经过各交点作横轴的平行线,即得到该城轨线路 B、C、D、E 各站的车站中心线,如图 4-18 所示。

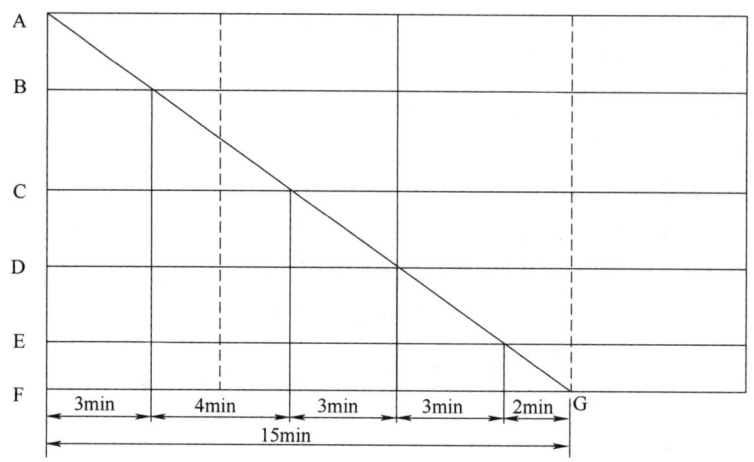

图 4-18 按区间运行时分比率确定车站中心线

3. 铺画列车运行详图

在一分格或二分格列车运行图上精确地铺画每一条列车运行线,即根据列车运行方案和有关资料,详细画出列车在每个车站的到达、出发和通过时刻,在折返站的停留时间等。

铺画顺序按照列车等级依次为专运列车、客运列车、调试列车和回空列车。自列车出库起,从始发站一直铺画到折返站,经过折返作业后,由折返站出发向区间铺画。为确保行车和乘客安全,在铺画详图时应注意以下几点:

1)列车区间运行时分和列车停站时间符合规定。
2)列车在折返站停留时间符合规定。
3)列车运行间隔时间符合规定。
4)列车出入段作业时间符合规定。
5)遵守乘务员工作和休息的时间标准。
6)列车在车站折返时,同时停在折返站上的列车数应与该车站的线路数相匹配。

在城市轨道交通系统中,正常情况下列车运行图采用计算机自动绘制。当信号系统有故障时,行车调度人员按照上述铺画原则人工绘制列车运行图。

4. 列车运行线和列车运行状态的表示方法

(1)列车运行线的表示方法 在实际的列车运行图中,采用不同的线表示列车运行线,表 4-11 列出了某城市轨道交通运营单位列车运行线的表示方法。

表 4-11 某城市轨道交通运营单位列车运行线的表示方法

序号	列车种类	表示方法	图例
1	普通客车	红色实线	
2	空客车	红色虚线	-------------------
3	调试列车	红色实线+短竖红色实线	

(续)

序号	列车种类	表示方法	图例
4	专列	红色实线+方向箭头	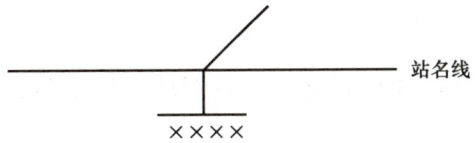
5	救援列车	红色实线+红圈	
6	工程车	蓝色实线	
7	轨道车	蓝色实线+蓝圈	

（2）列车运行状态表示符号　在列车运行图中，常见的列车运行状态表示符号如下所示：

1）列车始发。

2）列车终到。

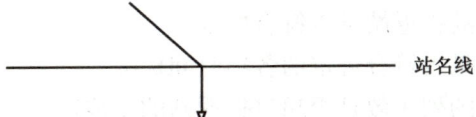

3）列车折返。

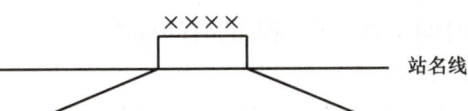

4）列车在区间停车。

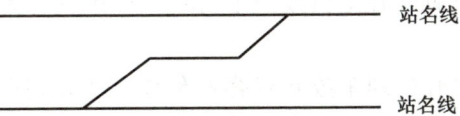

5）列车在车站通过。

6）列车在区间折返。

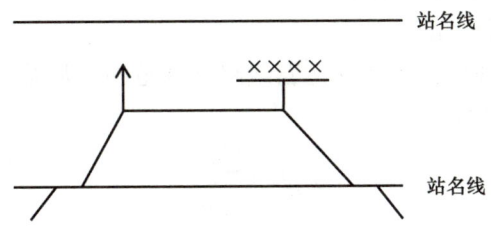

7）列车反向运行。

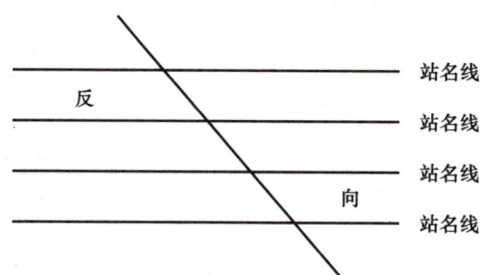

四、列车运行图的指标

1. 列车运行图的质量检查

编制完列车运行图后，需要检查列车运行图的编制质量，检查的内容包含以下几个方面：

1）列车运行图上铺画的列车数是否符合要求。
2）列车运行图上铺画的折返列车数是否符合要求。
3）列车运行图上铺画的折返站是否符合要求。
4）列车运行线的铺画是否符合规定的各项时间标准。
5）同时停在折返站上的列车数是否超过折返站的站线数。
6）换乘站的列车到发密度是否均衡。
7）各时段列车运行间隔是否符合高峰、平峰及低峰客流时段的运能要求。
8）乘务员的连续工作时间是否符合规定的时间标准。

2. 列车运行图的指标计算

在检查完列车运行图的质量并确认完全符合各项规定后，需要计算列车运行图的各项指标。列车运行图主要有以下几个指标：

（1）总开行列车数　凡列车在运营线路上行驶一个单程，无论是全程行驶还是短交路折返，均计入总开行列车数。

$$总开行列车数 = 载客列车数 + 空驶列车数 \quad (4-10)$$

（2）技术速度　技术速度是指列车在运营线路上自起点站至终点站，不计停站时间的运行速度，计算公式为

$$v_{技} = \frac{L}{t_{单} - t_{站}} \quad (4-11)$$

式中　$v_{技}$——列车运行技术速度（km/h）；
　　　L——运营线路长度（km）；
　　　$t_{单}$——列车单程运行时间（h）；
　　　$t_{站}$——列车停站时间（h）。

（3）旅行速度　旅行速度是列车在运营线路长度范围内从始发站发车到终点站到达（计停站时间）的运行速度，计算公式为

$$v_{旅} = \frac{\sum nL}{\sum nt} \quad (4-12)$$

式中　$v_{旅}$——旅行速度（km/h）；
　　　$\sum nL$——在运营时间内完成列车运行公里数（km）；
　　　$\sum nt$——上线列车在运营时间内消耗的列车小时数（h）。

（4）输送能力

$$旅客输送能力 = 客运列车开行列数 \times 列车定员 \quad (4\text{-}13)$$

（5）高峰小时运用列车数　按照早高峰和晚高峰分别计算，计算公式为

$$N = \frac{n_{高峰} \theta_{列} m}{3600} \quad (4\text{-}14)$$

式中　N——运用车数（辆）；
　　　$n_{高峰}$——高峰小时开行列车数（列）；
　　　$\theta_{列}$——列车周转时间（s）；
　　　m——列车编组辆数（辆）。

（6）全日车辆总走行公里数　全日车辆总走行公里数是轨道运输车辆为运送乘客在运营线路上走行的公里数，包含车辆空驶里程，即由于某种原因列车在中途清客或列车在少数车站通过后仍继续载客的车辆空驶里程，计算公式为

$$全日车辆总走行公里数 = \sum(旅客列车数 \times 列车编组辆数 \times 列车运行距离) \quad (4\text{-}15)$$

（7）车辆日均走行公里（简称日车公里）　车辆日均走行公里指每列运用车辆每天走行的公里数，计算公式为

$$车辆日均走行公里 = \frac{全日车辆总走行公里}{全日车辆运用数} \quad (4\text{-}16)$$

（8）列车周转时间　为运送乘客，列车在运营线路上平均完成一次周转消耗的时间称为列车周转时，计算公式为

$$列车周转时间 = \frac{全日营业时间 \times 运用车组数 - \sum 回库时间}{全日车辆运用数} \quad (4\text{-}17)$$

（9）满载率　满载率表示车辆客位的利用程度，是客运周转量和客位里程计算之比，计算公式为

$$满载率 = \frac{客运周转量}{客位里程} \times 100\% \quad (4\text{-}18)$$

城轨工匠

百万千米里程，传承工匠精神

北京地铁运营三分公司回龙观乘务中心电客司机廖明从1988年5月24日首次独立驾驶地铁列车，到2016年3月17日，他驾驶列车安全行驶超过2.5万h。150万余分钟的安全驾驶、安全行车100万h无事故的纪录是一名地铁司机的最高职业荣誉。凭着精益求精、锲而不舍的"工匠精神"，他收获了"全国劳动模范""全国五一劳动奖章""首都劳动奖章""国企楷模北京榜样""全国十佳最美职工""列车先锋"等多项荣誉。

在30多年的工作中，廖明总结了一套"廖氏工作法"，成为保障安全行车无事故的锦囊妙计。针对恶劣天气，廖明总结了杜绝危险发生的四句要点："地面运

营变数多，风霜雨雪会惹祸，班前先把天气看，驾驶方法有预案。"他坚持"活到老，学到老"，不断汲取新的知识，完善"廖氏工作法"，期间培养了41名出色的徒弟。

廖明在平凡的岗位上默默坚守了30多年，为乘客的安全出行保驾护航。他对地铁事业的热爱感染了一批批年轻人，激励着更多的年轻人投入轨道交通事业中，为城市的畅通添砖加瓦。（摘自中国交通新闻网）

项目五

行车调度指挥

学习导入

城市轨道交通因安全、准时而得到了广大乘客的青睐，每天每条线路上都拥有几十列电客车往返，列车是如何保证安全、准时的呢？这一切都得益于地铁的幕后英雄——行车调度员，行车调度员是如何指挥列车运行的？本项目就解决这些问题。

任务一　认知行车调度命令

任务目标

知识目标：
1. 掌握调度命令的定义及分类。
2. 熟悉需要发布调度命令的情况。
3. 掌握调度命令的发布要求。
4. 掌握调度命令的标准格式。
5. 了解调度工作制度。

能力目标：
1. 具有识别需要发布调度命令情况的能力。
2. 具有正确发布调度命令的能力。

素质目标：
1. 培养学生良好的规则意识。
2. 培养学生遵章守纪的职业素养。
3. 培养学生分析问题、解决问题的能力。

知识课堂

一、行车调度命令

1. 行车调度命令的定义

行车调度命令是指指挥列车运行的命令（运行揭示调度命令除外）和口头指示，只能由行车调度人员发布。行车各相关岗位人员必须服从指挥，严格执行行车调度命令。

2. 行车调度命令的分类

行车调度命令分为口头命令和书面命令两种。

（1）口头命令　口头命令是向受令对象直接发布的短期性指令，一般受令对象是一个。

在无线录音设备正常时,行车调度员发布的行车调度命令均以口头命令下达。其要素包含命令号码、命令内容、受令人,发令人应使用普通话和行车标准用语。受令人应复诵命令内容,命令记录应至少保存 1 年。

(2)书面命令　书面命令是向受令对象以书面形式发布的有较长时效的指令,一般受令对象至少有两个。书面命令包含纸质命令和电子命令,格式见表 5-1。有时需要送达给列车司机,发至列车司机的书面命令由行车值班员或车辆段调度员送达。书面命令要素应包含发令日期、时间、命令号码、发令人、命令内容、受令人。书面调度命令必须填写"调度命令登记簿",见表 5-2。

表 5-1　书面调度命令

调度命令

_____年_____月_____日_____时_____分

受令处所		命令号码	行车调度员姓名
命令内容			

注:规格 110mm×150mm。　　　　　　　　　　　行车专用章 _____ 车站行车值班员 _____

表 5-2　调度命令登记簿

日期	发令时间	调令号码	受令处所	调令内容	复诵人	受令人	调度代码

3. 需要发布调度命令的情况

(1)需要发布口头命令的情况

1)临时加开或停开列车(包括客车、工程车及救援列车)。

2)客车推进运行、退行,工程车退行。

3)停站客车临时变通过。

4)采用 RM/NRM 列车驾驶模式时。

5)列车中途清客或列车救援时。

6)允许列车越过引导信号/禁止信号。

7)变更列车进路。

8)发布/取消线路临时限速。

9)调整列车运行。

10)添乘司机室(含应急处置时接/送人员到指定地点)。

(2)需要发布书面命令的情况

1)工程车、调试列车配合施工作业(包括加开、封锁区域内配合作业)。

2)线路长期限速/取消长期限速(长期限速系指限速时间 24h 及以上)。

3)非运营期间封锁线路时。

4）启用 / 停用电话闭塞法 / 电话联系法行车（事后补发）。

5）行车调度员认为有必要记录的命令。

4. 调度命令的传达

行车调度员向列车司机发布调度命令时，当列车司机未离段（场）前，应发给车辆段（停车场）运转值班室，由其负责转达。当列车已出场段，应由行车调度员向列车司机直接发布。

行车调度员应使用无线通信系统向列车司机、行车值班员发布调度命令或口头指示。有关人员必须复诵正确，调度命令内容可执行的条件具备后，行车调度员才可发布授权执行命令。

5. 调度命令号码的编制

调度命令号码的编制应按不同工种分别编号，行车调度命令号码按日循环，其他工种调度命令按月循环。调度命令日期的划分，以 00∶00 为界。各级调度命令的保存期限一般为 1 年。不同的岗位选择的调度命令号码范围不同，见表 5-3。

表 5-3　调度命令号码

岗位	值班主任	行车调度	信号楼调度	电力调度			环控调度
				变电所倒闸命令	接触网倒闸命令	施工作业令	
调度命令号码	101-199	201-299	301-399	401-499	501-599	601-699	701-799

6. 调度命令的标准格式

（1）口头命令　行车调度员："命令号 133，0103 次广济南路站广播清客。"

列车司机："0103 次广济南路站广播清客，0103 次司机明白。"

（2）书面命令　因捣固轨枕施工，三香广场至广济南路站间上行线 17km+200m—16km+800m 封锁区间。书面命令格式见表 5-4。

表 5-4　书面命令格式

调度命令

　　　　　　　　　　　　　　　　　　　　　2020 年　1 月　15 日　0 时　20 分

受令处所	三香广场站 广济南路站	命令号码	行车调度员姓名
		109	李力
命令内容	因三香广场站上行线换轨施工，三香广场站上行线自接令时起至 × 时 × 分止封锁		

行车专用章　　车站行车值班员　王晓

注：规格 110mm×150mm。

7. 调度命令发布要求

调度命令具有严肃性，必须做到规范发令、严格执行。调度命令的发布有以下几个要求：

1）调度命令必须由当班行车调度员发布，发布前应详细了解现场情况，听取有关人员意见。

2）调度命令必须由各部门当班生产调度，车站、车场行车人员，司机等人员接受。

3）命令内容应一事一令。先拟后发，书面调度命令必须由负责监护的调度员签阅后方可发布，发布口头命令可不签阅，发令时应口齿清晰、语速中等。

4）调度命令必须以口头或书面的形式发布，书面命令采用书面记录制，口头命令采用应答复诵制，必须通过具备录音功能的通信设备发布；录音设备故障情况或特殊情况下，调度命令须采用书面形式发布。

5）书面调度命令中涉及的车站名、人名必须记录。调度命令号码每天从 1~100 顺序循环使用，每一个循环不得漏号、跳号、重号使用，发令日期、发令时间按实际发令时间填写，并如实记录在调度命令登记簿上，不随意涂改，如有涂改，应由发布命令的调度员盖章确认，发布调度命令后，应及时将调度命令按照顺序号装订成册，做到不遗漏，不颠倒顺序。

6）在日常运行过程中，如无法及时将书面命令传递给司机时，应适时完成命令的补交手续。

二、调度工作制度

城市轨道交通系统行车调度的工作制度包括日常工作制度、安全管理制度、业务培训制度和填写书面报告制度。

1. 日常工作制度

（1）交接班制度　交接班会在调度工作中具有承上启下，全面了解上一班需要跟进的工作和本班生产任务的作用。接班值班调度主任主持召开交接班会，听取各岗位的汇报，布置本班的工作重点，分配工作任务，并制订具体的工作措施。

（2）文件传阅制度　当值人员必须按时传阅最新文件，学习、贯彻文件的相关精神。在传阅文件后，当值人员应按要求签名并标明日期。

（3）员工大会制度　每月月初召开一次全体员工大会，总结上月的工作情况，并布置本月的工作任务，对重点工作内容提出具体要求，同时传达上级（公司或部门）会议精神。

（4）调班申请制度　调度岗位轮值必须按照排班表进行，遇特殊情况无法按照班表上班时，应与相同岗位的同事协商，双方一致同意调班后，由申请人填写"调度员调班申请表"，经双方值班主任同意后调班。

2. 安全管理制度

（1）安全例会制度　每月月初召开一次安全例会，总结上月的安全工作情况，对上月发生的事故、事件和事故处理进行分析和学习，同时布置本月的安全工作任务，对安全工作的重点内容提出具体要求，同时传达上级（公司或部门）安全会议的精神。

（2）安全检查制度　安全检查制度包括运营前检查、每周一查、非正班检查、消防日常检查以及安全大检查制度。

（3）安全演练制度　为使调度员熟练掌握各种应急方案，提高调度指挥水平，各班组每月至少进行一次桌面演练。

（4）事故分析制度　发生事故后，当值班组要进行全面分析，分析不足，总结经验，写出事故处理报告，由控制中心上报部门安全网络；控制中心视情况召开全体成员的分析会，对事故的责任进行内部分析，制订防范措施，教育广大员工。

3. 业务培训制度

业务培训制度包括班组学习制度和每日一问制度。

（1）班组学习制度　所有调度员必须参加培训网络组织的班组学习，学习内容包括规章文件、运营方案和各种故障、事故处理案例。

（2）每日一问制度　为了检查员工对近期重点工作内容和安全关键点的掌握，值班主任每班抽问调度员成员，了解班组成员的掌握情况，发现不熟练时要进行有针对性的培训。

4. 填写书面报告制度

填写书面报告制度包括填写运营日报、故障和延误报告、行车事故概况等制度。

（1）运营日报　值班主任每日7时前编写运营日报，报告前一天6时至当日6时运营计划完成情况。运营日报主要内容有：当日完成运送客运量、客车开行情况、兑现率、正点率和月度累计指标；车辆调度提供的运用客车数及投入使用客车数；客车加开、停运及中途退出服务情况；耗电量和温湿情况；客车服务情况，包括事故、故障和列车延误及处理等；有关工程车、试验列车运行方面的消息。运营日报的格式按照城市轨道交通运营部门的规定执行，编写的运营日报需送交分公司领导、相关部门领导。

（2）故障和延误报告　故障和延误报告是编写运营日报的一部分原始资料，行车调度员应在行车设备发生故障及造成列车延误时，及时编写故障和延误报告。故障和延误报告主要包括以下内容：发生故障的时间、地点、列车编组报告员及概况等，发生故障导致行车延误、影响情况，采用的调整列车运行措施，恢复正常运作的时间。

（3）行车事故概况　行车调度员应根据每件行车事故及时填写"行车事故概况"，并按"行车事故管理规则"规定的时间报分公司安全保卫部。

 事故案例

微信群漏传命令致两名员工遭高铁撞轧身亡

2019年12月6日凌晨，中国铁路北京局集团有限公司天津电务段两名正在上线施工的职工被高铁列车撞轧身亡。事故原因是车间内的一名干部用微信群发送推迟上线作业时间命令，没有确认作业班组回复命令，导致命令漏传。由此可见，遵章守纪的工作态度是确保行车安全的重要前提。

任务二　列车运行调整

 任务目标

知识目标：	能力目标：	素质目标：
1. 了解调度工作的作用及其工作任务。 2. 掌握行车调度工作的内容。 3. 掌握列车运行调整的基本方法。	1. 具有认知行车调度工作具体内容的能力。 2. 具有按照要求进行列车运行调整的能力。	1. 培养学生的团结协作精神。 2. 培养学生严谨、认真的工作态度。 3. 培养学生突发事件的应急处置能力。

知识课堂

一、行车调度工作

1. 行车调度工作的作用

城市轨道交通系统属于技术密集型的公共交通系统，行车调度是轨道交通企业日常运输组织的指挥中枢，担负着组织行车、提高运营服务质量、确保运输安全、完成乘客运输计划、实现列车运行图的重要责任。它对城市轨道交通日常工作的开展起着决定性的作用。

在生产过程中，为了保证完成乘客运输计划，实现按图运行，必须进行一系列的运输日常工作组织，城市轨道运输工作日常工作组织就是通称的调度工作。行车调度工作由调度控制中心实施，实行集中领导、统一指挥、逐级负责的原则，以使各个环节紧密配合、协同工作，从而保证列车安全、正点地运行。

2. 行车调度工作的基本原则

1）指挥列车运行的命令和口头指示，只能由行车调度员发布。

2）行车调度员发布命令时，在车站由行车值班员或指定人员负责传达，在车辆基地由车辆基地调度员负责传达。

3）行车调度员同时向多个车站行车值班员发布调度命令时，指定其中一名行车值班员复诵，其他行车值班员核对，确保无误。

3. 行车调度工作的任务

科学地组织客流，经济合理地使用车辆及其他运输设备，挖掘运输潜力，根据列车运行图和每日的具体状况，组织与运输相关的各部门密切配合，采用相应的调整措施，努力完成运输生产任务，以满足乘客出行的需要，更好地服务于城市人民的生活。行车调度工作的基本任务如下：

1）检查各站执行列车运行图和行车相关施工计划的情况，及时发布行车命令和口头指示；行车调度员在发布命令前，应准确了解、掌握现场情况。

2）严格按照列车运行图指挥行车，发生非正常情况或应急情况时，按照预案及时、准确处置，保障运营安全。

3）监控列车在车站到发及区间内的运行情况，及时、准确处理临时发生的问题，防止列车运行事故发生。

4）必要时可授权实行降级控制，保证列车运行安全。

职业技能标准

轨道交通调度员国家职业技能标准

轨道交通调度员包含城市轨道交通调度员和铁路运输调度员两个工种，本标准主要适用于城市轨道交通调度员工种。国家职业技能标准规定：轨道交通调度员是从事轨道交通列车运行组织指挥工作的人员。其主要工作任务如下：

1）指挥和协调各行车岗位的运作。

2）执行运营时刻表。

3）指挥和协调行车、供电、环控各岗位的工作。

4）监控系统运行状态，处理紧急事件，调整列车运行。

本职业（工种）共设三个等级，分别为三级/高级工、二级/技师、一级/高级技师。职业能力特征是具有较强的学习能力，理解、分析判断能力强；具有良好的表达能力，沟通协调能力强；具有较强的抗压能力和情绪控制能力，心理素质好；听力、视力及辨色力良好，双眼裸眼视力不低于0.6（4.8）或矫正视力不低于1.0（5.0）。

二、行车调度组织工作

1. 运营前的准备工作

1）在每日运营前，行车调度员要与车站值班员确认区间、车站（包括站台）范围内工程施工负责人已做线路出清的汇报和销点，运营线路空闲，无侵限。

2）根据运营计划，与车辆段运转值班员核对运行图，当日运用车列数应符合运营计划的要求。

3）每日运营前需确保接触网系统、消防环控系统、通信信号系统等与运营有关的设备状况良好。

4）每日运营前各车站及信号楼需按规定做好各项运营准备工作，确认信号操作界面各种显示正常。

5）每日运营前，行车值班员和运转值班员等有关运营人员需主动与行车调度员校对时钟，列车司机需在出乘报到时向运转值班员校对钟表时间。

2. 列车出入库

（1）列车出库　出库列车为控制中心列车自动监控系统所确认的计划出库列车，并确定列车的出库路径，以及进入运营系统的车站。

（2）列车入库　入库列车为控制中心列车自动监控系统所确认的计划入库列车，列车入库原则上由入库线开往车库。图定或经由行车调度员准许的入库列车，可由出库线运行至车库。

3. 运营中的工作

1）通过运行图监控列车早晚点情况，发现异常及时查找原因并采取有效措施。

2）监控调度行车设备运行状态，加强对HMI状态栏及报警信息的确认，时刻监听调度台，按规定设置闭路电视系统（CCTV），加强早晚高峰重点站站台客流情况监控。

3）使用调度电话与各车站行车值班员、车辆段调度员等保持联系，及时发布调度命令，实施调度指挥。

4）故障接报后，及时确认、填记报修、采取措施、跟踪交班。

4. 运营结束后的工作

1）向值班主任提供当日实际列车开行数据、加开、晚点、抽线等数据，根据当日执行时刻表填写"运营日报"。

2）会同值班主任进行施工计划具体部署。

3）末班车后加开调试列车、工程车的组织。

4）与车站办理施工请、销点手续，并对施工过程进行监控。

5）施工中开行工程车的组织。

6)施工需要时书面办理接触网挂地线相关作业。

7)施工需要时发布线路施工封锁、解封命令。

> **扩展阅读**
>
> 如果将地铁行车网络比作人体的神经系统,那么行车调度员便是"最强大脑"。他们是地铁运营的一级指挥,担负行车指挥、施工组织、突发行车事件应急处置的重任,在地铁安全运营中起着举足轻重的作用。长沙地铁行车调度员一天的工作如下:
>
> 1. 末班车回段
>
> 23:30,控制中心监控大屏上,电客车行车阵列逐渐稀疏,一天的运营渐近尾声,行车调度员通过无线调度台与末班车司机保持密切沟通,不仅要确认列车清客完毕,还要与司机确认折返路径,直至列车安全返回车辆段或停车场。
>
> 2. 施工组织
>
> 00:30,末班车顺利回段,施工组织紧接而来。在施工开始前,行车调度员需进行施工布置,确认接触网停电状态等安全条件。凌晨1:00左右,线网施工陆续展开,站台门月检、轨道探伤、道岔季检……。近4h的作业,每一个环节的卡控,每一项指令的发布,行车调度员都如履薄冰,发令与操作执行严格的"双人确认"。
>
> 3. 运营前检查
>
> 凌晨4:00,在组织完数十批次的施工作业后,行车调度员开始下一个关键作业——运营前安全检查。"呼叫全线各站及段/场运调",按下调度台群呼键,他们开始发布命令,"山塘站,现与你站核对施工结束情况、线路出清、设备运行情况……"1h的反馈、确认紧锣密鼓,调度台、对讲机内应答与指令声不绝于耳。凌晨5:00,行车调度员一边通过闭路电视监控系统观察着站台情况,一边确认全线各站已完成运营前检查并满足出车条件。
>
> 4. 首班车出发
>
> 早上5:10,轧道车从车辆段出发,为首班车探路。"确认道岔位置正确方可动车",行车调度员密切关注着轧道车行进状态,与司机保持联动,"沿途加强瞭望,发现异常及时汇报并按要求处理。"一旦出现影响行车安全的因素,他们必须立即启动相应应急预案,并通过改变运行路径、越站等行车调整手段,确保首班车在6:30前到达指定位置,保障乘客准点出行。
>
> 5. 早高峰盯控
>
> 排列进路、核对车次,早高峰来临前,列车已在行车调度员的严密铺排下依次上线。"注意控制速度,按时刻表运行",7:30过后,客流逐渐增大,他们一边通过闭路电视监控系统留意站台情况,一边通过显示屏密切盯控列车行驶进度。"2728车司机,万家丽广场站多停30秒",对讲机里,行车调度员根据客流适时调整列车停站时间。在大多数乘客行色匆匆的早高峰时段,他们不仅要保障客运安全,还要通过延长列车停站时间、加开空客车直达客流大站等方式,尽可能提升运力,满足市民出行需求。
>
> 6. 客流平峰期
>
> 在客流平峰期,行车调度员除承担日常行车监控职责外,还需学习线路设施、车辆设备、应急预案等业务知识,分析、推演常见设备故障,并针对汛期、冰冻天

气、设备故障等特殊情况开展专项演练，在反复的实操演练中提升应急处理突发情况的能力。

7. 关键时段

线网客流陡增的节假日，行车间隔也会相对压缩。刚过 14：00，通勤客流与假日出行客流会出现叠加，让客运晚高峰提前到来。行车调度员眼前的行车阵列更为密集，耳边调度台的呼叫声也更为频繁。站台上人头攒动的画面不间断地出现在监控大屏里。留意屏蔽门状态，与车站控制室、司机时刻保持联动，防止夹人、夹物、动车等情况的发生，此时的行车调度员，必须眼观六路、耳听八方。当运营临近尾声，他们不能像往常一样按部就班地指挥列车返回车辆段，必须与大客流车站保持联动，根据现场情况判断是否需要加开临时列车，尽可能满足乘客出行需求。

8. 施工前预演

16：00，行车调度员利用线路意图对次日的施工进行推演，请销点站是否在作业区内、作业内容是否符合计划、停电区域是否存在冲突、独立安全员是否符合资质……逐一确认安全要素、铺画重点施工，层层审核把关。他们将每一项关键作业"标准化、程序化"，用提前充分预想与一丝不苟的分析研判，确保运营安全。

9. 应急与救援

"15B 车有乘客反映 4 号车门夹住乘客背包，现场紧急解锁已触发。"对讲机内传来司机的呼叫。"收到，请 1516 车司机立即做好客服工作，携带对讲机前往现场处理。"从容的指令从控制中心调度大厅传来。放下对讲机，行车调度员立刻看向身边的战友："下班高峰，有延误扩大风险。"简单的眼神交流过后，常年分工形成的默契便已显现。一人布置前方车站准备车门故障告示粘贴及列车加开工作，另一人跟进现场处理及信息通报，分工明确，有条不紊。最终，在保证行车安全的同时，列车晚点得到了有效控制，这是平时训练有素的结果。"在岗一分钟，安全六十秒"，大到列车救援、设备故障抢修，小到乘客物品遗落，作为行车调度员，都要以沉着冷静的心态、果敢迅速的行动，确保行车与客运安全。

10. 交接班作业

19：30，交接班例会开始。白班行车调度员对作业情况、未完成工作、重点事项、夜间施工计划等一一交代清楚。"2 号线降弓滑行演练做好相关布置与预想""及时跟进未闭环故障""延长运营服务列车运行图确认"……接班人员仔细记录，用心总结。严谨而认真的交接班会上，劳动人身安全管控学习、例行业务抽问也成了考验与提升调度员业务技能的必修课。

站台客流从密集到稀疏，正线列车从首发到回段，施工作业从请点到销点，行车调度员将庞杂的业务知识融会贯通，保障运营平稳有序。他们的"阵地"只有 24h 不间断显示的动态屏、一字排开的计算机与手边不时响起各种声音的调度台，日复一日地在紧张有序的工作环境中，用高度的严谨与专注，守护着市民乘客的安全出行之路。（摘自澎湃新闻）

三、列车运行调整方法

在正常情况下,列车能按照列车运行图规定的时刻运行,实现按图行车。对于较小的行车偏差,系统能自动调整,实现列车正点运行。当列车运行偏离列车运行图较多或运行秩序紊乱时,行车调度员需要进行人工列车运行调整。

1. 自动列车运行调整

在执行自动列车运行调整功能时,ATS 系统根据列车运行图对早、晚点时间在一定范围内的图定列车自动进行列车运行调整。

自动列车运行调整通过控制列车的停站时间和列车的运行等级来实现。列车运行等级的自动降低或升高可实现列车运行速度的自动控制。列车运行等级的设置如下:

(1) 运行等级 1　ATS 系统限速等于 ATP 系统限速,列车在 ATS 系统限速 ±2km/h 范围内调速。

(2) 运行等级 2　ATS 系统限速等于 ATP 系统限速,但经过惰行标志线圈后,在列车速度高于 30km/h 时,惰行进站停车;在列车速度低于 30km/h 时,提速至 30km/h 运行。

(3) 运行等级 3　除 ATP 系统限速为 20km/h 和 30km/h 外,ATS 系统限速等于 75% 的 ATP 系统限速,例如,在 ATP 系统限速为 65km/h 时,ATS 系统限速为 48km/h。

(4) 运行等级 4　ATS 系统限速等于 65% 的 ATP 系统限速。

针对列车运行偏离列车运行图的各种可能,ATS 系统设置了太早、很早、早点和太晚、很晚、晚点,以及最长、最短停站时间参数,表 5-5 所示为某城市地铁 ATS 系统上述各参数的现行取值。系统计算列车实际到站时间与列车图定到站时间的差值,并将此差值与表 5-5 中的参数进行比较,根据比较结果确定列车运行调整方法。

表 5-5　列车运行调整参数取值

参数	取值 /s	参数	取值 /s
太早	90	太晚	90
很早	60	很晚	60
早点	10	晚点	10
最长停站时间	60	最短停站时间	20

1) 在早于太早和晚于太晚时,系统不能进行自动列车运行调整。

2) 在早点与晚点之间时,系统不进行列车运行调整。

3) 在太早与很早之间时,列车降低一个运行等级,调整列车停站时间。

4) 在很早与早点之间时,列车运行等级不变,调整列车停站时间,停站时间改为图定停站时间加上早点时间,但调整后的列车停站时间不大于列车最长停站时间。

5) 在晚点与很晚之间时,列车运行等级不变,调整列车停站时间,停站时间改为图定停站时间减去晚点时间,但调整后的列车停站时间不小于列车最短停站时间。

6) 在很晚与太晚之间时,列车升高一个运行等级,调整列车停站时间。

2. 人工列车运行调整

凡列车早点早于太早、晚点晚于太晚或列车运行秩序紊乱时,控制中心 ATS 系统可执行人工功能,由行车调度员进行人工列车运行调整。

在列车早点早于太早和晚点晚于太晚时,可在不退出自动功能情况下执行人工功能进行列车运行调整，此时，人工功能优先于自动功能。但执行人工功能时设定的列车停站时间和列车运行等级仅对经过指定车站的指定列车一次有效。当指定列车经过指定车站后，系统将自动恢复对经过该站的后续列车进行自动列车运行调整。

在列车运行秩序较紊乱时，应退出自动功能，进行人工列车运行调整，待列车运行基本恢复正常后，再进入列车运行调整的自动功能。人工列车运行调整的主要方法如下：

（1）提前或推迟发车　在始发站提前或推迟发出列车，以保证列车按照既定的列车运行图运行。

（2）提高车速　根据车辆的技术性能、列车司机操作水平和线路允许速度，组织列车加速运行，恢复正点。

（3）压缩停站时间　通过组织车站快速进行各项行车和客运组织作业，压缩停站时间。

（4）跳站停车　列车跳站停车分为列车载客跳站停车和列车空驶跳站停车两种。列车载客跳站停车应严格掌握，客流较大的车站原则上不应组织列车跳停通过，仅在由于车辆或其他设备故障、发生事故，车站因乘客滞留造成拥挤等原因引起列车运行秩序紊乱以及特殊需要时，方准列车载客跳停通过。安排列车跳站停车应考虑越站乘客是否有返回乘坐的列车，末班列车不办理列车载客跳停通过。为了缓解客流压力或因列车晚点影响后续列车运行时，准许始发列车空驶跳停，但不宜连续两个空驶列车跳停。组织列车跳站停车时，行车调度员要加强预见性和计划性，提前下达命令。司机和车站有关人员应对乘客做好宣传解释工作，车站应维持秩序，组织好乘客乘降，保证乘客安全。

在行车组织上，为保证一定的服务水平和行车安全，有以下规定：

一般情况下不采取列车跳站停车措施；图定首、末班客运列车不办理列车跳站停车；同一车站不允许连续两列车跳停通过；除特殊情形外，客流较大车站不准列车跳停通过。

（5）变更列车运行交路　组织列车在具备条件的中间站折返，以确保列车均衡和按图行车。这种方法一般在前方线路拥堵的情况下采用。

（6）组织列车反方向运行　在双线线路上，如一个方向列车密度较大，另一个方向列车密度较小，为恢复正点运行，可利用中间站的渡线，将列车转到列车密度较小的线路上反方向运行。

（7）扣车　当一条线路的列车由于车辆、设备故障或其他原因不能正常运行，造成换乘站站台上乘客拥挤时，行车调度员可采取扣车措施，即将另一条线路的列车扣在换乘站附近的各个车站，以缓解换乘站的压力。扣车时间一般应控制在 10min 内，如果堵塞线路的列车在短时间内不能恢复正常运行，可组织扣下的列车在换乘站通过。

（8）调整行车间隔　当换乘站由于客流剧增造成作业困难时，行车调度员可根据列车的运行情况，适当调整列车运行时间间隔，尽量避免各线列车同时到达换乘站。

（9）抽线停运列车　当一条线路由于车辆、设备故障或其他原因造成严重堵塞时，行车调度员可以命令始发站的某趟列车停运，这种措施反映在运行图上就像抽掉了一条运行线，因此称为"抽线"。

（10）加开备用列车　当出现列车晚点、客流异常、列车故障、开行专列等情况时，可以使用加开备用车的调整方法。通过正线备用车或库内备用车进入正线运营，从而提高运能，缓解客流压力。

（11）停运列车　停运列车即部分线路停止运营服务，通常在列车中断行车或降级模式时实施。

 岗位掠影

行车调度员实施人工列车运行调整

2015年的一个早晨,行车调度员与班组调度员正一道值班。突然,有乘客跳下西单站站台,司机虽立即采取紧急停车措施,但列车已进站一节。

地铁路网随之受到影响,多次列车迫停在车站及区间,多个换乘车站出现乘客换乘困难。调度大厅的平静立即被此起彼伏的列车无线电台的呼叫声打破。

"调度,我是436,我的车在西单上行进站一节轧人,跳站乘客在车下,情况不明。"

"调度,我是401,我的车迫停在礼士路-复兴门上行区间,收不到速度码,无法运行!"

"调度,我是412,我停在木樨地站上行站线,是中心扣车了吗?"

"402呼叫中心……"

"445呼叫中心……"

"426呼叫中心……"

……

刘燕铭指挥当班的调度员及时采取接触轨停电措施,组织抢救跳站乘客,调整路网列车运行。

"全线各车站及各次列车司机请注意,由于西单站上行发生意外伤害事故,目前1号线的运行区段调整为苹果园—公主坟、王府井—四惠东站间,请做好乘客的宣传组织工作!"

"2号线复兴门站、1号线西单站、9号线军博站,上、下行列车配合采取通过措施。"

"1号线各站采取限流措施。"

……

片刻混乱之后,行车组织工作重新恢复正常,各次列车按照新的行车组织方式有序流动。

项目六

控制台监视与操作

学习导入

城市轨道交通系统是一个"大联动机",与运输有关的设备、人员紧密联系,协同动作,从而构成庞大的系统工程。行车调度员、行车值班员、车辆段调度员等是与行车相关的重要岗位,他们能否熟练使用有关运输设备、是否熟悉现场设备,对整个系统的运行起着非常重要的作用。

任务一 控制中心行车调度相关设备及操作

任务目标

知识目标:
1. 掌握控制中心的作用与分类。
2. 熟悉控制中心调度设备的配置及功能。

能力目标:
1. 具有识别控制中心设备的能力。
2. 具有正确使用控制中心设备组织列车运行的能力。

素质目标:
1. 培养学生的全局意识。
2. 通过对控制中心的监控设备的学习,培养学生严谨、认真的工作态度。

知识课堂

一、控制中心的功能与类型

1. 控制中心的功能

控制中心(OCC)是城市轨道交通最核心的部位,通常被称为整个系统的"大脑"。控制中心是城市轨道交通的日常运营、设备维护、行车组织的指挥中心,对全线的列车运行、电力供给、设备监控、防灾报警等实现集中监控、管理及调度指挥,同时负责设备维修、信息收发、施工组织等工作。控制中心也是运营信息收发中心,是轨道交通通信枢纽,负责信息集散和交换处理,它可以调配车辆运行和监控全程运行情况,如图6-1所示。

图 6-1 某城市轨道交通控制中心

2. 控制中心的类型

控制中心按照中央调度实施地点不同，可以分为分散式控制中心、区域式控制中心和集中式控制中心三种。

（1）**分散式控制中心** 分散式控制中心指在每条或者两条线路上设置运营控制中心，负责本线路的中央调度监控和指挥，同时把有关信息上报相关部门。

（2）**区域式控制中心** 区域式控制中心负责城市轨道交通网络中几条线路的运营监控和指挥，通常每三条线左右设立一个运营控制中心，负责这几条线的运营调度监控和指挥工作，并接受线网指挥中心的统一指挥。

（3）**集中式控制中心** 集中式控制中心负责城市轨道交通所有线路的运营监控和协调指挥工作。

二、控制中心的设备与功能

1. 控制中心综合显示屏

控制中心的综合显示屏可全局或局部详细显示控制线路的画面，一般分为电视监控、环控、电力监控系统、ATC 系统的列车自动监控子系统等几个区域，用以显示各设备系统运作情况以及各车站的现场情况等信息，包括列车车次及运行状态情况、供电系统情况和车站环控设备工作情况等。

2. 控制中心中央监控设备

控制中心分别设置了中央行车调度系统监控设备、中央电力调度系统监控设备和中央环控调度系统监控设备，供有关人员监控日常客运作业及处理故障或事故。

（1）**中央行车调度系统监控设备** 中央行车调度系统监控设备主要包括 ATS 系统的行车调度员工作站（ATS-MMI）和中央联锁工作站（C-LOW），如图 6-2 所示。

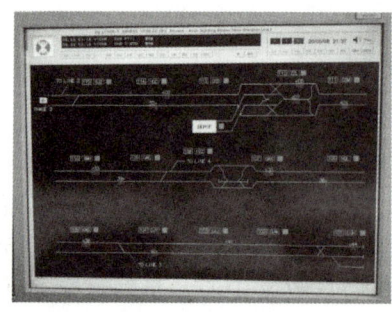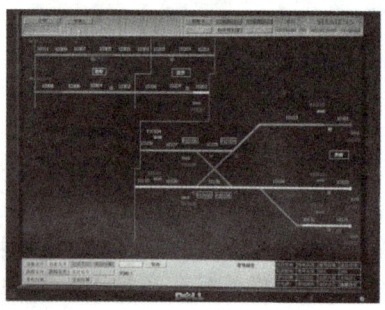

图 6-2 ATS-MMI 和 C-LOW

ATS 系统行车调度员工作站具备时刻表输入及储存、列车运行实时跟踪、列车晚点显示、运行图的打印、列车运行调整中的扣停、跳停、车次变更设置等多种功能。2 名行车调度员各配备 1 个功能相同的中央级 ATS 系统工作站，每台 ATS 系统工作站配备 3 个 LCD 显示器，可以实现对正线全线列车的监视和控制。

中央联锁工作站具备人工对进路排列、信号开放和道岔转换等功能，同时还具有列车扣停、提前释放运营停车点等功能。

当中央级 ATS 系统失效时，可以由行车调度员授权车站行车值班员在车站级 ATS 系统上设置列车进路，控制列车运行状态；当中央级 ATS 系统恢复后，行车调度员收回 ATS 系统控制权。

（2）中央电力调度系统监控设备 中央电力调度系统监控设备主要对轨道交通各变电所、接触网设备进行实时监控和数据采集。调度人员通过监控系统能实时监控供电系统设备的运行情况，掌握和处理供电系统的各种故障、警报时间，有针对性地实时调度指挥、事故抢修和故障处理，保证供电的可靠性和安全性。

（3）中央环控调度系统监控设备 中央环控调度系统监控设备能监视全线各车站的通风与空调系统、给排水系统、自动扶梯、防淹门、屏蔽门的运行状态，监控并记录车站主要设备的运行情况，统计设备累计运行时间，记录和分析操作信息、报警信息，生成日、周、月报表。同时，具备对轨道交通车站、变电所、控制中心大楼、车辆段等场所进行消防监控，为安全运营提供保障。

3. 通信设备

控制中心的通信设备主要有调度电话、无线调度电话和中央广播等。

（1）调度电话 调度电话是为列车运行、电力供应、维修施工、发布命令等提供指挥手段的专用通信工具，包括调度直通电话和公务电话等。

1）调度直通电话。控制中心设置有行车调度员、环控调度员及电力调度员直通电话。调度直通电话具有单呼、组呼、全呼、紧急呼叫和录音等功能；各工作台设置有数字话机（ISDN），可实现与其他部门的通信，且具有会议电话功能、来电显示和呼叫转移等业务功能。

2）公务电话。在城市轨道交通运营企业中，公务电话主要是为满足办公需求，一般采用程控数字交换机。

（2）无线调度电话 无线调度电话包括无线调度台和手持电台。

1）无线调度台。值班调度主管工作台及行车调度员工作台均需设置无线调度台（互为备用）。无线调度台可对列车司机、站场无线工作人员实施无线通信，该设备应具有组呼、紧急呼叫、私密呼叫及对列车进行广播等功能。

2）手持电台。控制中心配备多部手持电台用于无线调度台故障时的备用设备，分为车站台、维修台以及电力调度台等，在日常交接班时需保持手持电台处于良好状态。

（3）中央广播 中央广播分别设于值班调度主任、行车调度员及电力调度员工作台，可以实现对控制中心大楼及全线各车站的所有区域、车辆段和停车场等进行广播，有人工和自动广播两种模式，具有选择呼叫、组合呼叫和全部呼叫等功能，同时，可以指定区域进行广播。

4. 综合监控系统（ISCS）

行车调度员控制台上配置有两套 ISCS 工作站，每套配一台显示器。行车调度员通过 ISCS 可实现对广播（PA）系统、闭路电视系统、车载信息系统（TIS）、乘客信息显示系统（PIS）、自动售检票（AFC）系统、信号（SIG）系统、时钟（CLK）系统、屏蔽门（PSD）的监视或监控。

> **扩展阅读**
>
> 在地铁运行中，成都轨道交通建立起"线网指挥中心（COCC）+控制中心"分散控制、集中管理的线网运营调度模式，形成了基于线网、线路、现场的三级调度指挥体系，COCC与控制中心实现联合运转。COCC被称为"最强大脑"，是对全线网列车运行、客流变化、电力供应、设备运行、防灾报警、环境监控、票务管理及乘客服务等地铁运营全程进行调度指挥和监控的"中枢"。显示屏集合了全线网列车运行、客流变化、电力供应、车站设备运行、防灾报警、票务管理及乘客服务等运营数据信息。在COCC的统一调配下，实现全市地铁线网的资源共享，各条线的行车组织、电力控制、设备维修、信息收发、施工组织等都在一个"大脑"的运转下统一调度与指挥。
>
> 在这种模式下，成都地铁网络列车运行图兑现率达100%，网络列车准点率达99.99%，高峰期最小行车间隔压缩到2min。（摘自红星新闻）

任务二　车站行车调度相关设备及操作

任务目标

知识目标：	能力目标：	素质目标：
1. 了解车站行车调度设备的种类。 2. 熟悉车站行车调度设备的使用方法。	1. 具有识别车站行车调度设备的能力。 2. 具有正确使用车站行车调度设备组织列车运行的能力。	1. 通过对车站行车调度设备的学习，树立行车安全意识。 2. 通过对车站行车调度设备的操作方法的学习，培养学生严谨、认真的工作态度。

知识课堂

与车站行车工作相关的设备主要集中在车站控制室内，车站控制室是车站行车值班员日常工作的主要场所，主要包括信号系统终端操作设备、车站通信设备和车站环境控制设备等。

一、信号系统终端操作设备

1. 综合后备盘

综合后备（IBP）盘是一种人机接口装置，满足应急、备份和直接的操作要求，紧急情况下由车站值班员根据具体情况及相应的操作规程进行处置。其设有部分系统紧急控制按钮和关键设备的状态显示，作为紧急情况下和在车站监控系统故障无法进行监控操作时的后备操作手段。在紧急情况下由车站值班员操作指令按钮，实现对信号、屏蔽门、自动扶梯、环境与设备监控、消防专用风机、消防水泵、门禁、闸机等系统的紧急控制，如图6-3所示。

2. 车站操作员工作站

车站操作员工作站（LOW）是指车控室的操作员工作站，主要用于进行本地控制。它与所在的联锁相连接，可以显示本身所在的控制区域与相邻的控制区域，但联锁操作是受到限制的。车站操作员工作站只能操作指定的控制区域。

图 6-3　综合后备盘

车站操作员工作站由一个中央处理单元、一个显示器、一个鼠标、一个键盘以及扬声器组成。通常用鼠标就可以进行操作，只是在输入车次号、用户名和口令时用到键盘。

3. ATS 系统车站分机

ATS 系统车站分机一般设在信号设备房内，具备集中控制和本地控制、操作能力。ATS 系统分为中央集中控制层和本地控制、操作层，图 6-4 所示为某地铁线路 ATS 系统的组成示意图。ATS 系统的集中控制层位于控制中心，实现线路集中控制功能。本地控制、操作层主要分布在各车站。

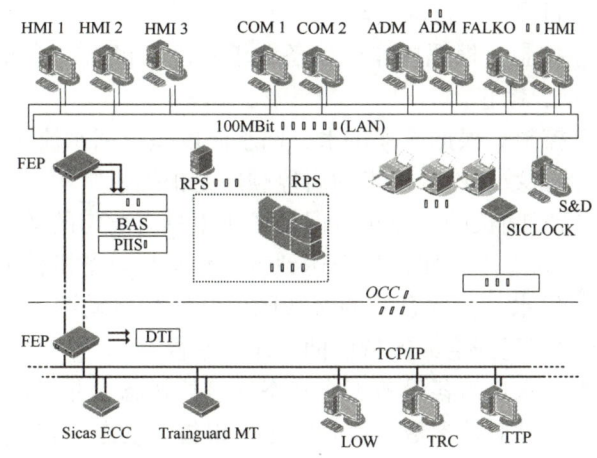

图 6-4　某地铁线路 ATS 系统的组成示意图

二、车站通信设备

1. 车站调度电话

车站调度电话是在车控室内供行车值班员与行车调度员、维修调度员、环控调度员、电力调度员等联系工作使用的专线电话，并配备维护终端和数字录音等设备。一般调度电话只有单独呼叫功能。

2. 站间行车电话

站间行车电话是供相邻车站值班员之间联系的直通电话，设置在车站控制室，电话的任何一方摘机即可与对方直接通话。其通话范围仅局限于两个行车值班员之间，不能越站通话。

3. 车站广播系统

车站值班员可以通过车站广播系统控制终端对本站所有管辖范围的全选区、多个选区或单个选区进行通话、语音、线路广播和背景音乐广播等。

4. 车站闭路电视监视系统

车站闭路电视监视系统为车站工作人员提供有关列车运行、车站客流情况以及防灾的视觉信息。它只能对车站区域摄像头范围内的情况进行监视和录像。

5. 调度命令打印系统

车站调度命令打印系统只设终端打印机,直接将控制中心的命令打印出来。

6. 施工作业管理系统

车站施工作业管理系统与中央控制中心的功能一致,但是在审批权限上有所区别。

三、车站环境控制设备

车站环境控制设备的功能与中央环境控制系统相同,但车站只监控本站的设备系统,而中央环境控制调度系统能监控全线车站的设备系统。环境控制设备对冷水机组、风机组、空调机组、给排水系统、照明系统、站台门系统、系统环境变化等进行监视和控制,车站环境控制设备的运行状态大都集中显示在综合后备盘上,在紧急状态下车站行车值班员通过操作综合后备盘能实现对车站内相应系统设备的控制,从而有效避免事故的发生或降低事故损失。

1. 对冷水机组的监控

对冷水机组可以实现以下功能:

1)实时控制。按时间程序,自动启动、停止。

2)启动、停止顺序控制。根据操作或设备要求对冷水机组、冷冻水泵、冷却水泵、冷却塔实施按顺序联锁启动、停止。

3)节能及优化启停控制。根据冷冻供水、回水温度差及回水流量,计算出实际冷负荷,用来确定冷水机组开启的台数。冷水机组的启停顺序是根据机组运行时间来确定的,累计运行时间少的先启动,运行时间长的先停止,保证各机组具有均匀的运行时间。以上控制能使冷水机组始终在最优化的状态下工作,从而达到节能和延长设备机械平均使用寿命的目的。

4)压差控制。设于供水、回水管间的旁通阀的开度会自动调节,当机组运行后,根据供回水压差自动调节相关阀门开度,保持供回水压差平衡。

5)监视功能。监视冷水机组各设备工作状态和事故状态,并累计设备运行时间。

6)显示、打印,包括被监控参数、设备状态、报警、动态流程图的显示及打印。

2. 对风机组及空调机组的监控

1)实时控制。按时间程序,自动启动、停止。

2)温度控制。测量回风或送风温度并与设定值比较,按比例积分规律输出相应的控制信号。

3)调节电动阀的开度,使回风和送风温度控制在设定值范围内。

4)电动阀冬季、夏季工作模式自动转换。此功能只用在北方须冬季采暖地区。

5)冬季湿度控制。测量回风湿度,调节蒸气流量,使湿度控制在设定范围内。

6)监视功能。监视风机运行状态和故障状态,并累计运行时间,发出滤清器阻塞报警及送风温度超限报警。

7)显示、打印,包括被监控参数、状态、报警、动态流程图的显示及打印。

3. 对通风系统的监控

1)实时控制。各送风机、排风机实时启动、停止;在火灾时,也可实现启动排烟系统的功能。

2)监视功能。监视风机的运行状态和故障状态,并累计运行时间。

4. 对给排水系统的监控

1)监视各类水池、水箱的水位上下限,并根据上下限水位,启动、停止相关水泵。

2）监视各类水泵的运行状态和故障状态，并累计运行时间，根据累计时间自动调整水泵的常用和备用状态。

5. 对照明系统的监控

1）监视功能。监视照明系统工作状态和故障状态，根据时间表控制及客流控制等方式实现照明系统节能运行，以及在灾害模式下，切换照明系统用电及指导应急疏散导向系统。其主要监控功能如下：

监控照明回路开关状态和故障状态。

监控照明模式运行状态。

监控应急照明电源系统的电压、电流、功率因数、用电量以及开关状态，并发出故障报警。

2）显示、打印，包括参数、状态、报警、动态流程图的显示及打印。

6. 对屏蔽门系统的监控

监视屏蔽门系统的运行状态、故障状态和紧急开关门状态，根据模式控制要求输出屏蔽门控制指令等。

当发生紧急情况，需将屏蔽门整侧全部打开时，先将"操作允许"钥匙"无效"打到"有效"，然后选择相应区域"上行侧"或"下行侧"，将"自动"打到"全开"，请注意IBP盘操作屏蔽门只能操作开，不能操作关。

7. 对系统环境变化的监控

实现温度、湿度和空气质量检测，控制相应的空调系统，从而控制环境。

8. 对信号系统的监控

在紧急情况下，通过IBP盘信号系统区域可以实现紧急停车、取消紧急停车等功能，联锁站还设有电流表、计轴复位等功能。

紧急停车按钮的操作控制：当车站发生紧急情况需按压紧急停车按钮时，选择相应区域"上行"或"下行"，按压"紧急停车"，按压成功后指示灯亮红，蜂鸣器响起报警；当需要取消紧急停车恢复列车运行时，选择相应区域"上行"或"下行"，按压"紧急停车取消"，按压成功后指示灯熄灭，蜂鸣器停止报警；"切除报警"是关闭蜂鸣器报警声音的按钮，不建议使用。

计轴按钮的操作控制：计轴故障导致红光带显示时，确认该轨道区段无车占用，确认计轴区段名与IBP盘上按钮一致，待按钮上方数字跳后松开(2s)。

9. 对进出站闸机的监控

当车站发生紧急情况（如火灾等），闸机未能联动释放时，按压IBP盘的闸机"紧急释放"按钮，按压成功后，指示灯亮红，站内所有闸机扇门打开；需取消时，再次按压，指示灯熄灭，站内所有闸机扇门关闭。

 城轨前沿

智慧化车控室

无锡地铁4号线黄巷站引入了智慧化车控室、自动化巡站等新功能，提升了车站的运营管理效率和智慧化出行服务。车控室内的可视化平台集成了智能视频分析、安防集成管理、客流预警、事件告警等一系列功能，借助视频分析、视频采集、5G、AI、BIM等新技术手段的应用，实现了车站全自动管理。（摘自人民资讯）

任务三　车辆段行车调度相关设备及操作

任务目标

知识目标：
1. 了解车辆段行车调度设备的种类。
2. 熟悉车辆段行车调度设备的使用方法。

能力目标：
1. 具有识别车辆段行车调度设备的能力。
2. 具有使用车辆段行车调度设备组织列车运行的能力。

素质目标：
1. 通过对车辆段行车调度设备的学习，培养学生的行车安全意识。
2. 通过对车辆段行车调度设备的操作方法的学习，培养学生严谨、认真的工作态度。

知识课堂

车辆段行车调度设备主要有车辆段信号联锁设备、车辆段信号系统、车辆段通信系统和车辆段通信设备等。

一、车辆段信号联锁设备

1. 车场 ATS 系统工作站
车场调度员配备一台车场 ATS 系统工作站，可对车场内全部列车进行监视和控制。

2. 微机联锁系统
微机联锁系统能确保道岔、轨道区段、ATP 信号间正确的联锁关系，完成车场管辖范围内所有线路和道岔的进路排列功能。

3. 应急台
应急台是一种应急状态下的备用控制方式，当联锁系统故障时投入使用，采用应急台单独操作道岔，操作道岔后，需要人为确认道岔位置。

二、车辆段信号系统

1. 车辆段信号设备的组成
（1）计算机联锁室内设备　计算机联锁室内设备主要包括联锁机柜、接口柜、防雷柜、继电器架、分线盘设备和 UPS 电源等，电源室设有智能电源屏。设备室还设有计算机监测的下位机设备和维修监测工作站等。

（2）信号楼行车控制室设备　信号楼行车控制室有计算机联锁监视和操作终端设备，人机界面使用两个液晶显示器显示。

（3）场调室设备　场调室设有 ATS 系统工作站，它可以监视出入场线和正线部分的列车运行情况。

（4）室外设备　室外设备主要有信号机、道岔转辙机、轨道电路及电缆箱盒等。

2. 车辆段信号设备的功能

1）车辆段的联锁设备负责列车出入段进路控制和段内调车作业，保证段内列车作业安全。

2）车辆段联锁设备不受 ATS 子系统控制，只向 ATS 子系统提供段内进路状态、信号机状态、道岔状态、轨道电路状态和必要的报警信息。

3）车辆段联锁设备可以控制道岔和信号机基本状态，办理列车、调车进路，实现进路的建立、进路锁闭、开放信号、进路解锁、故障解锁等基本联锁功能。

3. 试车线设备的组成

在试车线旁边设置试车设备室和控制室，装有与正线相同的 ATP、ATO 室内设备，轨旁设备以及其他的试验设备。

1）室内及现场设备包括试车线工作站及操作盘、车地双向通信室内外设备、车地通信设备、ATP/ATO 线路计算机设备、电源屏及 UPS 电源、车地通信环线、精确停车现场设备、室内外电线路等。

2）试车线信号系统按试车及系统功能要求进行闭塞设计。试车线道岔区段的空闲/占用状态可在车辆段信号楼的联锁系统中体现。

4. 试车线设备的功能

当需要对列车车载信号设备进行动态试验时，经试车线控制室请求，车辆段联锁设备在对试车线完成必要的联锁控制后将其控制权交给试车线控制室控制。试车完毕后，信号楼控制室重新收回对试车线的控制权。

在车载设备维修和更换时，可通过试车控制工作站，在车辆段的试车线上对车载设备进行测试和试验，测试和试验的主要内容有 ATP/ATO 的静态试验、各种速度等级下的 ATP 功能、ATO 自动驾驶、牵引和制动性能试验、ATO 定位停车、自动折返、车门模拟控制、车地通信等。

三、车辆段通信系统

车辆段通信系统主要包含专用电话系统、无线通信系统、公务电话系统、时钟系统、广播系统和传输系统等。

1. 专用电话系统

车场内专用电话系统主要有调度电话、段内直通电话和区间电话，均具有录音功能。

2. 无线通信系统

车场采用数字集群制式专用无线通信系统，为线路调度所各调度员、车场调度员、信号楼值班员及列车司机、现场运营和维护人员等有关用户提供无线通信服务。

3. 公务电话系统

公务电话系统是为城市轨道交通系统内运营、管理、维修等部门工作人员提供日常工作联系的手段。

4. 时钟系统

时钟系统由一级母钟、二级母钟和子钟组成。车辆段设置一台二级母钟，定时接收一级母钟发送的时间编码信息。

5. 广播系统

车辆段广播系统由系统主设备、广播控制盒和扬声器网络等组成。可根据要求实现广播优先级，在车辆段维护终端可以根据具体情况设置不同的广播组别。

6. 传输系统

传输系统为通信其他各子系统、ATS、AFC、FAS、门禁等系统提供各自所需的语音、数据、图像等各种信息的传输通道。

四、车辆段通信设备

1. 有线调度电话

车场调度员、车场值班员配备有线调度电话，可实现相互间及与行车调度员、派班员等岗位进行通话的功能。

2. 无线手持台

车场调度员、车场值班员配备无线手持台，无线手持台具备强大的呼叫功能，实现相互间及与行车调度员、电客车司机、工程车司机、车场内施工负责人等的组呼、选呼、紧急呼叫等功能。

项目七

车站接发列车作业

学习导入

城市轨道交通是自动化程度很高的系统,既减小了工作人员的劳动强度,也更好地保证了安全和效率。车站行车作业主要包括车站接发列车作业和折返作业。在所有车站都会涉及接发列车,终点站会涉及列车折返,那正常情况下是怎么接发列车和折返列车的呢?设备是怎么起作用的?行车人员又是怎样控制设备的?当设备出现故障时,行车人员又是怎样进行应急接发列车的呢?常见的故障有哪些呢?通过本项目的学习来解决这些问题。

任务一　正常情况下的接发列车作业

任务目标

知识目标:

1. 了解接发列车作业的基本要求。
2. 了解接发列车作业的基本制度。
3. 理解接发列车作业的基本规定。
4. 了解正常情况下接发列车作业的控制方式。
5. 熟悉正常情况下接发列车时各岗位的工作职责。
6. 掌握正常情况下车站接发列车的流程。

能力目标:

1. 具备站务员站台作业的能力。
2. 具备值班站长、行车值班员监视行车设备的能力。

素质目标:

1. 通过学习接发列车作业的基本要求、作业制度、基本规定,培养学生遵章守纪的意识。
2. 通过学习车站正常情况下的接发列车作业流程,培养学生规范作业的职业素养和安全第一的工作意识。
3. 培养学生分析问题、解决问题的能力。

> 知识课堂

一、接发列车作业的基本要求

1. 严格执行单一指挥制

正线行车工作由行车调度员统一指挥，车辆段由车场调度员统一指挥，客车由司机负责驾驶，工程车由车长负责指挥；有关行车工作，中心集中控制时由行车调度员直接指挥，但转为车站控制时，该联锁区由集中站行车值班员（值班站长）统一指挥。

2. 遵章守纪，确保按图行车

作业人员应认真执行各项行车规章制度，遵守各项劳动纪律，正确、及时办理作业，严防错办、漏办，严禁违章作业。当班必须精神集中，服装整洁，佩戴标志，保证车站作业和乘客人身安全、不间断地按照列车运行图规定时刻接发列车。

3. 设备检查齐全、良好

班前认真检查有关行车设备，确保状态良好；班中保管好各种工具、备品，做好使用登记；认真进行交接班。

4. 作业联系及时、准确

联系各种行车事宜时，必须程序正确、用语规范、内容完整、简明清楚，并认真进行核对，严防漏听、误听、误传和臆测。

5. 立岗接送列车

接发列车应严肃认真，按规定着装，携带规定设备，立岗姿势端正，信号显示正确及时，确保列车安全运行。

6. 正确及时地填写各种行车报表

行车报表包括各种行车凭证、行车日志（附表1）和各种登记簿。行车凭证有路票和调度命令等，登记簿有"调度命令登记簿""检修施工登记簿""交接班登记簿"等。应按规定内容、格式认真填写各种行车报表，书写工整、规范，严禁涂改。保持报表完整、整洁。

二、接发列车作业的作业制度

参加接发列车作业的人员多、作业环节复杂，接发列车作业中的任何疏忽或差错都可能造成列车晚点或行车事故，甚至波及其他列车或车站，影响整条线路的客运服务。为了加强作业组织，保证车站接发列车作业安全有序进行，必须建立和健全各种工作制度，做到作业制度化、程序化、标准化。工作制度主要有行车值班员岗位责任制、交接班制度、检修施工登记制度、巡视检查制度和行车事故处理制度等。

1. 岗位责任制

车站行车工作实行单一指挥制，值班站长是车站行车工作的组织者和指挥者。车站根据行车工作的需要设置行车值班员和站台站务员。

行车值班员的岗位职责是：执行行车调度员的命令和指示，统一指挥车站的行车工作；监视行车控制台的进路开通方向、道岔位置及信号显示，监视列车运行状态和乘客乘降情况；车站控制时，按列车运行图及行车调度员下达的列车运行计划接发列车；填写行车凭证和其他各种行车表报；负责车站设备维修和施工登记；组织交接班工作。

站台站务员的主要行车相关职责是：按行车值班员指挥，安全、有序地接发列车和组织乘客乘降；按行车值班员指挥，正确、及时显示行车信号；车门出现故障时，负责协助司机安全、迅速处理；信号设备出现故障时，配合值班站长人工排列进路。

2. 交接班制度

行车值班员交班时，应将列车运行和设备状态、上级指示和命令及完成情况等填记在"交接班登记簿"上，并口头向接班值班站长交代清楚。值班站长接班时，要了解列车运行情况，对行车设备、备品、报表进行检查后，签认接班。

3. 检修施工登记制度

行车值班员对检修及施工作业，应根据检修、施工计划，向检修、施工负责人交代注意事项后，方可登记。凡影响列车运行的临时抢修，要在与行车调度员联系作业时间，获得同意后，方可登记。检修、施工作业结束后，行车设备经试验，确认技术状态良好，方可签认注销。

4. 巡视检查制度

送电前，值班站长应巡视站线，检查线路上有无影响列车运行的异物。对站内设备检修、施工后的现场进行巡视检查，复核检修、施工登记注销情况。检查车控室设备是否有异常情况。

5. 行车事故处理制度

发生行车事故后，值班站长应立即采取措施进行处理，同时向行车调度员及有关部门报告。认真记录事故发生的时间、地点、列车车次、关系人员姓名及人员伤亡和设备损坏情况，赶赴现场，查找人证与物证，并做好记录。清理现场，尽快恢复运营。对责任行车事故，应认真找出原因，提出处理意见，制订防范措施。

三、接发列车作业的基本规定

1）正常情况下，我国城市轨道交通普遍采用中央级 ATS 系统控制，车站原则上不需要特别办理接发列车作业，只是监视列车到站至离站期间的情况，遇特殊情况需接发列车时，车站接发列车人员，应严格执行接发列车作业程序。

2）在列车进站时，车站行车值班员及站台工作人员监视列车的运行状态，发现危及行车安全时立即按压紧急停车按钮或显示紧急停车手信号。

3）当信号控制权下放至车站时，车站须加强监控站台列车作业及车站 ATS 系统工作站工作状态。如列车进路未能自动排列时，车站行车值班员需在车站 ATS 系统工作站上及时排列列车进路。

四、正常情况下的接发列车作业

正常情况下应用 CBTC（基于通信的列车自动控制）模式，实行中央级控制，列车采用 ATO 运行，各联锁站行车值班员可通过车站 ATS 系统工作站对本联锁区列车运行状态进行监控；其他车站行车组织及监控主要由行车值班员在车控室用 IBP 盘及闭路电视系统完成。

在 CBTC 控制模式下，各子系统均须处于正常工作状态。列车从车辆段停车库牵出至转换轨，投入正常运营后，ATS 系统自动为列车设置进路命令，正线 CI 排列进路，ZC 为每列车计算移动授权，ATP 系统实现列车超速防护，ATO 系统自动控制列车运行。

CBTC 控制模式下控制模式与各子系统工作状态的关系见表 7-1。

表 7-1 CBTC 控制模式下控制模式与各子系统工作状态的关系

控制模式	ATS	ZC	正线 CI	ATP	ATO	车地通信单元
CBTC 模式	√	√	√	√	√	√

注：√表示正常工作状态。

1. 正常情况下列车运行的控制方式

正常情况列车的运行是行车指挥自动化控制系统控制，处于中央集中自动控制状态，采用的闭塞方式是移动闭塞，系统的进路控制和列车控制方式如下：

1）根据计划运行图及列车位置，自动生成、判断、输出进路控制命令，传送到联锁设备，自动设置列车进路。

2）根据计划运行图自动控制列车运行时分和停站时分，在停站时间终止后，自动发送停车点取消命令，允许列车发车。列车运行状态通过车载设备反馈至中央，构成一个闭环的列车运行控制系统。当列车运行与实施计划运行图发生一定范围内的偏差时，中央 ATS 系统自动调整列车停站时分和区间运行时分，实现列车正点运行。

3）列车运行控制方式示意图如图 7-1 所示。

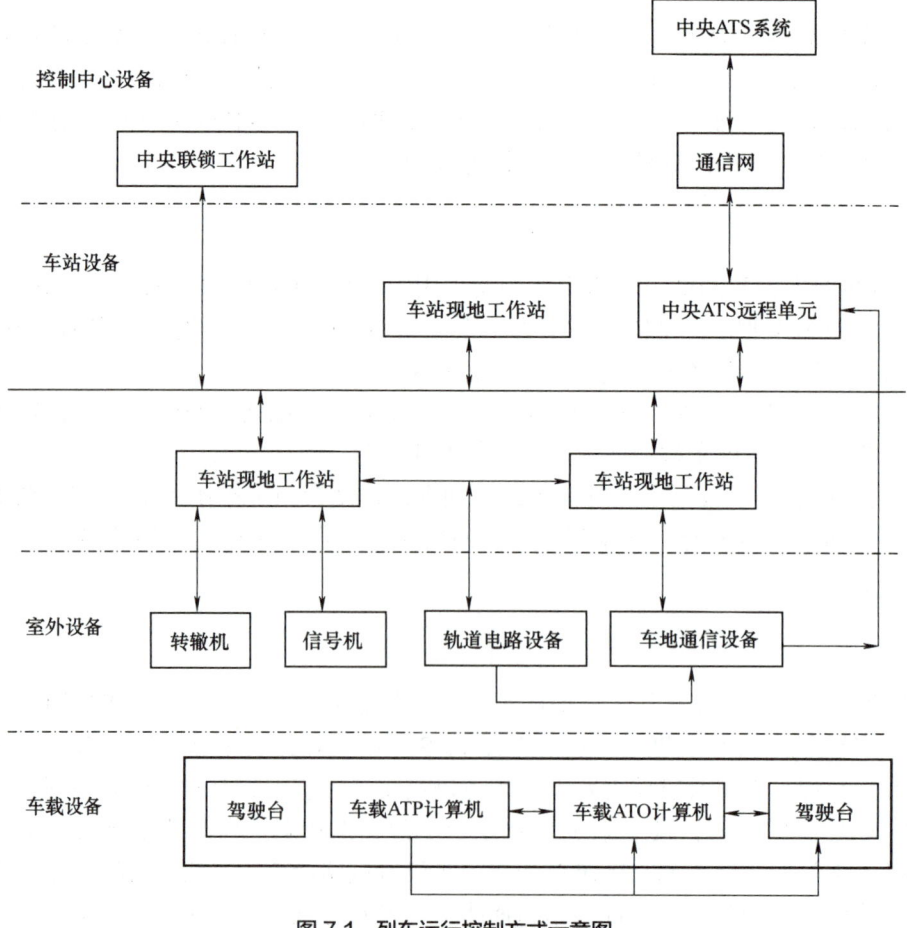

图 7-1 列车运行控制方式示意图

2. 正常情况接发列车时各岗位工作职责

（1）**司机立岗** 载客列车在车站停车后，司机应按规定立岗作业，原则上按DTI和运营时刻表掌握停站时间，当距开车时间15~10s时，关闭客室门、站台门，凭车载信号或地面信号显示动车（站台门未关闭时出站信号机不能开放或者车载信号不能显示）；在DTI（驾驶室DMI）显示扣车时，或接到行车调度员扣车命令时，司机在扣车消除后方可关闭客室门、站台门（行车调度有特殊要求时除外）；站台门与信号系统没有联锁或联锁故障的车站，列车在车站停稳后，司机根据作业规定依次打开或关闭站台门、客室门。

（2）**站务员站台作业** 站台岗人员随时注意站台乘客动态，当列车进站时，应于站台扶梯口靠近紧急停车按钮附近站岗，以防止意外情况发生，保障运营安全。停车后维护站台秩序，防止乘客在关门时冲上车夹伤，监督司机按规范动作关门。

站务员的站台作业主要是接发车与组织乘客乘降，工作重点是保证列车接发、乘客乘降的安全与效率。

站务员上站台岗前，领取工作钥匙、对讲机、手提广播等备品，与前一班站台岗站务员交接，认真巡视一遍站台，检查客运、行车设备和设施状态。

（3）**值班站长/行车值班员监视**

1）各联锁站值班站长/行车值班员通过车站ATS系统工作站监视本联锁区列车运行情况。

2）各站值班站长/行车值班员根据列车运行情况，对照当日"运营时刻表"列车的到发时刻，通过闭路电视系统监控列车进出车站；监视站台乘客候车秩序，确保站台安全。

3）列车进出车站时，车站人员发现站台或站台门/安全门异常，立即用对讲机通知司机并及时处理；列车进出车站时，司机发现站台或站台门/安全门异常，立即用对讲机通知车站人员并及时处理；应及时向行车调度员报告。

4）在ATS系统正常时，各站不向行车调度员报列车到达和出发的时刻点。

3. 车站正常情况下的接发列车作业流程

车站正常情况下的接发列车作业流程见表7-2。

表7-2 车站正常情况下的接发列车作业流程

程序	作业标准		说明
	行车值班员	站台站务员	
检查线路	1）与行车调度员确认使用时刻表版本 2）布置站务检查站台设备及线路 3）听取汇报："人员线路清，设备正常"	1）到岗后根据行车值班员指示，检查站台设备及线路无异常后向车控室值班员汇报："人员线路清，设备正常" 2）站在指定区域巡视站台	遇时刻表变更时，值班员应将当天使用的时刻表版本及首末班车时刻等主要信息告知各个岗位

(续)

程序	作业标准		说明
	行车值班员	站台站务员	
准备接车	监控车站 ATS 系统列车进路、信号机状态和闭路电视系统	1）当 PIS 显示列车还有 2min 进站时，再次确认人员线路清、站台乘客全部站在安全黄线内后，站在指定地点立岗接车 2）如发现危及行车或人身安全情况时，应立即按压紧急停车按钮并向车控室值班员汇报	原则上两名站务员应进行分工，分别负责上、下行
接车	通过 ATS 系统和闭路电视系统监视列车进站和乘客动态。发现危及行车或人身安全情况时，立即按压 IBP 盘紧急停车按钮	1）监视列车进站 2）随时与车控室保持联系	1）接车地点靠紧急停车按钮或电扶梯口附近 2）接车时面向线路，左右兼顾
组织乘客上下车	通过闭路电视系统监控站台乘客上下车	待列车停稳开门后，站在电扶梯或楼梯口，引导乘客有序上下车	站务员应随时注意站台情况，发现异常应立即报告行车值班员
列车出发	通过 ATS 系统和闭路电视系统监视列车出发及站台乘客动态	1）列车关门后站在紧急停车按钮附近监视列车出站 2）如发现危及行车或人身安全情况时，应立即按压紧急停车按钮，并向车控室行车值班员汇报 3）列车全部出清站台后继续加强对站台的巡视，注意乘客动态	1）注意电梯旁边乘客动态，防止列车关门时冲上车被车门夹伤 2）列车起动后面向列车立岗，尾部通过身边时面送列车

 **轨道前沿**

深圳首条"无人驾驶"地铁来了

2021 年 12 月 28 日，深圳地铁 20 号线全线车站的 5G 信号实现独立组网全场景覆盖。

作为深圳市首条全自动运行线路，首次采用了 A 型 8 节编组的全自动驾驶列车，列车最高运行速度可达 120km/h。全自动驾驶功能可自动完成唤醒、休眠、上线运行、进出站、开关门等一系列"常规操作"。

深圳地铁 20 号线列车作为行走的"地铁医生"，也是全国首条采用车-车通信技术的地铁项目，同时车辆配备了健康管理、隧道检测、弓网检测、走行检测、主动防撞等多项综合检测系统。设备可将列车运行中的各项数据实时发送给控制中心，并通过大数据进行故障分析、列车健康诊断、推送故障处置措施。正常情况下无须司机进行操作，只需工作人员确保设备状态即可，与普通列车相比，其功能更齐备、系统更智能、操作更便捷。（来源腾讯新闻）

任务二 特殊情况下的接发列车作业

任务目标

知识目标：
1. 掌握联锁后备模式——站控时车站接发列车的方法和步骤。
2. 掌握使用电话闭塞法的时机、相关规定及主要步骤。

能力目标：
1. 具备按照规范完成联锁后备模式下的接发列车作业的能力。
2. 具备按照规范完成电话闭塞法接发列车作业的能力。
3. 具备规范填写"行车日志""路票""调度命令"等报表的能力。

素质目标：
1. 通过学习站控时和电话闭塞法时接发列车的作业要求和步骤，培养学生的团结协作精神。
2. 通过学习站控时联锁站接发列车的作业流程和电话闭塞法接发列车的作业流程，培养学生严谨、认真的工作态度。
3. 培养学生的遵章守纪意识。

知识课堂

特殊情况下的接发列车作业包括联锁后备模式接发列车和电话闭塞法接发列车两种情况。

一、联锁后备模式

联锁将通过控制信号机和道岔来确保列车的行车安全以及行车间隔。当 CI 正常运行时，该模式可用。联锁后备模式下，仅 RM 驾驶模式可用。

联锁后备模式控制模式与各子系统工作状态的关系见表 7-3。

表 7-3 联锁后备模式控制模式与各子系统工作状态的关系

控制模式	ATS	ZC	正线 CI	ATP	ATO	车地通信单元
联锁模式	√	×	√	×	×	√

注：√表示正常工作状态，×表示异常工作状态。

联锁后备模式下，ZC、ATP、ATO 不参与列车运行控制。列车从车辆段停车库牵出至转换轨后，需人工为列车设置进路命令，正线 CI 排列进路，信号开放后，司机人工驾驶列车。列车运行的路径由调度员人工指定，运营结束后，列车回到车辆段。

1. 联锁后备模式的控制方式

联锁后备模式有调度集中控制和调度监督两种控制方式。

（1）调度集中控制　调度集中控制是指挥列车运行的一种远程遥控设备，也称为联锁后备模式——中控。在调度集中情况下，自动闭塞为基本闭塞法，由行车调度员人工排列列车进路、指挥列车运行以及进行列车运行调整。由行车调度员通过中央 ATS 系统远程控制线路上的信号机、道岔，排列列车进路，办理列车接发作业；通过显示盘与显示器，准确掌握线路上列车的运行和分布情况、区间和站内线路的占用情况以及信号机的显示状态和道岔开通位置等。

在调度集中时，车站行车值班员通过车站 ATS 系统工作站监视列车进路排列、信号显示和列车到发、通过情况以及列车运行状态是否正常等。

在调度集中情况下，列车进入区间的行车凭证为出站信号机的绿灯显示，如果出站信号机故障，凭行车调度员的命令发车。追踪运行列车间的安全间隔由自动闭塞设备实现。

（2）调度监督　当控制中心 ATS 系统故障时，可通过联锁站车站 ATS 系统办理接发列车作业。调度监督是一种行车调度员能监督现场设备和列车运行状态，但不能直接进行控制的远程监控设备，由联锁站车站行车值班员在车站 ATS 系统上排列列车进路、开闭出站信号，行车调度员通过显示盘，监督线路上各车站信号机开闭显示、区间闭塞情况和列车运行状态，组织指挥列车运行，也称为联锁后备模式——站控。

（3）控制模式的转换　控制权是指中央 ATS 或车站 ATS 系统对列车和轨旁信号设备拥有的控制权限。控制权转换也就是中央 ATS 与车站 ATS 系统之间对某一控制区域内列车和轨旁信号设备的控制权限转换。

ATS 系统控制权限见表 7-4。

表 7-4　ATS 系统控制权限

ATS 系统角色	控制权限	控制范围
中央 ATS 系统	列车控制与监督、信号设备控制与显示	全线
联锁站车站 ATS 系统	列车控制与监督、信号设备控制与显示	本联锁站
非联锁站车站 ATS 系统	列车状态监督、信号设备状态显示	本联锁站

中控或站控的使用时机如下：
1）在信号系统工作正常时，一般使用 ATS 系统的中控模式。
2）当个别车站有表示故障或信号设备故障（如计轴故障等），出问题的车站可以转为站控。
3）当中心故障时（如应用服务器故障），可以全线转站控模式。

当出现全线大范围的故障（如全线表示不正常、不自动触发进路等），可以全线转站控模式。当出现表示故障，应先尝试站控，无法恢复后，立即转为紧急站控。

通常情况下，当信号系统正常时，采用 CBTC 模式；当信号系统故障时，使用联锁后备模式时用站控模式。所以，下面对联锁后备模式的站控进行重点介绍。

2. 站控时接发列车作业步骤

在调度监督情况下，由于行车调度员只能监督现场设备和列车运行状态，不能直接控制现场列车运行，因此调控权下放，由车站行车值班员运用车站 ATS 系统办理接发列车作业。

车站行车值班员办理接发列车作业必须按规定的程序和要求进行。车站接发列车作业的内容与程序如下：

（1）办理进路、开放信号　在车站 ATS 工作站显示器窗口的视窗上，用鼠标右键单击始端信号机，并在出现的菜单中选择"排列进路"，在对话框中的进路列表中选择需要建立的进路，再单击"执行"按钮，计算机根据输入的操作命令，经过联锁系统自动建立进路、开放信号。

（2）列车发出　列车发出后，发车站行车值班员向接车站行车值班员和行车调度员报点，填写《行车日志》；接车站行车值班员接到报点后，填写《行车日志》。当列车驶入进路，发车站出站信号机关闭，随着列车的运行，进路可逐段解锁。

（3）列车到达　列车到达后，接车站行车值班员向发车站行车值班员和行车调度员报点，填写《行车日志》，发车站行车值班员接到报点后填写《行车日志》。

（4）接送列车　列车在车站上到发或通过时，站台站务员应按规章要求站在规定地点接送列车，密切注意列车运行状态以及乘客乘降情况，发现有危及行车安全和乘客安全的情况，应立即采取有效措施妥善处理。

3. 站控时联锁站接发列车作业流程

联锁后备模式下的发车和接车作业流程见表 7-5 和表 7-6。

表 7-5　联锁后备模式下的发车作业流程

作业程序	作业标准		
	值班站长	行车值班员	站台站务员
发车预告	1）根据"行车日志"和 ATS 系统显示，确认发车线路空闲，向前一个 ATS 系统工作站预告"××次预告" 2）填写"行车日志"		
准备进路、开放信号	3）接到接车站准备好接车进路的通知，列车进站后排列列车进路 4）通知 ATS 系统操作员"排列××次发车进路" 6）确认发车进路好后，复诵"进路防护信号好了"	5）听取值班站长"排列××次发车进路"的命令后，排列发车进路。进路排列好后，口呼"进路防护信号好了"	
发车	7）通知站台站务员"××次发车进路好了"		8）确认车门关闭好后，向司机显示"车门关闭好了"的手信号
	11）监视列车运行	10）监视列车运行，直至列车出清联锁区	9）监视列车运行及注意站台乘客安全
报点	12）向接车站报点："××次（×点）×分×秒开"，并填写"行车日志"		
	13）向行车调度员报点："××次（×点）×分×秒开"		
	14）复诵接车站报点"××次（×点）×分×秒到"，并填写"行车日志"		

表 7-6 联锁后备模式下的接车作业流程

作业程序	作业标准		
	值班站长	ATS 系统操作员 （行车值班员）	站台站务员
听取预告	1）根据"行车日志"和 ATS 系统工作站显示，确认接车线路空闲 2）听取发车站预告"××次预告"并复诵，并填写"行车日志"，通知 ATS 系统操作员，"排列××次接车进路"		
准备进路、开放信号	4）确认接车进路防护信号开放正确后，复诵"进路防护信号好了"	3）听取并复诵值班站长"排列××次接车进路"后，在 ATS 系统工作站上排列列车进路，确认进路防护信号开放好后口呼"进路防护信号好了"	
（发车站办理发车作业程序）			
接车	5）听取发车站报点，复诵并填写"行车日志"		7）站台站务员复诵"××开过来，准备接车"，并立岗接车
	6）通知站台站务员"××次开过来，准备接车"并听取汇报		8）监视列车到达（通过）及注意站台乘客安全
	9）监视列车到达	10）监视列车到达（通过）	
报点	11）向发车站报点："××次（×点）×分×秒到（通过）"，并填写"行车日志"		

二、电话闭塞法接发列车

车站联锁设备故障时，区间行车使用电话闭塞，车站接发列车进路要人工办理，道岔要人工加锁，行车凭证为路票，车站用手信号接发列车。

在项目三任务三中介绍了电话闭塞法的基本概念及相关规定，本部分主要学习电话闭塞法的接发列车作业。

1. 电话闭塞法接发列车作业步骤

（1）核对列车位置，确保列车进入车站 行车调度员与司机、车站共同核对列车位置，确认无误后告知车站；若列车因联锁故障停在区间及配线时，按以下方式组织运行：

1）当列车运行前方进路无道岔且前方站台无车占用时，司机凭行车调度命令以 NRM 模式限速 25km/h 运行至前方站。

2）当列车运行前方进路有道岔（列车头部未越过道岔）且前方站台无车占用时，车站根据行车调度命令，将道岔进行钩锁，出清线路后报告行车调度员，由行车调度员指令司机以 NRM 模式限速 25km/h 运行至前方站。

3）当列车头部已越过道岔或列车压在道岔上且前方无车占用时，行车调度员安排车站人员确认道岔位置正确后，司机凭行车调度指令以低于 5km/h 的速度移动，列车出清岔区后以 NRM 模式限速 25km/h 运行至前方站；若道岔位置不正确，需相关专业人员处理后方可动车。

（2）下达调度命令 电话闭塞法区域内全部列车已在车站停稳，所有区间空闲后，行车调度员及时向有关车站及司机发布命令。

需停止使用基本闭塞，改按电话闭塞法行车时，车站行车值班员应按行车调度的命令及时向有关车站发布口头命令："从×时×分起，在上行线×站至×站间采用电话闭塞法组织行车，在下行线×站至×站间采用电话闭塞法组织行车。"

行车值班员在接收行车调度员发布的采用电话闭塞法组织行车的调度命令时，应将发令时间、命令号码、受令处所、命令内容、收发命令人员姓名等填记在"调度命令登记簿"内。

（3）准备进路 当车站 ATS 系统正常时，使用车站 ATS 系统准备进路；当联锁设备故障时，车站采取"人工准备进路"，使用手摇把操纵道岔，人工加锁道岔。

以某地铁公司为例，ATS 系统的操作方法如下：

1）ATS 系统上排列进路的操作。鼠标右键选择始端信号机，选择"设置进路"弹出进路设置窗口，在进路列表框中选择需要排列的进路，单击"确定"按钮。

2）ATS 系统上对道岔的操作。如果在 ATS 系统上排列进路不成功，可以对进路上相关道岔进行单独操作，并进行单独锁闭。单独操作具体方法为：①鼠标光标移动到需要转换道岔岔心位置，光标变成十字形，岔尖光亮显示时单击鼠标右键；②在右键菜单中选择"定操"或"反操"；③在道岔控制确认窗口中单击"确定"；④确认对话框确认命令描述正确，单击"执行"。单独锁闭具体操作方法为：①鼠标光标移动到需要单锁道岔岔心位置，光标变成十字形，岔尖光亮显示时单击鼠标右键；②在右键菜单中选择"单锁"；③在道岔控制确认窗口中单击"确定"；④确认对话框确认命令描述正确，单击"执行"。

人工准备进路的方法如下：

人工排列进路一般必须携带的工具及器具如图 7-2 所示，包括信号灯（旗）、红闪灯、手摇把、道岔盖孔板锁钥匙、道岔断电钥匙、钩锁器、扳手、锁头、无线电台等，并应穿荧光衣、戴手套。

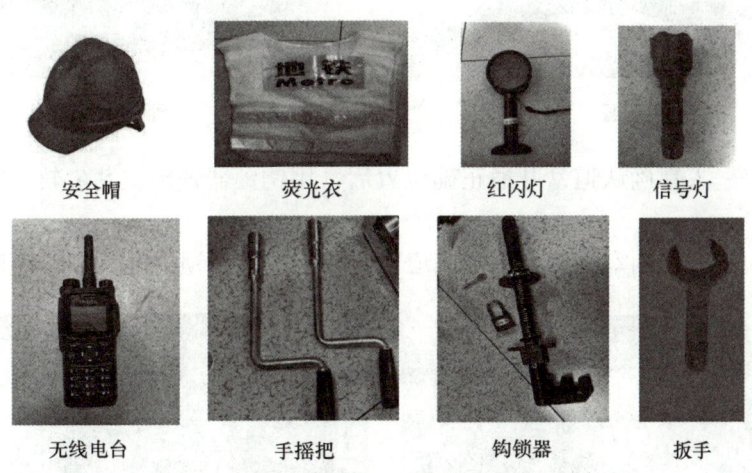

图 7-2 人工排列进路携带的工器具

下线路前应先通过车站控制室值班员向控制中心行车调度员请点，得到控制中心行车调度员允许后，在所进入的区间可能来车的方向（一般为后方站）设置防护，一般采用闪烁的红闪灯作为防护信号。红闪灯应放在站台端墙外轨道中央方便司机瞭望的位置。

转换道岔时，单转辙机的道岔应一人操作，另一人防护、确认，双转辙机的道岔则应双人操作,共同防护、确认。手摇转换道岔按照"六步曲"进行操作。

一看:看道岔开通位置是否正确,是否有钩锁器,是否需要改变位置,如图 7-3 所示。

二开:若该道岔已加装钩锁器,又需要改变道岔位置,则先将钩锁器拆除并双人确认。标准用语:"钩锁器已拆除",如图 7-4 所示。

图 7-3 一看

图 7-4 二开

三摇:摇动道岔转向所需的位置,在听到转辙机"咔嚓"落槽声后停止,如图 7-5 所示。

四确认:转动到位后,需要确认道岔开通位置是否正确,尖轨是否密贴,缝隙是否有异物,双人确认,如图 7-6 所示。

图 7-5 三摇

图 7-6 四确认

五加锁:另一人在确认道岔开通正确位置后,用钩锁器锁定道岔尖轨(折返道岔只挂不锁),如图 7-7 所示。

六汇报:向车站控制室值班员汇报该道岔开通位置及钩锁情况,如图 7-8 所示。

图 7-7 五加锁

图 7-8 六汇报

（4）办理闭塞

1）确认区间空闲。行车值班员在办理闭塞前应确认区间空闲。虽然闭塞方法在正常情况下都能实现在同一时间、同一区间（或闭塞分区）内的一条正线上只有一列列车运行，但因办理人员的疏忽，仍可能将另一列列车开入占用区间。使用电话闭塞法时，本身没有设备控制，区间是否空闲，全靠电话联系。为此，要认真做好这一作业。确认区间空闲时，人工检查前一列列车是否全部到达，如果能够从设备上确认还应从设备上确认区间空闲。

2）办理闭塞。发车站行车值班员用站间行车电话向接车站行车值班员请求闭塞，接车站行车值班员接到请求闭塞电话后，确认前次列车已经到达前方站、区间空闲、接车进路准备妥当后，向发车站行车值班员发出承认闭塞的电话记录号码，同意闭塞。

接车站同意闭塞的条件如下：

① 非折返站同意闭塞的条件为本次列车接车进路准备完毕，站台空闲。

② 折返站同意闭塞的条件为本次列车的接车进路准备妥当，前一列列车驶入折返线停稳。

③ 与邻站联系并填写"行车日志"等。

（5）交接行车凭证　在发车站行车值班员确认发车进路正确无误和接车站承认接车闭塞后，填写路票，命令站台接发车人员将行车凭证交给司机，需复诵确认，正确无误后交付给司机。

（6）发车或指示发车

1）发车信号。值班员在同意发出发车手信号前，还应确认相关进路、区间空闲；司机凭站台接车人员显示的"好了"信号发车。

2）报点和填写"行车日志"。列车发出后，发行车值班员向接行车值班员和行车调度员报点，发车站和接车站均填写"行车日志"。

（7）接送列车

1）派站务员在每个需接发列车的站台头端墙站台门端门外方负责接发车。

2）接发车人员携带信号灯（高架站昼间需携带信号旗）及足够数量的路票、黑色笔。

3）接车时显示停车信号的位置应在站台门端门外方 4m 处防护栏杆的上方。

4）运营时，站台人员应注意观察列车尾灯，发现故障及时报告行车值班员。

（8）开通区间或解除闭塞

1）收回路票。列车到达，对标停车后，接车人员应收回手信号，收回路票，并打"×"注销，向行车值班员报告列车到达。

2）报点和开通区间。接车站行车值班员向行车调度员和发车站行车值班员报点，填写"行车日志"。用语："电话记录××号××次××分到达，开通区间"，听取发车站复诵。车站填记"行车日志"。人工报点时列车到时刻确认：到达时刻，以列车在规定位置停稳时为准。

3）取消电话闭塞法规定。

① 行车调度员确认设备已恢复正常，方可取消电话闭塞法。

② 取消电话闭塞法时，行车调度员应先向车站发令，发令完毕后再向司机发令。每日运营结束，所有电列车出清相应联锁区后，则该联锁区电话闭塞法自行取消。

2. 电话闭塞法接发列车作业流程

目前，我国城市轨道交通系统暂时没有统一的电话闭塞法接发列车作业程序，下面以某地铁为例，对电话闭塞法接发列车作业流程进行介绍，见表 7-7 和表 7-8。

表 7-7　电话闭塞法发车作业流程

作业程序	作业内容	作业标准		
		行车值班员	接发列车人员	准备进路人员
办理闭塞	确认区间、线路空闲	根据"行车日志",确认区间及线路空闲	携带行车许可证、笔、红色信号灯(旗)到站台头端墙站台门端门外方待命	携带相关备品在指定位置待命
	准备及检查进路	1)布置准备进路:"准备××次×道发车进路" 2)听取汇报,复诵"××站××次×道发车进路好了"		复诵"准备××次×道发车进路" 将进路上的道岔开通正确位置并加锁,确认无误后,向值班员报告"××次×道发车进路好了"
	请求闭塞	向接车站请求"××次闭塞"		
	办理闭塞	1)听取接车站"电话记录××号,×分同意××次闭塞",并复诵 2)填写"行车日志" 3)填写路票,确认无误后交给站务员	核对路票,确认无误。路票要注明到达转换驾驶模式站名	
发车	指示发车	通知值班员"××次×道发车"	复诵"××次×道发车" 把路票交给司机,确认乘客上下车完毕,车门关闭良好后,显示发车信号	
	监视列车出发并报点	1)复诵"××次出发",并填写"行车日志" 2)通过闭路电视系统监视,向接车站报点"××次×分开" 3)向行车调度员报点"××次×分开"	列车出清站台区后,向站控室报"××次出发"。监视列车出发	
开通区间	听接车站报点,开通区间	听取接车站"电话记录××号,××次×分到,区间开通",并复诵,填写"行车日志"		

表 7-8　电话闭塞法接车作业流程

作业程序	作业内容	作业标准		
		行车值班员	接发列车人员	准备进路人员
办理闭塞	确认区间、线路空闲	根据"行车日志",确认站区间及站线空闲	携带行车许可证、笔、红色信号灯(旗)到站台头端墙站台门端门外方待命	携带相关备品在指定位置待命
	准备及检查进路	1)布置准备进路:"检查×道,准备××次×道接车进路" 2)听取汇报后,复诵"××次接车进路好了"		复诵"检查×道,准备××次×道接车进路" 将进路上的道岔开通正确位置并加锁,向值班员报告"××次×道接车进路好了"

(续)

作业程序	作业内容	作业标准		
		行车值班员	接发列车人员	准备进路人员
办理闭塞	同意办理闭塞	向发车站报告"电话记录号码××号，×分同意××次闭塞"，并听取复诵，填写"行车日志"		
接车	听取报点	听取发车站报点"××次×分开"，并复诵，填写"行车日志"		
接车	通知接车	通知站台"××次×分开过来了，接车"	复诵"××次×分开过来了，接车"	
接车	接车站接车	通过闭路电视系统监视列车到达	在站台端墙处以引导接车，监视列车对位停车	
接车	报点	复诵"××次到达，路票已收回"	收回路票，检查路票并打×，同时报告值班员"××次到达，路票已收回"	
开通区间	向发车站报点，开通区间	填写"行车日志"。向发车站报点"电话记录××号，××次×分到，区间开通"，听取复诵。向行车调度员报点"××次×分到"		

三、车站中控模式转换操作

1. 车站行车值班员转换操作

车站请求站控，控制中心允许。
车站请求中控，控制中心允许。
车站非请求站控，车站强制切换到站控。
紧急情况下，车站直接切换到紧急站控。

2. 控制中心行车调度员操作

控制中心请求站控，车站允许。
控制中心请求中控，车站允许。
控制中心非请求中控，强制切换到中控。

 事故案例

上海地铁列车追尾事故

2011年9月27日13点58分，上海地铁10号线新天地站由于受站内电缆施工影响，造成10号线交通大学站—南京东路站区间的自动闭塞系统信号丢失而无法正常运作。为保障列车运行安全，10号线调度所行车调度员在14点整决定在交

通大学站—南京东路站区间采用人工方式的电话闭塞。编号为 1016 的 10 号线列车在豫园站—老西门站区间行驶时,在即将抵达老西门站前因红灯信号而停止于隧道中。行车调度员用电话向 1016 次列车下达了停车待命指令。而就在同一时间,下一列已在豫园站完成停靠站点的编号为 1005 的 10 号线列车上,司机却从电话中接收到了行车调度员的前进指令,在经老西门站值班员同意后,司机于下午 2 点 35 分操纵列车朝老西门站行驶。而恰恰豫园站—老西门站两站区间隧道线路线型呈一个直角,等到 1005 列车司机在拐弯后注意到前方的 1016 列车时再进行刹车时为时已晚,导致在下午 2 点 37 分 1005 列车在限道内以 35km/h 的速度追尾了 1016 列车,这起事故最终造成了两列列车上 271 名乘客受伤,所幸无人死亡。

反思总结:该事故的起因是新天地站的电缆施工选择于 10 号线运营时间内进行,并由此造成了自动闭塞信号缺失(间接原因)。而导致事故发生的直接原因为地铁行车调度员在未准确定位故障区间内全部列车位置的情况下,违规发布电话闭塞命令。用电话给司机传达了错误的前进信号;接车站值班员在未严格确认区间线路是否空闲的情况下,违规同意发车站的电话闭塞要求,导致地铁 10 号线 1005 号列车与 1016 号列车发生追尾碰撞。(来源百度新闻)

任务三 列车折返作业

任务目标

知识目标:
1. 掌握不同类型列车折返方式的特点。
2. 理解不同闭塞法时列车折返的作业步骤。

能力目标:
1. 具备描述列车折返过程的能力。
2. 具备完成列车折返作业的能力。

素质目标:
1. 培养学生的行车安全意识。
2. 培养学生按章行车的规则意识。

知识课堂

列车在按照列车运行图运行时,到了终点站或折返站,通过进路的改变和道岔的转换,由车站的一个方向的线路进入另一个方向的线路,开始下一次的运营,这就是列车的折返。列车折返调车利用折返站站内正线、折返线和渡线等线路进行。不同的折返调车进路运用方案,构成不同的折返调车模式。列车在车站的折返作业模式一般情况有几种,其中有一种最优模式,这种模式对到发作业的影响最少,有利于提高通过能力。

一、列车折返的类型

城市轨道交通列车折返主要有站后折返和站前折返两大类,如图 7-9 所示。站后折返指列车在折返站、终点站利用站后折返线进行折返作业,常见的有单渡线式站后折返、交叉渡线式站后折返、尽端式站后折返和环形折返。站前折返指列车在折返站或终点站经由站前渡线进行折返作业,常见的有单渡线式站前折返和交叉渡线式站前折返。下面选取交叉渡线式站后折返和站前折返为例进行说明。

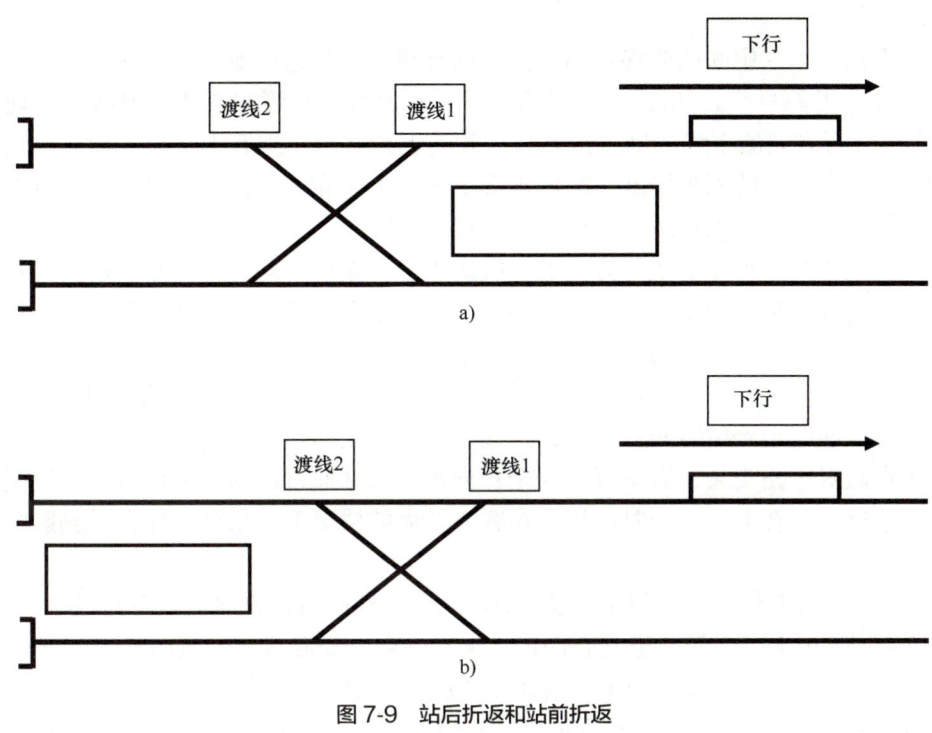

图 7-9　站后折返和站前折返
a)站后折返　b)站前折返

1. 站后折返

站后折返方式是列车在中间站、终点站利用站后渡线进行折返作业。

（1）站后折返的过程　如图 7-9a 所示,设置有渡线 1 和渡线 2 两条渡线,当使用渡线 1 时,列车由上行正线进入上行站台,停车乘客下车,在规定的列车停站时间内乘客下车完毕,进入折返线,前后部司机立即进行换头作业,改变驾驶方向,停留规定时间后,在前一列列车下行出发并已经驶离车站闭塞分区,同时道岔开通车站正线和调车信号开放,进入下行站台停车,乘客上车,列车进入下行线运行。

当使用渡线 2 时,列车由上行正线进入上行站台停车,乘客下车,在规定的列车停站时间内乘客下车完毕,继续上行运行停车,前后部司机立即进行换头作业,转换驾驶方向,停留规定时间后,在前一列列车下行出发并已经驶离车站闭塞分区,同时道岔开通车站正线和调车信号开放,进入渡线,下行站台停车,乘客上车,列车进入下行线运行。

（2）站后折返的优缺点　此种站后折返方式,出发列车与到达列车不存在敌对进路交叉,行车安全;而且列车出站速度高,有利于提高旅行速度,因此,站后折返方式被广泛采用。站后折返方式的主要缺点是列车折返空行时间较长。

（3）站后折返的模式

模式 1:列车由上行线经渡线 1,折返进入下行线。

模式 2:列车由上行线经渡线 2,折返进入下行线。

模式 3：列车折返可以灵活使用渡线 1 和渡线 2，优先使用渡线 1。

车站或控制中心可以通过 ATS 系统自动折返功能选择一种自动折返模式，设置自动折返后，处于自动折返模式中的进路无法通过人工办理，而是由折返列车触发列车折返时系统会按照设置的折返方式办理折返进路。

2. 站前折返

站前折返指列车在中间站或终点站经由站前渡线进行折返作业。

（1）站前折返的过程　如图 7-9b 所示，设置有渡线 1 和渡线 2 两条渡线，当使用渡线 1 时，列车由上行方向的正线，进入折返线，到达下行站台，乘客上下车，前后部司机立即进行换端作业，在规定的列车停站时间内乘客下车与上车完毕，改变驾驶方向，列车进入下行方向的运行，并为下一列进站折返列车办妥接车进路。

当使用渡线 2 时，列车由上行方向的正线进入上行站台，乘客上下车，前后部司机立即进行换端作业，在规定的列车停站时间内乘客下车与上车完毕，列车改变驾驶方向进入折返线，进入下行方向的运行，并为下一列进站折返列车办妥接车进路。

（2）站前折返的优缺点　采用站前折返方式，列车无空车走行，折返时间较短；乘客上下车同时进行，能缩短停站时间；此外，站线和折返线相结合。站前折返的缺点是出发列车与到达列车在敌对进路交叉，影响行车安全；列车进出站通过道岔，致使列车速度受限制和乘客有不舒适感；乘客上下车同时进行，在客流量大的情况下，站台秩序会受到影响。

（3）站前折返模式

模式 1：列车由上行线经渡线 1，进入下行站台，经两道岔直向进入下行线。

模式 2：列车由上行线经两道岔直向进入上行站台，经渡线 2 经侧向，进入下行线。

模式 3：列车折返可以经渡线 1 或渡线 2，进入下行线。

车站或控制中心可以通过 ATS 系统自动折返功能选择一种自动折返模式，设置自动折返后，处于自动折返模式中的进路无法通过人工办理，而是由折返列车自动触发进路，系统会按照设置的折返方式办理折返进路。

二、列车折返模式的相关规定

1. 折返线的选择

在 ATC 系统控制时，进路的办理自动完成，以 ATS 系统设定的模式进行。在车站控制时，应以 ATS 系统设定的模式排列进路，在一些特殊情况时，经行车调度员同意可以使用其他模式。

折返道岔故障时，列车折返运行采用 RM 模式或者 NRM 模式限速 25km/h 运行。

2. 临时变更折返进路的规定

1）全线各有岔车站，在办理列车折返作业中，如果需临时变更进路。在调度集中控制时，如折返列车尚未起动，由行车调度员通知司机后重新办理折返进路。

在车站控制时，若非设备故障，一般不进行列车折返进路的临时变更。必须变更时，就由其操作进路人员首先应征得行车调度员的同意，在获得同意后，通知有关调车列车司机"现在变更进路，禁止列车动车"，得到列车司机确知后，方可取消原进路，再办理变更进路。待变更进路完毕，再即刻通知该司机"变更进路完毕，可恢复调车作业"。

2）列车起动后，不得变更折返进路。

3. 遇防护信号机故障

如果防护信号机故障时，在行车值班员确认列车折返调车进路正确后，可改用手信号指挥折返作业。

三、列车折返作业步骤

1. 移动闭塞

移动闭塞时，列车根据所分配的车次自动完成折返作业。

（1）办理折返进路　ATS 系统确认列车身份，自动排列进折返进路。

（2）列车进入折返线

1）列车接收到速度码，以 SM 模式自动进入折返线。

2）行车值班员通过闭路电视系统显示器及车站 ATS 系统监视列车的运行。

3）控制中心通过中央 ATS 系统监视列车运行。

（3）列车换向作业

1）当班司机关闭前驾驶室。

2）司机或换班司机起动后司机室驾驶列车。

3）改变列车目的地指示。

（4）办理列车出折返进路　控制中心 ATS 系统根据列车运行时刻表规定的时间，排列列车出折返进路。

（5）列车出折返线

1）换班司机驾驶列车进入发车站台并停车。

2）行车值班员通过闭路电视系统显示器监视列车运行情况。

3）中央 ATS 系统自动从车载 ATO 系统获取列车身份和到达时间参数，以便与运营计划进行核对。

2. 自动闭塞

自动闭塞时，由行车调度员或行车值班员排列进路进行折返作业。中控时，由行车调度员在中央 ATS 系统上排列进路，站控时，在行车调度员将控制权下放给车站后，车站的列车折返进路由车站的行车值班员利用车站 ATS 系统进行办理人工排列。原则上，行车值班员应按优先采用的列车折返模式排列进路，如需变更列车折返模式，必须得到行车调度员的同意。通过 ATS 系统不能排列进路时，首先确认区间空闲，然后对单个道岔进行单操再单锁。

（1）办理折返进路　行车值班员人工通过车站 ATS 系统办理折返进路。

（2）列车进入折返线

1）列车凭信号机的显示进入折返线，当班司机人工驾驶列车进入折返线并停车。

2）行车值班员通过闭路电视系统显示器监视列车的运行。

3）控制中心从车站获取折返列车的运行状态资料，以便与运营计划进行核对。

（3）列车换向作业

1）当班司机关闭前驾驶室。

2）司机或换班司机起动后驾驶室驾驶列车。

3）改变列车目的地指示。

（4）办理列车出折返进路　行车值班员人工通过车站 ATS 系统办理折返进路。

（5）列车出折返线

1）换班司机人工驾驶列车进入发车站台并停车。

2）行车值班员通过闭路电视系统显示器监视列车运行情况。

3）中央 ATS 系统从车站获取列车身份和到达时间参数，以便与运营计划进行核对。

3. 电话闭塞

原装有联锁设备的线路上，由于停电或联锁设备发生故障等原因而导致联锁失效。此时，进路及道岔和信号机之间联锁设备已不能相互检查并失去互控作用，使用电话闭塞法折返列车。

电话闭塞时，列车在有折返线车站折返过程中，列车进出折返线的行车凭证为手信号。列车进出折返线或存车线时，按调车方式办理。进折返线时，车站准备好进路后，由值班站长亲自或指定人员显示"道岔开通"手信号通知司机。出折返线时，车站准备好进路后，先用手持台联系司机（手持台故障时，由现场人员口头通知），然后在指定地点显示"道岔开通"手信号。

1）车站折返线联锁失效时，行车值班员向行车调度员和值班站长报告，值班站长安排双人上岗并把关。

2）行车调度员与行车值班员进行联系，确定行车值班员领导车站列车折返作业。

3）准备进路：行车调度员确认列车到达前方车站时，命令车站行车值班员准备进路。进行人工摇道岔人工加锁。严格执行要道还道，并加钩锁器锁闭，只钩不锁，必须做到双人顺着尖轨密贴一边，确认道岔位置正确后向行车值班员汇报。行车值班员应逐个认真核对进路上所有道岔位置正确，进路正确开通。

4）列车到达后，完成客运作业后，由行车值班员通知司机，明确调车进路的确认由司机负责。车站站台人员向司机显示"道岔开通信号"。

5）司机凭调车指挥人的手信号动车，人工驾驶按限速方式驶进折返线。

6）司机进入折返线进行司机交换作业后，司机用无线电话进行要道，调车组严格执行要道还道的作业要求。站台人员向司机显示"道岔开通信号"指示列车动车。

7）列车驶出折返线，驶往线路停车牌处定点停车。

 轨道前沿

新技术打破瓶颈，北京地铁运行发车间隔有望缩短至 1min30s

2023 年，由中国通号城交公司与北京市地铁运营有限公司共同自主研发的高效折返技术，在北京地铁 8 号线顺利通过实车测试验证。本项高效折返技术能够将列车折返时间从原来的 120s 缩短至 90s 以内。这意味着，原来每隔 2min 才能发出的列车，现在只需 1min30s 左右就可发车，使得地铁运能提升了 25%。

原来发车间隔最小 2min 的瓶颈又是如何攻破的？中国通号城交公司与北京地铁运营有限公司共同攻关，自主研发了列车精确定位技术和列车运行过程中道岔精确控制技术，提升了多个关键功能和性能指标，优化了信号系统的实施系统和列车运行控制流程，包括列车换端时间、信号设备反应时间、进路办理时间等。

值得一提的是，该技术可直接应用于 CBTC 线路，无须进行全线技术改造，仅需对原 CBTC 系统进行局部软件升级，就可以实现升级优化。目前，该研究成果已通过独立第三方 SIL4 级安全认证，本次现场试验之后，具备了正式应用条件。

项目八

车辆段行车组织作业

学习导入

车辆段是列车非运营期间停靠的地方,也是列车进行各类检修作业的地方。车辆段的线路比较复杂,通信信号设备也没有实现完全自动化控制。车辆段会涉及出入段作业及调车作业,那车辆段的行车人员是怎样组织出入段作业及调车作业的?设备是怎么起作用的?行车人员又是怎样控制设备的?当设备出现故障时,行车人员又是怎样进行应急接发列车的呢?常见的故障有哪些呢?通过本项目的学习,我们来解决这些问题。

任务一 正常情况下的接发列车作业

任务目标

知识目标:
1. 掌握车辆段正常情况下接发列车的步骤。
2. 掌握车辆段接发列车时的相关规定。
3. 熟悉各种报表的填写方法

能力目标:
1. 具有在车辆段接发列车的能力。
2. 具有规范填写"行车日志""调度命令""路票""占线簿"等报表的能力。

素质目标:
1. 培养学生爱岗敬业的精神。
2. 培养学生遵章守纪的意识。

知识课堂

车辆段主要的行车作业包括车辆段接发列车作业和调车作业。

一、车辆段行车组织的原则

1)在车辆段内运作,必须贯彻"安全第一"的方针,坚持高度集中、统一指挥、逐级负责的原则,与行车有关部门主动配合、紧密联系、协同动作,确保及时提供技术状态良好、数量足够的列车投入服务。

2）车辆段行车工作由车场调度员统一指挥，有关行车人员必须严格执行"行车组织规则"和本标准的有关规定。

3）编入列车的车辆应技术状态良好，符合"行车组织规则"中的规定。投入运用的车辆必须经检修调度员签认后，才能投入使用。

4）平板车装载设备不得超过车辆限界。

5）车辆段内作业应以接发列车为优先，其他作业不能影响列车出入车辆段；车辆段应合理运用设备安排接发列车、检修、施工、调车、试车、清扫等作业，确保畅通。

6）操纵车辆段计算机联锁控制台，应执行"一看、二点、三确认、四呼唤"的作业程序。车辆段值班员应做到一人操作，另一人监控，共同确认，保证安全。

二、车辆段主要岗位设置

车辆段主要岗位设置，如图 8-1 所示。

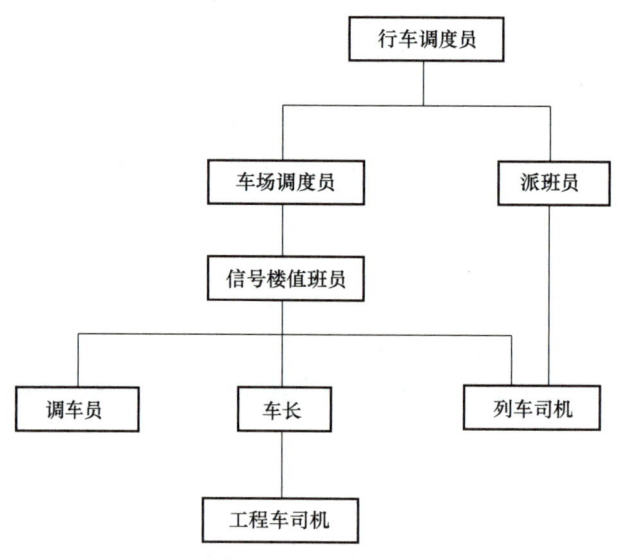

图 8-1 车辆段主要岗位设置

1. 车场调度员

车场调度员统一指挥车场内的行车组织工作，全面负责组织实施机车车辆转轨、取送作业，组织实施调试作业、列车出入场等工作，合理科学地调配人员、机车车辆，协调安排车场内行车设备、设施的检修维护。向行车调度员通报运用客车情况，协调车场内部与外部的工作接口问题，组织相关部门及时处理设备故障问题，协调平衡车间内的生产计划及资源。

2. 信号楼值班员

车辆段信号楼是车辆段内所有轨道线路的信号联锁设备的集中控制点，隶属车场调度员管理，负责车辆段信号联锁系统的控制及与之相连的正线车站共同组织列车进出车辆段；根据接发列车计划及调车作业计划，认真执行作业程序，使用标准用语，执行标准化作业；熟悉微机联锁设备性能和操作方法，并能正确使用，发现设备故障后立即报告车场调度员；根据施工作业需要，在微机联锁上做好相关防护工作。负责在车场内发生各种突发情况时，根据车场调度员的安排采取及时、适当的措施。车辆段信号楼设前台值班员和后台值班员，负责排列车辆段内的调车作业和列车进出车辆段的运行进路。后台值班员负责监督和联系，前台值班员负责操作设备，实行双人确认制度，做到一人操作，另一人监控，共同确认，保证安全。

三、列车运转流程

列车运转流程，如图 8-2 所示。

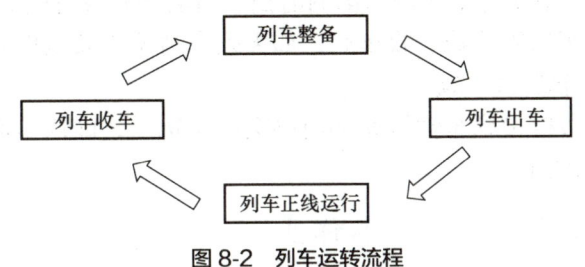

图 8-2　列车运转流程

1. 列车出车作业

列车出车作业主要包括编制发车计划、司机出勤、列车出库与出段等三部分。

1）编制发车计划。发车计划由车场调度员根据使用列车运行图、运营检修用车安排、车辆段线路存车情况等编制，内容包括列车车次、待发股道、运用车编号等。发车计划编制完毕后除应将计划下达给后台值班员外，车场调度员还应该将计划中列车车次、车号、有无备车、备车车号等内容上报给行车调度员。

2）司机出勤。司机应在充分休息的情况下出勤，按规定时间、在规定地点办理出勤手续，司机出勤时应仔细查看调度命令和运行提示，领取电客车状态卡和行车备品，出勤后司机应根据列车状态卡，对运用列车进行整备作业，检查列车状态是否符合有关规定。

3）列车出库与出段。整备作业完毕后，司机根据信号楼指令，确认信号开放后鸣笛动车，运行过程中注意库门位置、信号显示、道岔位置、人员及异物侵限情况，发现危及行车安全和人身安全时立即停车。库内限速 5km/h，尾部出清后限速 25km/h 运行。

首列车及非计划出场的列车在出场信号机前一度停车，联系行车调度员，了解正线线路、施工出清及相关设备情况，后续列车凭出场信号机绿色灯光出场，在转换轨停车，按运营时刻表投入服务。

2. 列车正线运行

从车辆运用角度，列车正线运行主要涉及列车运行交路、列车驾驶作业和司机正线交接班。

1）列车运行交路。列车正线运行的循环交路，以及列车在两端折返站的到、发时刻和出段时间、顺序由列车运行图规定。

2）列车驾驶作业。司机在值乘中应集中注意力，严禁违章行车。

3）司机正线交接班。司机在正线交接班时，接班司机应按规定、提前到指定地点出勤；交班司机应将列车技术状态、有关行车命令与注意事项交代清楚，并填写在司机报单上。

3. 列车收车作业

列车收车作业包括列车入段与入库、库内作业两部分。

1）列车入段与入库。正常情况下，列车经由出、入段线入段。列车在入场信号机前停车，向信号楼申请回场进路，进路排列好后，司机凭信号楼行车指令和入场信号机黄灯入场。

2）库内作业。列车进入车库停稳后，司机应按规定降弓、关闭蓄电池，收车完毕后，将列车状态卡交车场调度员并进行退勤作业。

4. 列车整备作业

列车整备作业包括列车清洗、列车检修和车辆验收三部分。

1）列车清洗。列车清洗包括车辆内部的清扫、清洁和车身清洗等。

2）列车检修。列车回库停稳、收车后，如无列车清洗等其他作业，车场调度员应及时与车辆检修部门办理车辆交接手续。

3）车辆验收。信号楼接到车辆检修部门移交的车辆后，确认车辆技术状态符合正线运行要求后方能接收投入使用。

四、正常情况下的接发列车作业

1. 相关规定

（1）接发列车作业的一般规定

1）接发列车应灵活运用股道，做到不间断接车，正点发车，减少转线作业，备用车应停放在运用库线路发车的一端，升起弓，随时准备出车辆段。

2）车场发生微机联锁故障不能正常排列进路时，应呼停车场内的所有列车，及时通知车场调度员和行车调度员。车场调度员接到通知后及时联系通号调度派人处理；如发车过程中微机联锁故障时，通号值班人员到达现场，从确认故障起10min故障仍无法修复时，车场调度员立即通知相关部门停止影响行车的抢修作业，采用人工准备进路组织行车。

3）如无特殊原因，人工准备接发列车进路办理接发列车作业时停止调车作业。

4）联锁设备正常时，应在邻站开车或车辆段开车点提前30min停止影响列车进路的调车作业，准备接发车进路和开放进场信号机。

5）原则上不得在非接发车线上办理列车接发作业。特殊情况应经车场调度员同意，得到行车调度员改变行车组织办法的命令，采用排列调车进路锁定发车进路道岔（如联锁功能失效时，人工加锁进路对向道岔）。列车凭行车调度命令及车场调度员（或信号楼后台值班员）的发车信号出车辆段。

6）列车进出检修库大门或通过平交道口前应一度停车确认安全后方可通过。

7）除列车进、出车辆段外，车场调度员、信号楼值班员应保证转换轨空闲。如需临时占用时，应报告行车调度员批准，以保证正点发车，不间断接车。

8）办理首列列车出段进路前，应确认转换轨空闲，由远及近开放列车信号，列车凭出库信号机白灯运行至出段信号机前，凭出段信号机黄进入转换轨。同意列车进车辆段前，车场调度员、信号楼值班员应确认转换轨空闲，列车进入车辆段，必须在转换轨防护信号机前一度停车，司机确认整列进入转换轨后，方可转为联锁模式。列车进入转换轨后，信号楼值班员应确认列车出清轨道电路后，方可报点。

9）车场调度员应与行车调度员、车辆等部门加强联系，合理运用车辆段线路，保证畅通和车辆检修计划的兑现。

10）同意列车进车辆段，接车信号开放后，不得随意取消。特殊情况下必须取消时，应及时汇报行车调度员，按"行规"规定办理。

(2）列车占用转换轨凭证规定

1）当车辆段微机联锁系统正常时，列车占用转换轨的凭证为出车辆段信号机的红灯。

2）当车辆段微机联锁系统故障，开放不了出车辆段信号时，列车占用转换轨的凭证为出车辆段信号机的调车信号及信号楼值班员的允许出车辆段命令。

3）当车辆段微机联锁系统故障或邻站 ATS 系统工作站故障开放不了出车辆段信号和调车信号时，改为电话联系（或区段闭塞）行车法组织行车，信号楼值班员得到行车调度员改变行车组织办法的命令，与邻站办理发车作业，列车占用转换轨的凭证为行车调度命令（或路票）。

2. 正常情况下接发列车作业步骤

每天运营前，车场调度员与检调协商出车辆段列车与入车辆段列车安排，减少交叉进路影响，协商结果由检调编制"车辆运营日计划单"交车场调度员。车场调度员确认后，交于车辆段派班员和值班员做好发车和接车准备。

（1）进路的布置、准备及确认　信号楼值班员得到车场调度员的指示，方可办理列车出场的进路。

1）布置进路。

① 布置内容。向有关人员讲清车次和占用线路（接入某股道或由某股道出发）。

② 布置要求。

a. 按《车辆段运作手册》规定时间，及时布置进路。

b. 使用公司《车辆段接发列车作业标准》规定的用语，如"××次×道停车，开放信号"或"××次从转换××道进车辆段，××道停车，准备进路"。

c. 受令人复诵。当两个及以上人员同时接受准备进路的命令时，应指定一人复诵。值班员要认真听取，核对无误后，方可命令"执行"。

2）准备进路。前台值班员应严格按照后台值班员布置的接发列车命令，正确、及时地准备进路。前台值班员在操纵道岔、信号时，要遵守"眼看、手指、口呼"制度，控制台操作时要"一看、二排、三确认、四呼唤"，严禁其他人操纵。

列车出车辆段时，排列发车进路，原则上先办理发车进路，再办理列车出库的调车进路。

列车入车辆段时，排列接车进路，原则上先办理列车入库的调车进路，再办理接车进路。

3）确认。确认进路正确，道岔开通方向正确。当车辆段 ATS 系统设备正常时，通过确认控制台或显示屏光带正确；当车辆段 ATS 系统设备故障时，现场人工确认。

4）报告。用标准用语向后台值班员报告，如"确认转换轨××道往×××道的接车进路""转换轨××道往××道接车进路确认好"。

注意：车辆段的列车进出车辆段一般要经过的地点有车库、到发线、转换轨、正线车站，因此出入车辆段进路一般由几条进路组成，在办理过程中，应严格遵守由远及近的办理规则。

（2）开放信号　接车前根据回段列车计划，距列车入段时间提前 10min 排列接车进路，开放接车信号机。

后台值班员在得到行车调度员授权后依据列车运行图、列车运用计划及列车停放位置，排列发车进路。列车出库前 3min，后台值班员通知列车司机将列车驶出或驶入车辆段线，待列车完全停于信号机前后，司机用直通电话与后台值班员取得联系，通知列车已驶出或驶入车辆段线。

（3）交接凭证　正常情况下凭证是出车辆段信号机的允许显示。

（4）指示发车　当车辆段做好发车准备并具备发车条件后，后台值班员就向司机显示发车信号或用无线通知司机"××次××车×道出车辆段信号好，开车"。

（5）接送列车　列车出入车辆段接发列车人员接送、监视列车状态，及时处理危及行车和人身安全的问题。

1）列车进车辆段和出车辆段的报告。后台值班员从车辆段 ATS 系统设备上确认列车的整列出发或到达。

2）列车进、出车辆段报点的规定。值班员应将列车的到达、出发时刻记入"行车日志"。为了使行车调度员掌握列车进出情况，值班员应及时向行车调度员报告。

① 移动闭塞时，列车回车辆段，全列出清转换轨后，车场调度员应及时向行车调度员报点；列车出车辆段，车场调度员无须向行车调度员报点。

② 站间自动闭塞时，列车进出车辆段过程中，列车进入（出清）转换轨，车场调度员应及时向行车调度员报点。

3. 正常情况下接发列车作业流程

正常情况下车辆段的发车作业流程见表 8-1。

表 8-1　正常情况下车辆段的发车作业流程

作业程序	作业标准		说明
	后台值班员	前台值班员	
发车预告	1）根据"运营时刻表""施工行车通告"或行车调度、DTC 命令，向接车站预告"××次××车预告"，并听取复诵		电客车正常出车辆段此项可简化
	2）填写"行车日志"		
准备发车进路，开放出车辆段信号	3）指示操作员："××次××车×道发车，开放信号"，听取复诵无误后，命令"执行"	4）复诵："××次××车×道发车，开放信号"	应向操作员讲明进路
	6）通过控制台确认信号正确，回答："×道出车辆段信号黄灯好"	5）开放出车辆段信号时，手指预排列进路的始端，口呼"×道"，单击始端按钮；手指预排列进路的终端，口呼"出车辆段"，单击进路终端按钮，确认光带，信号正确后，报告："×道出车辆段信号黄灯好"	
指示发车	7）告知司机"××次××车×道出车辆段信号黄灯好，开车"		
	8）确认列车起动，通知接车站"××次×分开"		
	9）填写"行车日志"	10）监视列车出车辆段情况	
	12）答："好"	11）通过控制台确认列车整列出车辆段，口呼："××次出车辆段"。注销占线簿	

(续)

作业程序	作业标准		说明
	后台值班员	前台值班员	
报点	13）向行车调度员报点		
	14）复诵接车站报点"××次×分到"		
	15）填写"行车日志"		

注：电列车正常入段时，向行车调度员报点可简化。

正常情况下车辆段的接车作业流程见表 8-2。

表 8-2　正常情况下车辆段的接车作业流程

作业程序	作业标准		说明
	后台值班员	前台值班员	
听取发车预告	1）听取发车站开车预告并复诵"××次××车预告"		电客车正常入车辆段此项可简化
	2）确认入车辆段线空闲以及车辆段调度布置的电列车接车计划，征得车场调度员的同意，该列车接入×道，填写"行车日志"		
准备接车进路开放信号	3）指示操作员开放信号"××次××车×道停车，开放信号"，听取复诵无误后，命令"执行"	4）复诵"××次××车×道停车，开放信号"	列车从正线联络站进车辆段，应确认转换轨
		5）填写占线簿	
		6）开放进车辆段信号时，手指、口呼，"进车辆段"，单击始端按钮："×道"，单击进路终端按钮。确认光带、信号显示正确后，报告："×道接车信号黄灯好"	
	7）监视控制台复检、确认信号正确。回答："×道接车信号黄灯好"		
接车	8）听取发车站开车报点并复诵，并通知车辆段相关工作人员"××次×分开"	9）复诵"××次×分开"	
	10）填写"行车日志"	11）监视列车进车辆段情况	
	13）回答"好"，并填写占线簿	12）通过控制台确认列车整列进入接车线后，口呼"××次到达"	
列车到达	14）向发车站发出"××次×分到"		
	15）填写"行车日志"		
	16）通知车场调度员列车到达，向行车调度员报点		

注：电列车正常出段时，向行车调度员报点可简化。

占线簿的格式见表 8-3。

表 8-3 占线薄的格式

占线薄					
序号	车次	股道	接车	发车	备注
1	0107	D16G	√		
2					
3					
4					
5					
6					
7					
8					

岗位掠影

车场调度员是车辆段内列车组织工作的"睿智大脑",他们统筹场段内的行车组织和施工作业,排列进路、联控司机动车、掌握股道停送电情况、设置施工防护……一年 365 天,一天 24 小时,没有一刻停歇,被叫作车辆段的 36524。

凌晨 3~4 点,车场调度员们就开始忙碌,准备运营前的检查,为一整天的运营制订发车计划,如图 8-3 所示。

安排好上线列车后,他们开始逐项审核场段内的施工作业和停送电作业。

运营结束后,所有电列车收车完成,车场调度员开始排列进路,让工程车利用电列车停运的空档完成正线作业,如图 8-4 所示。

图 8-3 车场调度员分析发车计划

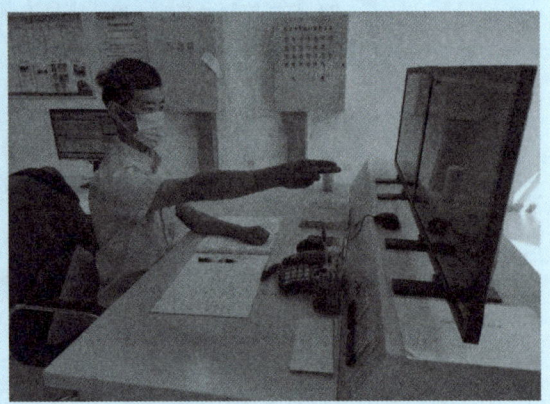
图 8-4 车场调度员排列进路

昼夜交替,但工作从不曾中断,五一他们在岗坚守,中秋他们在岗坚守,春节他们还是在岗坚守,即使是石家庄疫情最严重的时候,地铁停运,他们也都始终坚守在岗位上。车场调度员,车辆段里的 36524,他们沉着冷静,思路清晰,有条不紊地指挥行车,用心保障地铁的安全运营!(来源石家庄轨道交通微信公众号)

任务二　特殊情况下的接发列车作业

任务目标

知识目标：
1. 掌握车辆段引导接车的步骤。
2. 掌握车辆段电话闭塞法接发列车的步骤。
3. 能够按照规范完成车辆段引导接车的作业流程。
4. 能够按照规范完成车辆段电话闭塞法接发列车的作业流程。

能力目标：
1. 具有在车辆段引导接车作业的能力。
2. 具有在车辆段运用电话闭塞法接发列车的能力。

素质目标：
1. 培养学生的沉着应变能力。
2. 培养学生的遵章守纪意识。

知识课堂

车辆段特殊情况下的接发列车主要介绍引导接车和电话闭塞法接发列车两种情况。

一、引导接车

当进车辆段信号机故障时或其他原因导致进车辆段信号机不能正常开放时，车辆段采用应急接车的措施，即引导接车。进车辆段信号机显示一个红灯和一个月白色灯光，准许列车在该信号机前不停车，以不超过规定速度进车辆段，并随时做好停车准备。

1. 引导接车的分类

引导接车按信号不同，可以分为引导色灯信号接车和引导手信号接车。引导色灯信号接车按锁闭方式不同，可以分为引导进路锁闭接车和引导总锁闭接车。

引导手信号：准许列车按规定速度进入车辆段。昼间——展开的黄色信号旗高举头上左右摇动；夜间——黄色灯光高举头上左右摇动。引导人员接车时，应在引导员接车地点标处，显示引导手信号。列车头部越过，即可收回引导手信号。

2. 使用情况

（1）使用引导进路锁闭接车的情况

1）信号断丝而使进车辆段信号无法开放或开放后因断丝而关闭。

2）接车进路上轨道区段故障致使进车辆段信号不能开放，或开放后因区段故障而关闭时。

（2）使用引导总锁闭接车的情况

1）不是由于道岔被挤而造成的接车进路上某道岔失去表示时（是指定、反位表示灯均不能点亮，用接通光带按钮检查时也无光带）。

2）向非接车线接车。

3）故障轨道区段内道岔需扳动而使道岔失去表示时。

3. 注意事项

1）开放引导信号接车，如信号机内方第一轨道区段电路故障时，因引导信号开放后不能保留，信号楼值班员要重复开放引导信号（间隔15s），至列车头部进入信号机内方。

2）当车辆段微机联锁系统故障而使进车辆段信号机开放不了黄色灯光接车时，信号楼值班员登记"行车设备故障登记簿"，及时通知车辆段调度并报告通号调度及行车调度员，车辆段行车控制室值班员应先开放引导信号或调车信号接车；如引导信号或调车信号均不能开放时，应立即派引导员使用引导手信号接车（特殊情况回段高峰时，信号楼值班员使用微机联锁设备将接车进路单操至所需位置，接通光带确认后并单锁，在得到车辆段调度授权后告知司机越红灯入段），列车在入段信号机前停车凭引导人员引导手信号或车辆段行车控制室值班员指令入车辆段。

3）采用引导总锁闭方式接车时，不检查本咽喉的联锁条件，也不检查另一咽喉的敌对进路，此时，必须停止本咽喉相互影响的作业和排除在另一咽喉的敌对进路上行车作业，行车安全完全由信号楼值班人员人为保证。但需注意，一般情况下，不使用引导总锁闭接车。

4. 引导接车的步骤

1）确认接车进路空闲。由于引导进路不能检查接车进路是否空闲，因此，在排列进路前，首先必须人工确认接车进路空闲。可通过控制台或微机显示屏人工确认，也可人工现场确认。

2）排列接车进路。先用"接通光带按钮"确认需要单独操作的道岔，用道岔"单操"将道岔扳动到需要开通的方向。

3）确认接车进路正确无误。排列进路后，单击"接通光带按钮"检查所排列的接车进路是否正确。

4）开放引导信号。确认接车进路正确无误后，在"行车设备设施故障登记簿"上登记，根据规定，单击"引导信号"按钮，进路锁闭，引导信号开放，控制台接车进路表示灯亮白光带。

5）通知司机。引导信号开放后，后台值班员使用列车无线调度电话通知司机。

6）解锁进路。当列车第一轮对越过进路信号机后，引导信号自动关闭。列车沿进路通过后，进路仍处于锁闭状态，白光带继续点亮，当后台值班员确认列车已全部到达接车线股道停妥后，同时单击该信号机的列车按钮和总人工解锁按钮，则进路立即解锁，白光带熄灭。

注：电气集中设备车辆段和微机联锁设备车辆段的操作方法基本相同。

5. 引导接车的作业流程

引导进路锁闭接车作业流程见表8-4。

表8-4 引导进路锁闭接车作业流程

作业程序	作业标准	
	后台值班员	前台值班员
报告登记	2）听取报告，通过显示屏确认"进车辆段信号机故障"	1）进车辆段信号机故障处理作业未完，确认后，报告："进车辆段信号机故障"
	3）报告行车调度："×（车辆段）进车辆段信号机故障"，通知维修值班员登记记录	

（续）

作业程序	作业标准	
	后台值班员	前台值班员
听取发车报告	4）听取发车辆段开车预告并复诵："××次××车预告"	
	5）征得车辆段调度员的同意，将列车接入×道，填写"行车日志"	
准备接车进路开放信号	6）指示操作员"××次×道停车，开放引导信号"，听取复诵无误后命令"执行"	7）复诵"××次××车×道停车，开放引导信号"
		8）填写"占线簿"
	10）通过显示屏复检进路正确后，口呼："×道进路开通正确"	9）准备进路。单操道岔，眼看、标点、口呼："定（反）位、×号"。确认正确后，口呼："×道进路开通正确"
	11）登记，指示："开放引导信号"	12）复诵："开放引导信号"
	14）通过显示屏复检确认正确后，口呼："×道引导信号好了"	13）眼看、标点、口呼："破'铅封''引导'"。确认信号正确后，口呼："×道引导信号好了"
接车	15）听取发车辆段开车报点并复诵"××次××分开"	16）复诵"××次××分开"
	17）填写"行车日志"	18）监视列车进车辆段情况
	20）回答"好"	19）通过控制台确认列车整列进入接车线后，口呼"××次到达"
列车到达	21）向发车辆段发出"××次×分到"	
	22）填写"行车日志"	
	23）在"行车设备检查登记簿"登记，指示信号员："解锁进路"	24）复诵："解锁进路"
	26）通知显示屏确认正确后，回答："好了"	25）解锁进路。眼看、标（笔）点、口呼："破'铅封''总人解''进路始端'"。确认正确后，口呼："进路解锁好了"
	27）通知电务人员登记、签认	
	28）通知车场调度员列车到达，向行车调度员报点	

二、电话闭塞法接发列车

车辆段微机联锁故障或正线联锁故障而车辆段微机联锁正常时，使用电话闭塞法组织行车。

1. 采用电话闭塞行车，各岗位人员工作安排

1）如果需要现场人工准备进路时，前台值班员负责准备进路（含加锁道岔），车场调度员负责现场检查、确认进路的正确性，后台值班员负责与邻站办理闭塞手续，办好手续后通知车场调度员填写路票；司机核对正确后，车场调度员显示发车手信号发车。

2）如果微机可以采用"单操单锁"办法准备进路时，后台值班员指挥前台值班员排列

发车进路并通过微机检查、确认进路开通正确后,通知车场调度员填写路票。车场调度员现场确认进路正确,核对路票无误后方可递交司机确认,司机确认无误后车场调度员显示发车手信号发车。

3)车辆段派班员负责办理司机出、退勤作业,传达电话闭塞法行车的命令及行车注意事项,派发行车用品、备品(含钥匙、车辆状态卡)等工作,并通报信息于相关人员。

4)如果需要现场人工准备进路时,由车场调度员通知工程车司机协助现场准备进路。

2. 采用电话闭塞行车,接发车进路的准备

1)车辆段信号联锁设备可正常操作时,正常排列接发车进路。

2)车辆段信号微机设备不能正常开放入车辆段信号,则采用开放引导信号接车;如不能开放引导信号,则需派人到现场进行人工排列进路和显示引导手信号。

3)列车进入车辆段信号机内方后即可向车站报到达时间,及时准备后续列车的接车进路。出车辆段列车出入车辆段线后即可准备后续列车的发车进路。

3. 电话闭塞法行车的接发列车作业流程

电话闭塞法行车的发车作业流程见表8-5。

表8-5 电话闭塞法行车的发车作业流程

作业程序	作业标准		说明
	后台值班员	前台值班员	
向接车站预告闭塞	1)按照出车计划确认转换轨、出入车辆段线空闲。按行车调度命令或"运营时刻表""施工行车通告"确认开行车次		
	2)向接车站请求闭塞"××次闭塞"		向接车站办理闭塞,讲明出车辆段线路
	3)填写"行车日志"		
准备发车进路	4)布置前台值班员(发车人员)"××次××车××道往转换轨×道发车,准备进路"并听取复诵无误后命令"执行"	5)复诵"××次××车××道往转换轨×道发车,准备进路",听到"执行"命令后现场作业	原则上列车出车辆段进行转换受电模式时使用规定道且进入开通至转换轨
	7)听取汇报后,回答"××道往转换轨×道发车进路好"	6)准备进路,确认进路正确,对向道岔加锁后,面对运用库手指、口呼"××道往转换轨×道开通",向后台值班员报告"××道往转换轨×道发车进路好"	现场准备时,由近到远(股道到进车辆段信号机),将道岔逐个人工摇到正确的位置对向道岔加锁,(能从微机上操作的道岔由微机操作到正确的位置),通过对讲机与信号楼核对道岔位置(定、反位)
	8)再次指示发车人员"确认××道往转换轨×道发车进路"	9)按准备进路程序反方向再次确认正确后,向后台值班员报告"××道往转换轨×道发车进路确认好"	前一步骤已经有两人检查、确认过的,可直接向前台值班员报告"××道往转换轨×道发车进路确认好"
	10)听取汇报后回答"好"		

（续）

作业程序	作业标准		说明
	后台值班员	前台值班员	
办理路票	11）听取接车站承认闭塞的电话记录号码，复诵"××号×分同意××次闭塞"		
	12）填写"运行日志"在微机显示屏上设置出入车辆段线占用表示牌		
填发路票	13）填写路票，通知发车人员接受路票，与发车人员核对路票，确认无误	14）与后台值班员核对路票无误后再次核对发车进路	
发车	15）指示前台值班员（发车人员）"××次××车××道发车"	16）复诵"××次××车××道发车"	
	17）列车鸣笛，向接车站报告"××次××车××分开"，填写"行车日志"	18）向司机递交路票，并核对路票显示发车（发车指示）信号	路票在运用库出车股道交给司机
	20）听取汇报后回答"好"，向行车调度员报点	19）立岗监视列车出车辆段并报告后台值班员"××次××车出车辆段"	如果列车出车辆段进入走行线后，值班员同意司机降弓升靴。转换完同意动车到转换轨
开通区间	21）听取邻站列车到达通知，复诵"××号××次××车××分到"	22）将道岔解锁	
	23）填写"运行日志"，撤除出入车辆段线占用表示牌		

电话闭塞法行车的接车作业流程见表8-6。

表8-6　电话闭塞法行车的接车作业流程

作业程序	作业标准		说明
	后台值班员	前台值班员（引导员）	
听取请求闭塞	1）听取发车站请求闭塞"××次闭塞"		列车按时刻表计划入车辆段，此项可简化
	2）根据车场调度员接车计划，核对车次、车底号		非正常情况下与行车调度员核对车次、车底号，并将行车调度员通知的故障情况，通知车场调度员，确定接车线
	3）填写"行车日志"		
准备接车进路	4）布置前台值班员"××次××车从转换轨××道进车辆段，××道停车，准备进路"	5）复诵"××次××车从转换轨××道进车辆段，××道停车，准备进路"	原则上列车入车辆段进行转换受电模式时使用规定道且进路开通至运用库停车股道

（续）

作业程序	作业标准		说明
	后台值班员	前台值班员（引导员）	
准备接车进路	7）听取汇报后，回答"转换轨××道往××道接车进路好"	6）现场准备，确认接车线进路正确，对向道岔已加锁后，面对转换轨手指、口呼"××道转换轨××道开通"。向后台值班员汇报"转换轨××道往××道接车进路好"	现场准备时，由近到远（进车辆段信号机到股道），将道岔逐个人工摇到正确的位置对向道岔加锁（能从微机上操作的道岔由微机操作到正确的位置），通过对讲机与信号楼核对道岔位置
	8）再次布置前台值班员（引导员）"确认转换轨××道往××道的接车进路"，并听取复诵无误后命令"执行"	9）复诵"确认转换轨××道往××道的接车进路"，听到命令"执行"后，现场检查进路	
	11）听取汇报后回答"好"	10）按准备进路程序反方向再次确认进路正确，对向道岔已加锁后，向后台值班员报告"转换轨××道往××道接车进路确认好"	前一步骤已经有两人检查、确认过的可直接向后台值班员报告"转换轨××道往××道接车进路确认好"
承认闭塞	12）发出电话记录"××号××分同意××次闭塞"		
	13）听取复诵无误，填写"运行日志"		
	14）在微机显示屏上设置出入车辆段线占用牌		
引导接车	15）听取发车站开车通知，复诵"××次××车××分开"		
	16）填写"行车日志"		
	17）指示前台值班员（引导员）"××次××车××分开，转换轨××道引导接车"	18）复诵"××次××车××分开，转换轨××道引导接车"，站在规定地点显示引导手信号	
列车到达开通区间	20）接到"××次××车××道停稳"，回答"好"	19）列车进入走行线后，向后台值班员汇报"××次××车××道停稳"	
	21）接到司机申请后同意"××次××车××道降靴升弓"。接到转换轨受电模式完毕后，通知司机"××车××道往××道开通，可以动车"	22）列车进入停车线后，向后台值班员汇报"××次××车到达"	
	23）接到"××次××车到达"，回答"好"。向发车站发出"××次××车××分到"		
	24）填写"运行日志"，撤除出入车辆段线占用牌	25）列车停稳，向司机收回路票，并打"×"作废	交回路票给车场调度员保管
	26）在相应股道输入车底号，在两端信号机"戴帽"	27）将对向道岔解锁	
	28）向行车调度员报点		

任务三 调车作业

 **任务目标**

知识目标:	能力目标:	素质目标:
1. 掌握车辆段调车作业的步骤。 2. 能够按照规范完成车辆段调车作业流程。	1. 具有识读"调车作业通知单"的能力。 2. 具有在车辆段进行调度列车作业的能力。	1. 培养学生的团结协作意识。 2. 通过对车辆段的调车作业流程的学习,培养学生的遵章守纪意识。

 **知识课堂**

一、基本概念

1. 调车作业的定义

除列车在正线上的运行以外,凡因列车折返、转线、解体、编组和车辆摘挂、取送等作业需要,列车或车辆在线路上进行有目的的移动,都属于调车。按调车目的不同,轨道交通调车主要有折返调车、转线调车、解体调车、编组调车、摘挂调车和取送调车等。轨道交通的调车作业主要是在车辆段和折返站内进行。调车作业的动力是内燃机车或动车。车辆段调车作业的特点是作业量大和作业复杂,除列车折返调车外,其他各种类型的调车都有。

2. 调车方法

城市轨道调车作业方式可分为以下两种。

(1) 推送调车 推送调车是用机车将车辆调移至适当地点,停稳后再摘车的调车方式,其作业过程如图 8-5 所示,利用该方式调车,便于控制运行速度,作业安全。但车辆实现调移要经过推送和折返两个过程,因此,消耗的作业时间长,效率较低。当不许溜放作业时,应采用推送调车。

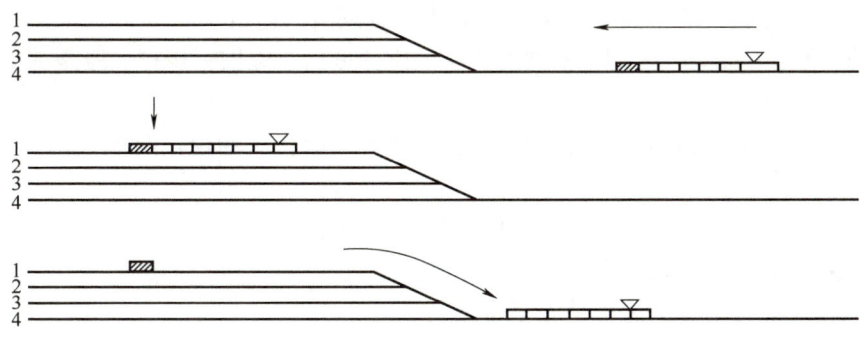

图 8-5 推送调车示意图

（2）溜放调车　利用机车通常以推送车列的方式行进，在达到一定速度后，按计划摘解车组，车组脱离车列自行溜出的调车方式为溜放调车方式。为此，在车列行进时，手动对车组摘钩，然后机车制动，以形成摘解车组与机带车列的速度差，即发生两者的脱离及车组溜出。为使溜出车组能溜至预定位置或实现安全连挂，由制动员对之施行手闸制动或铁鞋制动。其作业过程如图 8-6 所示。

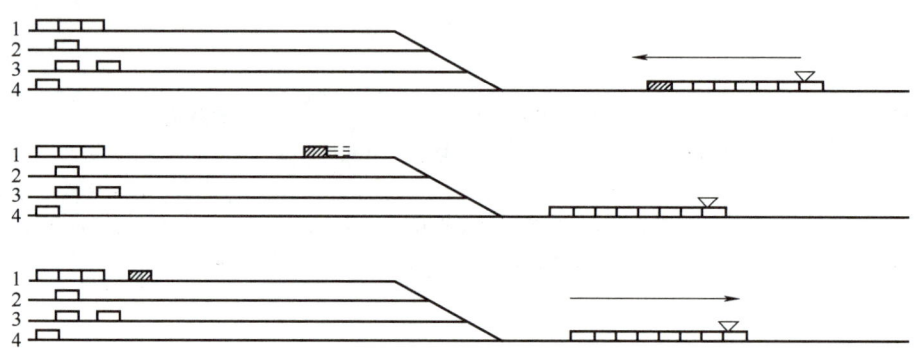

图 8-6　溜放调车示意图

正确把握车组的溜出速度是保证调车安全、提高调车效率的重要前提。溜出速度过低，车组不能溜至预定位置；溜车速度过高，不仅机车的往返牵推过程延长，而且也难以对溜出车组实现制动操作，产生安全隐患。车组溜出速度的大小主要取决于溜行距离、溜行阻力及车辆自身的溜行性能。调车人员要熟悉有关的线路及车辆情况，应具有准确测距、测速的技能。

与推送调车方式相比，溜放调车方式的分解行程短，可显著提高调车效率，在条件允许时均应采用。

因为城市轨道交通车辆具有许多精密仪器，所以一般不采用溜放法进行调车作业，只使用推送法进行调车作业。

3. 调车钩与调车程

构成调车作业过程的基本要素是调车钩与调车程。调车钩是指连挂或摘解一组车辆的作业，它是衡量调车工作量的基本单位。调车程是指连挂或摘解车辆加减速一次的移动，它是分析计算调车作业时间的最小单位。由于轨道交通通常是短距离调车，调车作业主要采用下面三种方法调车程。

1）加速—制动型：即车辆被加速到一定速度后立即制动停车。
2）加速—惰行型：即车辆被加速到一定速度后以惰力运行。
3）加速—惰行—制动型：即车辆被加速到一定速度后，以惰力运行一段距离后制动停车。

4. 调车的功能

1）及时、正确地进行调车作业，保证电动列车按运行图的规定时刻发出列车，按运行图的要求安排使用列车。
2）及时取送需检修的车辆，保证检修车辆按时到位。
3）保证基地设备以及调车作业运行安全和人身安全。
4）确保其他物资运输的运行秩序正常进行。

5. 调车指挥系统

1）车辆段调车工作由车场调度员统一领导，调车作业人员应按作业标准和调车作业计划单执行。

2）车场调度员应根据机车车辆、线路、设备检修计划和现场作业情况，合理、科学、正确地编制调车作业计划，组织调车人员安全、及时地完成调车任务。

3）调车作业由调车员单一指挥。调车员根据调车作业计划单，正确、及时地显示信号，指挥调车车辆运行，并注意行车安全。

4）调车司机应根据调车员的准确信号、平稳地操纵机车，时刻注意确认信号，不间断进行瞭望，正确、及时地执行信号显示要求，负责调车作业安全。

5）信号楼值班员根据调车作业计划单和现场作业情况、机车车辆停放股道，正确、及时地排列调车进路、开放调车信号，做到随时监控机车车辆运行。

6. 调车作业基本要求

1）调车作业必须按照调车作业计划及调车信号机或调车信号的显示要求进行，没有信号不准动车，信号不清立即停车。

2）特殊情况使用无线电对讲机联络进行调车作业时，列车司机与调车人员必须保持联络畅通，联络中断时应及时采取停车措施，停止调车作业。

3）调车作业时，调车人员必须正确、及时地显示信号，列车司机要认真确认信号并且鸣笛回示。

7. 配合协作要求

1）调车作业是参加调车作业的相关人员（如列车司机、调车员、信号楼值班员等）之间相互配合、相互协作的过程。因此，无论是车辆的动车、信号确认、进路确认还是注意事项都必须在作业前明确。

2）信号楼值班员必须按规定正确、及时安排调车进路，并且监视运行情况。

3）调车员必须看清计划，确认安全状态后，才准显示信号，不得盲目指挥、盲目显示信号。

4）列车司机必须要确认信号，瞭望四周情况后才能起动机车。

8. 终止作业条件

1）在调车作业中，调车人员显示的信号得不到列车司机回示或认为速度过快以及有其他异常情况时必须立即显示停车信号。

2）列车司机在无法瞭望信号、信号中断、联络中断或者认为有异常情况时必须立刻停车。

3）信号楼值班员发现调车作业人员或作业过程有违反安全规定的情况时应立即采取措施，命令调车作业终止。

4）车辆基地或车站管理人员发现有危及调车作业安全、设备安全、人身安全的情况时应立刻通知有关人员停止调车作业。

9. 手推调车

以人力推移车辆称为手推调车，通常是在短距离移动车辆时采用。正常情况下，原则上不使用手推调车。如确有必要采用手推调车，应得到车场调度员或安全主管部门批准，并有可靠的安全措施，如车辆能随时停住、无触电危险等，以确保人身和作业安全。

二、调车作业计划

调车作业都是通过调车作业计划来实现的，所以对于调车作业来说，调车作业计划是进行调车作业的凭证与根据。调车作业计划是指车场调度员向调车作业人员以书面形式或口头形式下达的调车作业通知单，内容包括起止时间、担当列车（机车）作业顺序、股道号及摘挂辆数（编组车号或车位）、安全注意事项等。调车作业通知单见表 8-7。

表 8-7　调车作业通知单

调车作业通知单

编号：地运营记××××

机车（列车）号码_____　班组_____　第_____号

作业项目	作业时间	序号	股沟车道种数	安全事项及其他交代
		1		制动系统是否正常：
		2		［□是，□否］悬挂系统是否正常
		3		［□是，□否］接触网设备是否正常
		4		［□是，□否］线路、道岔是否正常
		5		［□是，□否］信号设备是否正常
				［□是，□否］特殊运行速度限制
				km/h 以内
				调试时驾驶模式：
				存车情况：　　　其他事项：

车场调度员：　　　　　　　　　　　　　　　　　　　　年　　月　　日
调车员／值班员：_____　确认时间：_____　注销时间：_____
司机／信号员：_____　确认时间：_____　注销时间：_____

注：1. "调车作业通知单"一式四联，第一联交调车员，第二联交司机，第三联交车辆段值班员，第四联为存根。
2. 调车员、列车司机、值班员确认作业内容、安全事项清楚后签名。
3. 确认、注销时间填写具体时分，调车员或列车司机在第四联填写确认、注销时间。
4. 填写安全事项及其他交代栏时，需要提醒列车司机的事项在相应"□"内画"√"。如果"√"否，需要注明具体问题。存车情况需要标画铁鞋具体位置。

车场调度员编制"调车作业通知单"时，需考虑周全，避免作业执行过程中变更计划，一旦需变更计划时，变更作业不超过三钩，可以口头方式布置，但需停车传达；接收变更计划的有关人员应复诵，车场调度员需确认其复诵无误；变更作业超过三钩时，需收回原计划，重新出具书面计划，以确保计划准确。

当一批作业（指一张调车作业通知单）不超过三钩，允许以口头方式布置。由于口头布置没有书面依据，为确保作业人员之间协调一致，确保作业安全，有关人员必须复诵。随意变更计划，既不安全也影响效率。但调车作业涉及的因素较多，且多为活的因素，产生计划变更是难免的。如何正确了解和掌握情况，增强预见性，不变更或少变更计划，这是对调车领导人的一项重要要求。对于"一批作业"变更股道不超过三钩时，允许以口头方式布置，但必须停车传达，有关人员复诵。变更超过三钩时，应重新填写调车作业通知单。

三、调车作业步骤

1. 调车作业计划及准备工作

调车作业计划是调车作业的依据，做好调车作业计划的布置、交接、传达及准备工作，是安全、正确、及时地完成调车任务的重要保证。

1）编制调车作业计划。

2）车场调度员应亲自编制调车计划单并制订安全防范措施及注意事项，向调车员交递书面计划及"机车、车辆动车需求计划单"和"调试、试验作业任务书"。调车员应根据调车单亲自向司机交递和传达。作业完毕后及时收回"机车、车辆动车需求计划单"和"调试、试验作业任务书"。

3）车场调度员向信号楼值班员、列车司机、调车员传达计划时，接收计划的人员须认真复诵，确保清楚无误地掌握计划。

4）接计划人员接完计划后，需准确向本班人员传达，确保计划执行到位和充分发挥互控作用。

5）调车作业前的准备。

① 调车作业前，调车员应充分做好准备（按规定着装、佩戴防护用品，确认无线对讲机良好），并认真检查调车组其他人员准备情况。

② 对线路进行检查，确认进路、车辆底下和上部无障碍物。

③ 对车辆进行检查，内容包括车辆防溜措施情况、是否进行技术作业、是否有侵限物搭靠、装载加固是否良好、是否插有防护红牌（红灯）。

2. 调车进路准备与确认

调车用的进路称为调车进路。调车进路包括短调车进路和长调车进路，短调车进路指从开始调车信号机开始，到下一架阻挡信号机为止的一个单元调车进路。长调车进路由两个以上的单元调车进路组成。

1）信号设备正常时进路准备。进路的准备是由操作值班员按调车作业通知单进行的，进路办理妥当后调车信号开放。集中联锁车站准备可以分段进行，但要注意先远后近，切不可以由近及远，以免造成调车人员看到远方的调车信号未开放而动车，造成行车事故。

2）无联锁线路调车进路办理应该执行要道还道制度。

3）进路部分信号设备故障时。能够使用的设备尽量使用，联锁设备良好的道岔可用单独操纵、单独锁闭的方法，其他电气故障的道岔用人工扳动人工加锁。在办理进路过程中，要严格执行要道还道制度。

4）确认进路。牵引车辆运行时，前方进路的确认由列车司机负责；推进车辆运行时，前方进路的确认由调车指挥人负责，调车指挥人确认前方的进路有困难时，可指派调车组其他人员确认。

四、调车作业流程

联锁设备正常时调车作业流程见表 8-8。

表 8-8　联锁设备正常时调车作业流程

作业程序	作业标准		
	后台值班员	前台值班员	调车指挥人
接收计划	1）接收调车申请，确认机车车辆停留位置计划与实际相符，编制调车计划及安全注意事项 2）确认计划正确可行，向信号操作员、调车指挥人布置计划，传达重点注意事项		

(续)

作业程序	作业标准		
	后台值班员	前台值班员	调车指挥人
布置计划	1）接收调车计划后，认真阅读和正确理解调车计划内容。了解现场具体情况	2）接收调车计划后，认真阅读和正确理解调车计划内容。了解现场具体情况	3）接收调车计划后，认真阅读和正确理解调车计划内容
调车作业	2）接到司机整备作业完毕请求进路后，指示前台值班员："开放××道往××道的调车信号" 4）听取前台值班员复诵无误后命令"执行" 7）通过显示屏监督前台值班员操作，确认信号开放正确后回答："好" 8）呼叫调车指挥人"××（次、号），×道进路准备好" 11）打钩（在计划第1、2钩右边打一钩），并记录计划的开始时间 14）密切注视显示屏，监督列车、机车车辆运行。听调车指挥作业完的汇报，将该钩计划用横线划掉 16）按上述步骤，根据调车指挥人申请和作业计划布置下一钩进路	3）复诵"开放××道往××道的调车信号" 5）听到"执行"后，核对调车计划无误后开始操作 6）开放调车信号时，用鼠标指、口呼"××道"，点压终端信号机按钮。确认光带、信号显示正确后，报告"××道往××道信号好" 12）打钩（在计划第1、2右边打一钩），并记录计划的开始时间 15）密切注视显示屏，监督列车、机车车辆运行动态，将该钩计划用横线划掉 17）按上述步骤准备下钩进路	1）准备完毕后按计划呼叫信号楼"××（次、号），请求×道进路" 9）复诵"×道进路准备好，××（次、号）明白" 10）按计划进行作业 13）一钩作业完毕及时汇报信号楼值班员，并申请下钩计划进路 18）重复以上步骤
注意事项	值班员应认真确认机车车辆的具体位置，通过显示屏确认机车车辆的位置与司机呼叫的位置相符后，再排列进路 值班员负责车辆段行车指挥工作，加强监督机车车辆动态，如有两列车或机车车辆运行有交叉时，提前通知扣停列车、机车车辆，要求司机/调车员提前减速停车 车辆段内所有作业，值班员发现或接到行车设备或与作业有关的设备发生故障或异常影响行车安全或作业的正常进行时，应立即通知司机停车待令，等到故障或异常排除后，确认不影响行车安全的前提下，通知司机确认现场情况正常后方可动车		

五、调车速度

调车作业要做到安全、迅速、准确，掌握调车速度是关键。进行调车作业的司机，必须严格按照有关规章和规定的限制速度和调车指挥人的信号操纵机车，在任何情况下，不准超速作业。调车指挥人除了注意观速、观距，及时准确地显示信号外，还要准确掌握速度，不准超过规定。若发现列车司机超速危及安全时，必须显示停车信号。

调车速度是根据调车作业的特点，调车时所经过线路、道岔的允许速度，调动特殊构造的车辆或装载特殊货物车辆的要求，以及保证调动车列运行中的安全规定的。作业中还应根据带车多少、制动力大小以及距离远近等，由列车司机和调车指挥人员共同掌握。

1）调车作业时，无论是调车机车为动力的调动车辆，还是调动电动列车，均需在整列通风制动良好的条件下进行。在空线上调车，应遵守曲线半径和道岔型号等速度限制，在天气不良或地形影响，瞭望条件不良时，还应适当降低速度。

2）接近被连挂的车辆时，速度不得超过3km/h。这是安全连挂速度，不致损坏车辆。

3）在调车作业时，严格控制速度，按信号及行车标志牌行车。在尽头线上调车时，距线路终端应有 10m 安全距离，遇特殊情况应小于 10m 时，调车员与列车司机联系，严格控制速度，并随时做好停车准备。调车速度可参考表 8-9。

表 8-9　调车速度

序号	项目	速度/(km/h)	说明
1	空线牵引运行	25	
2	空线推进运行	15	
3	调动装载超限货物的车辆时	10	
4	在尽头线调车时	10	
5	在维修线调车时	10	
6	在运用库内停车线调车时	10	
7	货物线上对位时	5	
8	接近被连挂车辆三、二、一车时	10、5、3	
9	接近被连挂车辆时	3	

项目九

非正常情况下的行车组织

学习导入

当列车晚点、区间短时间阻塞、突发大客流、恶劣天气以及设备故障等原因，造成列车不能按列车运行图正常运营时，如何组织列车运行？本项目将详细介绍设备故障、火灾、突发大客流、恶劣天气、自然灾害等非正常情况和特殊情况下的行车组织方法。

任务一　设备故障时的行车组织

任务目标

知识目标：
1. 掌握 ATS 系统、ATP 系统和 ATO 系统故障时行车组织的基本方法。
2. 熟悉联锁设备故障时的行车组织方法。
3. 掌握电话闭塞法组织行车。
4. 掌握接触网故障时的行车组织方法。

能力目标：
1. 具有在 ATC 系统设备故障时正确组织列车运行的能力。
2. 具有在联锁设备故障时正确组织列车运行的能力。
3. 具有在接触网故障时正确组织列车运行的能力。

素质目标：
1. 培养学生的应变能力。
2. 通过对设备故障的行车组织方法的学习，培养学生的团结协作意识。

知识课堂

一、ATC 系统设备故障时的行车组织

ATC 系统是对列车运行全过程及部分作业实现自动控制的系统，它包括 ATS 系统、ATP 系统和 ATO 系统三个子系统。

1. ATS 系统故障时的行车组织

ATS 系统是一种基于计算机网络的、智能化的自动控制系统。在 ATP 系统、ATO 系统的支持下完成对列车运行的自动监控，负责监视和控制线路中所有列车的运行状态。当中央 ATS 系统故障时，行车调度员无法监控列车运行状态，将控制权交给联锁站，操作过程如下：

1）行车调度员通知相关车站执行"收回站控"，通过本地的人机接口（Local Human Machine Interface，LHMI）加强对列车运行状态的监控。

2）设备集中站值班员确认 LHMI 上的本地系统调节服务器（Local System Regulation Server，LSRS）是否激活，当 LSRS 激活时，确认当日运行图是否自动激活。若本地 ATS 系统工作站未自动加载当天执行的运行图，车站在 LHMI 上按照行车调度员命令人工分配运行线或者按照系统默认运行线行车。

3）若 LSRS 未激活时，通知通号维护人员协助执行手动激活，手动未激活时，按照电话闭塞法组织行车。

4）行车调度员通知全线列车司机停站后改 ATPM 模式驾驶，并要求车站确认列车进路是否正常排列。当前方站列车没有出清，后方站做好扣车。

5）对于非通信列车，过边界时，车站人工预先排列接车进路。列车到站停稳后，系统不自动解锁进路，车站需人工解锁进路。车站为本次列车操作占用关联并分配相应班次或运行线。

6）报点站向行车调度员报告各次列车的到开点，至行车调度员收回控制权时止。以报点站为单位铺画客车运行图，至中央 ATS 系统设备恢复正常，收回控制权时止。

2. ATP 系统故障时的行车组织

ATP 系统保证运行的安全，由轨旁设备和车载设备两部分组成。当中央 ATP 系统故障时，行车组织方法如下：

1）客车在区间运行发生紧急制动，行车调度员与列车司机确认发生紧急制动的原因，在确认进路安全的情况下，若列车没有降级，行车调度员通知列车司机缓解紧急制动后凭速度码动车；若列车降级，经行车调度员允许后转 RM 模式驾驶列车，若 RM 模式运行未能在规定范围内升级，视情况以 NRM 模式运行至快速升级站升级。若不明发生紧急制动的原因，应向行车调度员报告，按行车调度员指示执行。

2）当车载控制器（Vehicle on-board Controller，VOBC）与移动授权单元（Mobile Authorization Unit，MAU）发生通信故障，行车调度员通知有关列车司机以 RM 模式驾驶运行，未能在规定的范围内进行升级时，列车司机报告行车调度员，行车调度员指示列车司机以 NRM 模式驾驶至前方车站或终点站。当发生通信故障影响范围较大时，由值班主任决定该区段是否采用 IATP 模式驾驶或 NRM 模式驾驶或后备模式（FALL BACK）组织行车，在信号系统转为后备模式前，列车停在区间，前方有道岔，加装钩锁器，并确认道岔位置正确，行车调度员要求列车司机确认进路安全、尖轨密贴，限速 15km/h 过岔进站。

3）当 ATP 系统车载设备故障时，行车调度员命令列车司机以 NRM 模式驾驶。当列车以 NRM 模式驾驶时，列车内不上监控员，行车调度员应密切监控列车运行情况，联锁正常时限速 60km/h；联锁故障时限速 40km/h（隧道内进站前 400m 曲线半径限速 25km/h）。当预计列车运行到终点晚点 15min 以上时，经控制中心综合考虑，组织列车在合适地点清客后退出服务。

4）行车调度员应随时注意 ATP 系统车载设备故障的列车运行情况，严格控制确保列车与列车之间的最小间隔至少一站一区间。

5）列车在运行中因道岔显示故障造成紧急停车（停在岔区）时，车站报告行车调度员，综合调度通知信号检修人员；行车调度员指派站务员或司机现场确认道岔开通位置正确（尖轨密贴）后，限速15km/h离开岔区，并及时安排人员带钩锁器到现场将道岔锁定。

6）列车在站台收不到速度码时，司机报告行车调度员，由行车调度员根据现场情况组织列车出站。

3. ATO系统故障时的行车组织

1）列车ATO系统故障时，列车司机立即报行车调度员，经行车调度员同意后，切换相应的列车运行降级模式（ATP系统监控下的人工驾驶模式）运行。

2）若有备用车，行车调度员则安排ATO系统故障列车运行至终点站退出运营服务，备用车替换运行。

二、联锁设备故障时的行车组织

1. 正线信号联锁设备故障时的行车组织

1）在正线信号联锁设备故障的情况下，采用电话闭塞法组织行车。列车以路票作为占用闭塞区的凭证，一个闭塞区内只允许有一列列车运行。闭塞区内列车凭路票采用NRM模式驾驶。

2）全线故障时所有车站均为闭塞车站，报点站向行车调度员报点，但所有车站必须向邻站报出发点（折返列车出清站台点）。

3）单个或部分控区PMI（微机联锁）设备故障时，故障车站及相邻车站为闭塞车站，联锁故障两端站向行车调度员报点，闭塞车站之间相互报出发点（折返列车出清站台点），闭塞相邻车站向闭塞站报到达点。

4）单个联锁区故障时，列车司机根据行车调度员发布的命令在进（出）电话闭塞区段的两端站自行切除（恢复）ATP系统运行。

5）信号联锁设备故障时列车进路上的道岔必须人工办理，中间站道岔必须使用钩锁器并加锁，折返站使用钩锁器只挂不锁。两端站列车折返作业时按调车方式办理，不办理路票，列车凭车站发车手信号进出折返线。

6）因PMI故障停在区间及辅助线的列车凭行车调度员命令以RM模式运行至车站，若列车前方有道岔，应待车站工作人员确认道岔位置正确、尖轨密贴并加钩锁器后方可运行至车站。停在岔区的列车，司机确认道岔位置正确、尖轨密贴限速15km/h通过岔区运行至车站，收到凭证后采用NRM模式运行。

2. 电话闭塞法组织行车

在正线信号联锁设备故障时采用电话闭塞法组织行车。办理作业的主要程序和要求如下：

1）发生联锁故障时，行车调度员第一时间通报故障区域内列车司机及车站正线发生联锁故障，以RM/NRM模式运行列车及非装备列车（含工程车）应自行立即就地停车，停在区间及辅助线的列车主动向行车调度员汇报列车位置。

2）行车调度员需将故障区域所有列车定好位后，通知车站列车位置，并将停在区间的列车组织到站台待令（备用车、折返站折返列车除外）。

3）行车调度员及时向有关车站及司机发布命令：从×点×分起，在×站至×站间采用电话闭塞法组织行车，××折返站固定采用×道折返（进/出×站、×站时司机自行切除/恢复 ATP 系统运行）。

4）车站和行车调度员共同确认第一趟发出列车运行前方的进路空闲。

5）接车站接车进路准备妥当，确认接车站台空闲后，方可同意闭塞（需要时应说明接车线路）。

6）发车站需查明区间空闲，发车进路准备妥当并取得接车站同意接车的电话记录号码后，方可填发路票。

7）路票由值班站长亲自或指定的胜任人员，根据行车值班员的通知在站台填写。对于填写的路票，应根据"行车日志"的记录，与行车值班员进行认真核对，确认无误，方可与司机核对交接。

8）路票交接地点为司机所在驾驶室的站台上，路票交接必须由值班站长亲自或指定人员与司机核对、交接，司机接到路票后方可关门，凭车站的发车信号动车。

9）电话记录号码自每日 0 时起至 24 时止，按日循环编号。电话记录号编号办法为线别号加车站（基地）编号加顺序号。

3. 衔接站与基地间信号设备故障时的行车组织

1）在衔接站与基地间信号设备故障联锁失效的情况下，对进出基地的列车采用电话联系法组织行车。

2）转换轨区段及各自的接发车进路内只允许一趟列车占用。列车占用进出基地进路的行车凭证为电话记录号码。

3）司机在车站—基地间使用 RM 模式，限速 25km/h 驾驶，注意加强瞭望和行车安全。

4）列车出库前司机整备检查完毕具备待发条件时，及时向信号楼调度员汇报。信号楼调度员准备好进路办理完相关手续后，用无线电通知司机发车。

5）当一方设备正常或仅是基地与正线联锁接口故障，且道岔在控制终端上表示正常时，可把道岔单操到正确位置并使用预留的方法排列进路。当道岔无表示或表示不正常时，须将进路上的有关道岔开通正确位置，使用钩锁器钩锁，挂锁只挂不锁。

4. 电话联系法组织行车

在衔接站与基地间信号设备故障联锁失效的情况下，对进出基地的列车采用电话联系法组织行车。办理作业的主要程序和要求如下：

1）行车调度员向车站、信号楼及司机（基地内由派班员传达）发布命令：从×点×分起，在××站至××基地间采用电话联系法组织行车。

2）车站与××基地信号楼调度员共同确认转换轨区段及各自的接发车进路空闲。

3）接车方在准备好接车进路后，方可发出同意接车的电话记录号码，并说明接车线路。

4）发车方在发车进路准备完并取得接车方电话记录号码和接车线路后，按规定填写路票（只填不发），核对无误后将电话记录号码和接车线路通知司机，司机复诵正确后，发车方用无线电通知司机发车。

5）司机必须记录电话记录号码和接车线路，在得到无线电发车通知后方可动车。

三、接触网供电故障时的行车组织

1. 接触网供电故障分类

接触网故障可能是室外设备故障引起的，也可能是室内设备故障引起的，因此根据故障点位置可以分为以下两类：

（1）室内设备故障　室内设备故障的抢修不需要维修人员下到轨行区，对行车工作的影响比较小。

（2）室外设备故障　室外设备故障的抢修需要维修人员下到轨行区现场进行处理，因此室外接触网设备出现故障对城市轨道交通运营服务影响较大，行车指挥人员也要对列车的运行进行实时调整。

2. 接触网供电故障的行车组织方法

（1）接触网失电　当接触网发生失电时，行车调度员要迅速扣停驶往停电区段的列车，要求正在停电区段的列车司机尽量维持列车进站停车。如果列车已停在区间，且接触网在短时间内不能恢复供电，司机应经行车调度员同意后组织区间清客，相邻车站工作人员要做好接应准备。行车调度员通过运营调整采用单线双向运行、小交路等多种措施，最大限度地维持非故障区段的运营服务。

（2）接触网没有失电　当接触网没有失电，但个别地方的设备故障影响行车，行车调度员应命令故障区段的列车司机采用换弓或降弓惰行的方式通过故障点。如果列车无法通过故障点，行车调度员应命令列车司机退行到车站，再封锁区间组织专业人员进行抢修。

> **城轨工匠**
>
> 　　北风嗖嗖吹，预示着严寒天气到来。那么在严寒天气下地铁维保室外设备有哪些特别要关注的地方吗？
>
> 　　车门是列车重要的部件之一，在气温 0℃ 以下，确保地铁列车车门驱动系统正常运行是十分重要的检修维护工作，维保车辆检修人员将仔细检查列车车门的悬架机构、滑轨钢轨、橡胶带等冬季易损部件是否有冻裂和损坏情况，此外对于部分采用气动式驱动的车门，还会特别注意检查气路气管的密封性是否完好，以确保地铁列车车门在正线上能够正常运行。
>
> 　　接触网是供列车取流的高压输电线，在寒潮来临之际，维保供电检修人员要确保接触网补偿装置的动态范围处于正常区间内，检查下锚钢丝绳的外观，判断是否存在散股、断股的情况，同时还会对下锚棘轮装置开展转动测试、定期清扫及添加润滑脂等措施，确保棘轮转动自如，避免出现卡滞现象，从而提高接触线下锚补偿装置的安全可靠。
>
> 　　转辙机是轨道信号的基础设备，用于对道岔的转换和锁闭，它可以改变道岔开通方向，锁闭道岔尖轨。当气温偏低尤其降到 0℃ 以下时，维保通号检修人员便会与相关单位做好协商沟通，以每 0.5h 搬动道岔的频次，防止冰冻现象的出现。同时，加强道岔、轨道电路、计轴等影响运营效率的设施、设备检查工作，保证道岔转辙设备时刻处于最优状态，减少信号设施、设备故障发生。
>
> 　　钢轨是地铁轨道的主要组成部件，它的功用在于引导机车车辆的车轮前进，承受车轮的巨大压力，并传递到轨枕上。当气温发生骤降时，维保工务检修人员会增加室外的钢轨探伤检查频次，以便更好地掌握设备状态。此外，钢轨探伤仪需使用水作为介质传导超声波对钢轨进行探伤，为防止在 0℃ 以下可能产生结冰的情况，

维保工务检修人员在探伤过程中还会安排清扫人员擦拭钢轨,确保设备安全运行。有一种守护,守护的是寒风中的温暖。有一种坚守,坚守的是市民乘客的安全。最美的不是冬夜星空,而是维保人默默坚守的背影。

任务二　突发事件时的行车组织

任务目标

知识目标:
1. 掌握火灾事故应急处置时的行车组织方法。
2. 熟悉突发大客流时的行车组织方法。
3. 掌握不同恶劣天气与自然灾害时的行车组织方法。

能力目标:
1. 具有在火灾事故时正确组织列车运行的能力。
2. 具有在突发大客流时正确组织列车运行的能力。
3. 具有在不同恶劣天气与自然灾害时正确组织列车运行的能力。

素质目标:
1. 通过对各种突发事件时的应急程序的学习,培养学生突发事件的应急处置能力。
2. 通过对突发事件时的行车组织方法的学习,培养学生的团结协作意识。
3. 培养学生的安全意识。

知识课堂

一、火灾时的行车组织

火灾事故是对城市轨道交通造成影响最为严重、危害最大的一类事故。根据火灾发生的位置,可分为车站火灾和列车火灾两类。当车站和列车有火灾时,行车组织方式如下:

1. 车站火灾时的行车组织

司机接到车站发生火灾通知后,听从行车调度员指挥,做好乘客广播。如果列车在区间则立即将自动开门设置为手动位置,按行车调度员指示扣车或不停车通过有火灾的车站。

2. 列车火灾时的行车组织

（1）列车在车站发生火灾　列车在车站发生火灾时,列车司机应迅速打开站台侧所有车门,使用车内灭火器进行扑救,对乘客进行广播疏散,配合车站工作人员的引导将乘客疏散到安全区域。

（2）列车在区间发生火灾　列车在区间发生火灾时,在地下线路运行的列车应尽量运行到前方车站,及时向行车调度员报告,在前方车站组织疏散乘客。如果列车无法运行到前方车站,列车司机应立即向行车调度员报告并进行初期灭火扑救,同时将起火车厢的乘客疏散到其他车厢;确认灭火器不能抑制火灾时,请求行车调度员接触轨停电,打开区间内的安全照明灯,就地疏散乘客。邻站应派工作人员前往事故现场,协助乘客撤离和灭火,终止本区间列车的运行,对向区间也停止正常的行车。

二、突发大客流时的行车组织

1. 突发大客流的定义

突发大客流是指突然发生的、没有有效行车组织方案的大客流。

2. 车站突发大客流的应急程序

1）值班站长及时报告行车调度员,行车调度员通过监控系统加强对车站客流情况的监控。

2）调度中心工作人员根据客流情况,及时调整运营方案,缩短行车间隔。

3）行车调度员及时发布信息,告知乘客换乘其他线路,必要时下达关闭事发区段车站、开启 AFC 系统降级模式、停止客运服务等指令。

4）车站行车值班员加强对现场情况的监控工作,联系车站各岗位的工作人员,积极疏导出入口、站厅和站台的客流。

5）根据调度中心指令,车站进行客运组织调整(如退票、赠票、关闭出入口等),停止售票或放缓售票速度。

三、恶劣天气与自然灾害时的行车组织

在城市轨道交通运营中出现大雾、暴风、暴雨等恶劣天气与地震自然灾害时,运营指挥人员应果断控制事故区段,最大限度地减少人员伤亡和财产损失,保证正常运营。

1. 大雾、暴风时的行车组织

1）当地面线或高架线列车遇大雾、暴风天气,司机瞭望困难,应及时报告行车调度员。

2）司机实时开启前照灯,鸣笛警示,降低运行速度。

3）当看不清信号和道岔时,司机要停车确认。

4）列车进入车站时,司机要加强瞭望,如遇险情,立即采取停车措施。

2. 隧道内线路积水时的行车组织

1）巡道、巡检人员在作业中发现隧道线路积水时,应立即报行车调度员,行车调度员要及时发布限速命令,司机按规定速度运行。

2）轨行区积水,但未淹过轨面时,电客车限速 45km/h 运行。

3）轨行区积水淹过轨面,淹过轨面高度 h 不大于 10cm 时,电客车限速 15km/h 运行。

4）轨行区积水淹过轨面,淹过轨面高度 h 大于 10cm 时,建议停运。特殊情况列车需要通过时,水淹过轨面高度不得超过 20cm,同时,控制中心应做好救援准备工作。

> 📖 规章制度
>
> **西安地铁制订"极端暴雨灾害运营线路停运应急预案"**
>
> 2022 年,西安地铁在既有防汛相关应急预案的基础上,制订了"极端暴雨灾害运营线路停运应急预案",明确了关闭出入口、关闭车站、线路停运、线网停运的条件和处置流程。同时,在地下车站各出入口划定"水位警戒线",当出入口外积水达到"水位警戒线"时,西安地铁将关闭受影响出入口,防止雨水倒灌进入车站;当车站不满足两个出入口运作条件或有雨水倒灌情形时,则关闭该车站;当外部积水大量涌入线路敞口段,或造成轨行区积水漫过轨面等影响列车运行的情况时,

> 西安地铁将及时组织受影响区段或线路停运;当启动市级特大暴雨内涝应急响应时,则关闭地铁站点,全市地铁停运。(摘自华商报)

3. 大雪时的行车组织

当出现大雪时,城市轨道交通线路上的钢轨易冰冻,影响车辆的牵引制动,尖轨和基本轨难以密贴,影响列车的安全运行。为保证行车安全,车站大雪时的处理程序如下:

1)车站工作人员注意出入口地面的冰雪情况,及时组织人员清扫。
2)行车值班员通过广播系统向乘客宣传安全、防滑的事项。
3)值班站长随时掌握车站客流和天气情况,做好延长运营时间的准备工作。
4)控制中心根据积雪和列车运营情况,必要时向车站、司机发布驾驶模式的变更,列车速度的限制等命令,还可以下达关闭不具备安全运营条件车站的命令。
5)司机在驾驶中应严格控制列车的运行速度,制动时要延长制动距离,制动力要尽量小,防止滑行。在进入车站时,根据列车速度追加或缓解,确保对标停车。

> 📚 **扩展阅读**
>
> 2022年2月7日凌晨,武汉大雪如约而至,武汉地铁提前预警、严阵以待、通宵值守,保障市民乘客出行畅通安全。
>
> 武汉地铁以雪为令吹响"集结号",自凌晨1时起启动应急响应,近万人紧急出动,持续加强车辆段场重点区域、车站出入口保障,强化道岔、接触网等关键设备的防冻措施。
>
> 全线网26个车辆段、停车场,信号、线路、供电等专业技术人员值守在风雪中,保证轧道车正常出库、运营列车准时进入正线;自降雪开始,行车调度员、车场调度员夜间每0.5h操作一次道岔,确保露天设备运转正常;线网11条线路控制中心提前启动行车组织工作,所有轧道车提前0.5h出库并限速行进,确保正线满足行车要求;所有列车提前0.5h开启电暖,保障首批乘客舒适乘车。
>
> 凌晨3时起,全线网282座车站工作人员到岗,开始进行除冰铲雪、撒盐融雪,做好铺设地毯、地垫等防滑措施,为乘客铺就通畅的出行路。
>
> 凌晨4时开始,车站员工、保安、保洁、护卫等全体员工齐上阵,从清理出入口开始到站台持续工作了3h,6时开班起,站台保持5人清扫露天站台积雪、积水,提醒乘客安全通行。
>
> 截至早上7时,武汉地铁线网282座车站各出入口、楼梯、通道等处铺设地毯4万余m、地垫5万条,为乘客提供良好的乘车环境。(来源澎湃新闻)

4. 突发地震时的行车组织

当发生地震时,轨道线路会移位,容易导致列车出轨、电力中断等事故,为保证乘客的安全,车站遵循"安全第一,抢救优先"的原则,积极疏导乘客、开展救助工作。

列车司机应立即采取停车措施,打好止轮器,防止溜车,快速查明周围情况,组织乘客自救和互救。行车调度员要及时通知电力调度全线接触轨停电,发布全线停运命令,全面了解人员、设备和设施的损坏情况,迅速上报值班经理及公司领导。

任务三 特殊情况下的行车组织

 任务目标

知识目标：
1. 掌握列车反向运行的定义及列车反向运行的要求。
2. 熟悉列车推进运行的定义及推进运行的要求。
3. 理解列车退行的定义及退行的要求。
4. 掌握列车单线双向运行的定义及使用条件。

能力目标：
1. 具有识别列车反向、列车推进、列车退行和列车单线双向运行的能力。
2. 具有能运用列车反向、列车推进、列车退行和列车单线双向运行方法组织列车运行的能力。

素质目标：
1. 培养学生的自我探究能力。
2. 通过对特殊情况下列车运行的要求的学习，培养学生的规则意识和安全意识。

 知识课堂

一、列车反向运行

1. 列车反向运行的定义

列车反向运行是指下行列车在上行线运行或上行列车在下行线运行的情形。

2. 列车反向运行的要求

1）在没有 ATP 系统保护的情况下，除降级运营时组织单线双向运行或开行救援列车外，载客客车原则上不能反向运行。

2）在 ATP 系统正常，客车需反向运行时，行车调度员在 HMI 上排列进路，列车根据 ATP 系统允许速度以 ATO 或 ATPM 模式运行。

3）MAU 故障时，行车调度员通知司机以 RM/NRM 模式或采用 IATP 模式运行。

4）工程车需在明确行车计划和进路排列好的情况下方可反向运行。

5）在设有站台门的车站，要组织客车反向运行时，行车调度员需通知站台门操作员到后端操作 PSL 开/关站台门。必要时，行车调度员提前通知有关车站派站务员去操作 PSL 开/关站台门。

二、列车推进运行

1. 列车推进运行的定义

列车推进运行是指列车司机在列车后端驾驶，列车向相反方向运行的情况。列车推进运行在运营的情况比较少见，只在发生列车故障等特殊情况下，行车调度员才命令列车推进运行。

2. 列车推进运行的要求

1）列车推进运行，必须得到行车调度员的调度命令，应有引导员在客车头部引导。

2）因天气影响，难以辨认信号时，禁止列车推进运行。

3）在30‰及以上的下坡道推进运行时，禁止在该坡道上停车作业，并注意列车的运行安全。

三、列车退行

1. 列车退行的定义

列车退行是指使列车运行方向和原方向相反，列车司机必须得到行车调度员允许后方可退行。当发生线路故障、障碍物侵入列车限界、车站火灾等严重影响行车安全的突发事件，或各种原因列车可能长时间不能进站时，行车调度员可以命令列车退回始发站。

2. 列车退行的要求

1）列车因故在站间停车需要退行时，司机必须及时报告行车调度员，在得到行车调度员的命令后方可退行。行车调度员应及时通知有关车站。

2）列车退行进入车站时，车站接车人员应于进站站台端处显示引导信号，列车在进站站台端外必须一度停车，确认引导信号正确方可进站（后端推进退回车站难以确认时，车站应做好站台防护工作）。

3）退行列车到达车站后，司机应及时向行车调度员报告，同时根据行车调度员的命令处理。

四、列车单线双向运行

列车单线双向运行是指在一条固定进路上同一时间内只有一趟列车往返运行。其列车运行交路类似于拉风箱的动作，又被称为"拉风箱"运行。

当信号系统、接触网设备等发生故障不能正常使用时，一般采用单线双向运行模式组织列车运行。在单线双向运行过程中，车站、列车司机、行车调度员需全力配合做好乘客服务和行车安全工作，确保降级运营的顺利进行。

任务四　救援列车与工程车的开行

任务目标

知识目标：
1. 掌握列车救援的定义及原则。
2. 了解救援列车开行的要求。
3. 熟悉救援列车作业程序。
4. 了解工程车在正线的开行要求。

能力目标：
1. 具有实施列车救援列车的能力。
2. 具有组织工程车开行的能力。

素质目标：
1. 通过对救援列车开行的要求的学习，培养学生的遵纪守法意识。
2. 通过对工程车的开行要求的学习，培养学生的安全生产理念。

知识课堂

一、救援列车的开行

1. 列车救援

（1）列车救援的定义　城市轨道交通列车救援是指在运营时段内，列车因故障迫停在区间或车站站台，无法自行移动，必须通过救援驶离的情况。

（2）列车救援的原则　正线运行的列车发生故障需要进行救援时，应尽量遵循"顺向救援"的原则，以确保其他正线列车运行的秩序，即原则上应尽量采用相邻的后续列车正向推进故障列车的方法进行救援。

2. 救援列车开行的要求

1）行车调度员决定救援或接到司机（车长）的救援请求后，向有关车站（信号楼）、司机（派班员）发布开行救援列车的命令。采用工程车救援或因挤岔、脱轨、线路故障等可能会影响后续列车行车安全的原因救援时，必须发布封锁线路的命令。

2）已申请救援的列车严禁动车，司机（车长）应做好防护及救援准备工作。

3）在 CBTC 模式下，救援车以 ATO/ATPM 模式正常运行至 0 码处，以 RM 模式运行，并在距离故障车 10m 处一度停车，断开连挂端 CTCB，确认故障车连挂端头灯点亮后以 WM（洗车）模式、以不超过 3km/h 的速度与故障车进行连挂作业。救援车司机试拉，确认连挂妥当，以防脱钩溜车。

4）向封锁线路发出救援列车时，不办理行车闭塞手续，以行车调度员命令作为进入该封锁线路的许可。

5）在未接到开通封锁线路的调度命令前，不得将救援列车以外的其他列车开往该线路。

6）原则上运营期间电客车救援由电客车担当，特殊情况下采用工程车救援时，工程车应采用两辆内燃机车夹平板车的固定编组，并加装过渡车钩。

7）遇到发生人员伤亡、设备损坏时，应急处理和信息发布按《行车事故处理规则》中的有关规定执行。

3. 救援列车作业程序

1）列车司机用司机车载电话向控制中心行车调度员请求救援。控制中心行车调度员根据实际情况确定列车救援方案，并用调度电话向救援相关岗位发布调度命令。

2）控制中心行车调度员根据救援方案用无线调度电话向故障列车司机和救援列车司机下达列车救援命令。

3）故障列车司机接到命令后播放客室广播说明情况，通过方向手柄将驾驶模式置换至 RMR 模式，打开列车尾灯，切除 ATP，缓解 BC 阀。

4）救援列车司机接到命令后播放客室广播说明情况，并运行至下一车站清客。

5）救援列车清客完毕，救援列车司机通过开关门按钮关闭客室门，操作主手柄驾驶列车出站。

6）救援列车司机以 ATPM 模式运行至故障列车司机前方规定距离处落码停车，司机用行车控制按钮转换模式，以 RMF 模式通过操作主手柄驾驶列车靠近故障列车，在相隔 10m 处停车。通过操作主手柄驾驶列车以 3km/h 的速度与故障列车进行连挂。救援列车用行车控制按钮转换为 RMR 模式，通过操作主手柄驾驶列车进行试拉。

7）救援列车和故障列车连挂完毕后，两车司机通过司机室电话确认连挂是否成功。司机确认连挂成功后，救援列车切除 ATP 后，操作主手柄驾驶列车推动故障车向前运行。前方的故障列车司机负责瞭望。

8）连挂列车进入车站，故障列车清客。清客后，连挂列车继续运行，沿途不停靠车站，不办理上下客作业。

9）救援列车将故障列车推进至一度停车牌，用司机车载电话与车辆段信号楼行车调度员联控。救援列车司机操作主手柄驾驶列车推故障列车回库。

二、工程车的开行

工程车既可以牵引运行，也可推进运行，各站按正常列车办理。其开行规定如下：

1. 工程车在正线运行的要求

1）工程车在正线运行时，凭调度命令行车。一个控区同一线路原则上只准有一列工程车运行，工程车之间运行间隔至少应保证一站一区间的间隔，间隔不能满足时应由值班主任同意。工程车在区间、非联锁站及无信号机的车站作业后折返，进出封锁区间，凭调度命令行车。在封锁区间内运行时听从施工负责人指挥。

2）工程车在车站始发或停车后再开时，司机要确认地面信号或按行车调度员的命令行车。

3）车站原则上不用接发列车，工程车运行时，司机、车长通过电台加强与车站联系，掌握运行计划，确认运行进路。开行超长、超限、集重货物的工程列车时，施工单位必须派胜任人员全程跟车保障，车站必须派人在站台监督列车运行，发现危及安全时应及时显示停车信号并报告行车调度员。

4）工程车到达指定的施工作业区域后，行车调度员应根据施工计划及时发布书面命令封锁该作业区，并布置有关防护措施。待施工结束后，再开通有关线路，安排工程车回基地。

5）工程车编挂有平板车时，因施工或装卸货物的需要，可以在中途站甩下作业，但要做好安全防护及防溜安全措施，返回时要挂走。平板车在区间原则上不准甩下作业。

6）工程车司机必须掌握好速度操作运行。工程车运行速度见表 9-1。内燃机车、轨道车的牵引定数的规定见表 9-2。

表 9-1　工程车运行速度

序号	项目	机型	速度/（km/h）	说明
1	正线	内燃机车（JMY-450）	80	通过车站 40km/h，基地 25km/h
2		接触网检修作业车（JW-7）	50	
3		网轨检测车（WGJ3G）	80	
4		钢轨打磨车（RGH20）	60	
5		平板车（PC-30）	80	

表 9-2　内燃机车、轨道车的牵引定数的规定

序号	机型	坡度	牵引定数/t					机车自重/t	备注
			10km/h	20km/h	30km/h	40km/h	50km/h		
1	内燃机车（JMY-450）	5‰	840	470	260	190	120	48	
		33‰	180	—	—	—	—		
2	网轨检测车	5‰	740	550	330	210	150	90.27 GCY+WGJ	牵引定数为 GCY
		35‰	100	70	20	—	—		

2. 工程车自基地进出正线的要求

1）除运营期间救援抢险外，工程车在载客列车后面运行时，必须在本线路最后一列电客车之后运行，并保持至少一站一区间的间隔。

2）工程车必须在正线第一列客车运营前 50min 出清正线。

城轨工匠

地铁工程车司机

地铁工程车司机担负着段内调车作业、正线物料运输、线路和接触网检测、救援抢险等任务，在地铁运营中发挥着重要作用，是保障地铁安全运营不可缺少的队伍。

由于实行"运修一体"的管理模式，工程车司机在熟练掌握驾驶各类工程车辆操作技能的同时，还要精通机车车辆各系统维护技能。兰州轨道交通1号线运营筹备前期，工程车司机随叫随到，随时待命，全力配合接触网冷滑试验、接触网热滑试验、电动客车正线调试、垃圾清运、物料运输、接触网设备检测、限界检测、屏蔽门运输等工作，为兰州轨道交通1号线开通运营打下了坚实的基础。

车辆部工程车班组负责段内调车、正线施工，同时兼顾车辆段及停车场电客车外表洗车工作。他们昼伏夜出，在乘客看不见的地方守护好乘客们的安全。（来源 潇湘晨报）

项目十

施工作业组织

学习导入

城市轨道交通施工作业组织是确保设备正常运营必须进行的作业,是运营组织的一个重要组成部分,作为车站或者车辆段值班员要根据施工计划,按照相应流程办理施工登记和注销组织等一系列施工检修作业,确保运营工作的正常进行,本项目就施工作业计划、施工组织实施、施工安全管理等进行介绍,帮助学生掌握施工管理的基本技能。

任务一 施工计划及施工安全管理

任务目标

知识目标:
1. 了解施工计划分类、施工计划的申报和审批流程。
2. 掌握施工组织管理的具体要求。
3. 掌握施工作业安全监控。

能力目标:
1. 具有施工计划申报能力。
2. 具有施工作业安全管理能力。

素质目标:
1. 培养学生树立行车无小事的安全意识和全局意识。
2. 培养学生严格计划管理和时间观念。

知识课堂

一、施工计划概述

1. 施工计划的分类

为了便于施工计划的管理,通常将施工计划按照作业地点、性质以及时间进行分类。

(1)按照施工作业地点和性质分类 按照施工作业地点和性质,施工计划通常可分为以下三类:

1）影响正线、辅助线行车的施工为 A 类，其中，开行工程列车、电客车的施工为 A1 类，不开行工程列车、电客车的施工为 A2 类，车站、主变电所、控制中心范围内影响行车设备、设施的作业为 A3 类。

2）影响车场线行车的施工为 B 类，其中，开行电客车、工程列车的施工（不含车辆部电客车、工程列车的检修作业）为 B1 类，不开行电客车、工程列车但在车辆段线路限界、影响接触网停电、在车辆段线路限界外 3m 内搭建相关设施及影响车辆段行车的施工为 B2 类，车辆段内除 B1、B2 以外，其他影响行车设备、设施的施工为 B3 类，B3 类施工主要包括供电、通信信号与机电等与行车有关设备的检修或影响与行车有关设备的作业（办公室、食堂等生活办公设备、设施维修除外）。

3）在车站、主变电所、控制中心范围内不影响行车的施工为 C 类，其中，大面积影响客运、消防设备正常使用，需动用 220V 以上电力及其需动火的作业为 C1 类，其他局部影响客运，但经采取措施影响不大且动用简单设备、设施的施工为 C2 类。

（2）按照计划时间分类　按照计划时间，施工计划通常可以分为以下四类：

1）月计划：是指以月为周期编制的计划，属于设备正常修程内和开车调试的作业（A1、A2、A3、B1、B2、C1 类施工计划）应纳入月计划。月计划应结合地铁运营单位月度设备检修计划编制。

2）周计划：是指以一周为周期编制的计划，因设备检修需要，对在月计划里未列入的进行补充或月计划中需调整变更的作业计划为周计划。

3）日补充计划：是指提前一天申报的计划，对在月计划和周计划里未列入的进行补充或月计划、周计划中需调整变更的作业计划，称为日补充计划。

4）临时补修计划：运营时间因设备、设施临时故障，对设备进行抢修后，须在当天停运后继续设备维修的作业计划称为临时补修计划。

属于 B3、C2 类的施工，不需提报施工计划。

这种分类方法一般适用于地铁运营稳定、计划执行性较强的单位。而在地铁运营初期或设备运行不稳定期，且计划变动较大的情况下，一般按照周计划、日补充计划、临时补修计划执行。

2. 施工计划的编制与申报

（1）施工计划的编制原则

1）月、周施工作业计划的安排应在确保安全的前提下，考虑均衡安排，避免集中作业。

2）处理好列车的开行时间和密度、施工封锁等几方面的关系，避免抢时、争点现象。

3）为方便施工单位作业，月、周施工作业计划内各项作业应注明施工日期、作业起止时间、作业内容、作业区域、安全事项及其他应说明的问题（列车编组、行车计划、配合部门及详细配合要求、联系电话等）。

4）经济、合理地使用机车车辆，避免浪费资源。

（2）施工计划的申报　各单位申报施工计划时，应首先对本单位各项施工任务进行审核，根据本单位的设备检修需求统筹安排，填写"施工计划申报表"向计划审批部门申报，见表 10-1；运营公司各部门申报施工计划时，由主办部门负责审核、汇总后统一向审批部门提报；外单位申报施工计划时，取得"外单位施工作业许可单"后，方可提报相关施工计划给主配合部门，见表 10-2。主配合部门必须审核施工安全措施、影响情况、本部门提供配合情况,并负责审核、汇总后统一向审批部门提报;承担合同内委外维修维护业务的委外维修单位不需要办理"外单位施工作业许可单",委外维修单位将相关施工计划提交给设备归属管理部门,设备归属管理部门必须审核施工安全措施、影响情况、提供配合情况,并负责申报施工计划。

1)A1类、B1类、计划性检修作业原则上应纳入月计划申报。

2)周计划应在月计划的基础上申报,原则上不得影响月计划的实施;如调整月计划时,申报变更计划。

3)日补充计划应在月、周计划的基础上申报,原则上不得影响月、周计划的实施。

4)临时补修计划原则上必须在作业开始前4h向审批部门申报,临时补修计划优先安排。

5)各部门申报的施工计划内容应包括作业日期、作业类别、作业部门、作业时间、作业区域、作业内容、影响范围、供电安排、防护措施、配合要求、申报人及联系方式、施工负责人及联系方式、备注等。

6)车辆段范围内的设备设施进行维护检修需动用正线范围内的设备时,申报A类计划。

7)在出入段线、出入场线、联络线等特殊区域作业时,需单独注明。

8)正线施工的作业区域如未指明是否包括车站站线,即为包括站线,不含站线时,应特别注明。

9)同一施工项目多站进行时,主站和辅站总数原则上不超过4个;一组人多站连续作业,或因设备需求需多站同时作业时,根据实际要求申报。

10)作业区域为出入段线(或出入场线)或同时包含正线和车辆段(或停车场)区域时,施工单位根据施工实际情况设置车辆段(或停车场)、车站为主、辅站。

11)外单位作业时,需在备注栏注明外单位名称;动火作业时,需在备注栏注明"动火作业"。

12)"施工计划申报表"的填写要简练、准确、专业术语规范,需经本部门负责人签字确认并加盖部门公章后方有效。

3. 施工计划的受理与审批

一般情况下施工计划以周计划的形式进行审批,如有充分理由可以申请日补充计划,如属于紧急抢修任务可申请临时补修计划。

(1)审批方式 施工计划的审批方式有两种:集中审批,各单位按照层级申报、逐层审核,最终召开施工协调会统一审批及确定施工计划,安排成集中编制后,按照专业进行审核;重点审批及分散审批结合,安全性高及资源紧张的计划实行集中审批,其余计划按照属地管理分散审批。

(2)审批规定

1)周计划审批。

① 一般由生产调度部施工管理工程师汇总各施工部门提报的核心计划(开车计划及重要施工)后,进行协调、批准,于每周规定时间(如周一17:00前)发布。

② 生产调度部施工管理工程师汇总各施工部门提报的普通计划后,结合核心计划进行统筹安排、协调和审批,必要时组织施工协调会进行协调。审核周计划时,对于安全上有特殊要求和规定的,在计划审核会议上提出讨论确定。于每周规定时间(如每周五14:00前)完成所有施工计划的审批并编制"施工行车通告"。

③ 编制好的"施工行车通告"交施工管理工作小组组长审核，施工管理领导小组组长签发。

④ 计划内涉及在其他线路或影响其他线路管辖设备的作业，该作业计划必须在相关线路"施工行车通告"中体现。

2）日补充计划审批。

① 生产调度部施工管理工程师接到申报，汇总后于规定时间（如 14:00 前，特殊情况除外）发控制中心、车场调度员按专业审核，控制中心、车场调度员应将日补充计划审核情况于规定时间（如 15:00 前，特殊情况除外）返回生产调度部，生产调度部再将审批后的日补充计划返回各申报的中心、部门。

② 日补充计划要在周计划的基础上进行安排，以提高周计划的兑现率。日补充计划申报的作业项目不得超过同期、同类周计划内日作业项目的 10%。

③ 日补充计划中应明确说明施工作业请销点的时间、地点。

④ 日补充计划原则上不安排工程车及调试列车作业，特殊情况（如抢修，不影响周计划安排的计划）除外。

⑤ 日补充计划如涉及在邻线或影响邻线管辖设备的作业按以下审批程序进行审批：生产调度部在接到申报后，将初步制订的日补充计划提交本线控制中心审核；本线控制中心审核完毕后，将审核结果再发邻线控制中心审核；邻线控制中心审核完毕后，将审核结果发回本线控制中心；本线控制中心将最终的审核结果发回生产调度部，生产调度部将审批的日补充计划表返还相关申报中心、部门；涉及在邻线或影响邻线管辖设备的作业，在审批过程中，如其中有一个控制中心不同意，则视为不同意该项施工作业计划。

3）临时补修计划审批。

① 工作日工作时间，生产调度部接报临时补修计划后，根据实际情况进行调整安排，并报控制中心、车场调度员按专业审核，控制中心、车场调度员审核后，生产调度部将审批的临时补修计划返回相关中心、部门，同时通知相关中心调整相关作业计划。

② 工作日工作时间以外的时间，车务中心调度部值班主任助理接报临时补修计划后，根据实际情况进行调整安排，并报控制中心、车场调度员按专业审核，值班主任或车场调度员最终审批，车务中心调度部值班主任助理将审批的临时补修计划返回相关中心、部门，同时通知相关中心调整相关作业计划。

③ 临时补修计划应及时优先安排，不受周计划和日补充计划限制。

④ 当临时补修计划涉及在邻线或影响邻线管辖设备作业时，审批程序按照日补充计划的相同情况进行审批。

(3) 审批文件　审批完成后，以正式的施工行车通告文件下发各部门，见表 10-3。各部门依据施工行车通告文件组织计划日期内的有关施工项目。

表 10-1　月/周施工计划申报表

作业日期	作业部门	作业时间	作业区域	作业内容	供电安排	施工负责人	联系电话	防护措施	配合部门以及配合内容	备注

（续）

作业日期	作业部门	作业时间	作业区域	作业内容	供电安排	施工负责人	联系电话	防护措施	配合部门以及配合内容	备注

制表人：_____　　审核人：_____　　批准人：_____　　申报时间：_____

表 10-2　外单位施工作业许可单

外单位名称：
工程负责人：　　　　　　　　编号：

工程名称		施工作业内容		施工所属类别		第联（交　　　　）
作业期限						
许可证有效期限						
监管部门		要求				
配合部门		1. 施工单位和监管部门严格按照相关规定做好现场安全防护措施和施工安全监督工作，文明规范施工，不得损坏其他设施。 2. 施工单位严格按照施工技术方案进行施工，监管部门跟进、协调，相关配合部门按照要求提供配合。 3. 详细施工内容参见施工方案，施工联系电话： 4. 其他要求：				

签发人：　　　　　　　　　签发日期：　　　年　　月　　日

填单说明：
a) 此单分多联，第 1 联交外单位；第 2 联由签发部门留存；第 3 联以后各联交各监管（配合）部门。
b) 外单位名称栏应填写该施工作业单位的全称，不得以简写替代。
c) 工程负责人栏应如实填写施工单位负责该工程实施的负责人。
d) 作业期限栏：作业期限为三至四个月，到期后可办理延期，直至工程结束。
e) 施工作业内容栏：应简要描述作业的内容，并明确施工作业的范围、地点，并注明相应的施工作业防护要求。

表 10-3　施工行车通告

第一类：A 类作业　　　　　　　　　　　　　　　　　　　　　　　月　日— 月　日 适用

作业代码	作业部门	作业时间	作业内容	作业区域	供电安排	申报人	防护措施	备注

第二类：B 类作业

作业代码	作业部门	作业时间	作业内容	作业区域	供电安排	申报人	防护措施	备注

第三类：C 类作业

作业代码	作业部门	作业时间	作业内容	作业区域	供电安排	申报人	防护措施	备注

二、轨道交通施工管理

1. 轨道交通施工管理的基本概念

轨道交通施工管理相关规定中有一些概念，为了统一理解，现定义如下：

（1）施工负责人　施工负责人指在主站办理进场作业登记并对施工作业的组织、安全和管理全面负责的人。一项施工作业只设置一个施工负责人，一个施工负责人不允许同时负责多项施工。

（2）施工责任人　不需要设置施工负责人的施工作业或者同一施工项目多个作业点进行时，施工负责人所在作业点外其他作业点（辅站）需配备施工责任人，施工责任人在辅站办理进场作业登记，同时对该作业点施工作业的组织、安全和管理负责。

（3）主站　施工负责人持施工进场作业令到登记请点施工的车站称为主站。如果同一施工项目多站进行，其作业区包含联锁站时，主站原则上设在联锁站。

（4）辅站　同一线路同一施工项目多站进行时，施工责任人到其作业区域包含的各站（主站除外）登记请点的车站称为辅站，同一施工项目辅站总数原则上不超过 5 个。

（5）施工作业令　施工作业令是允许在运营分公司所辖设备和范围内进行施工的一种凭

证，见表 10-4。

表 10-4 施工作业令

作业代码		作业令号	
作业部门（单位）		申报人及联系方式	
作业名称		作业区域	
作业日期		作业时间	
主要作业内容			
防护措施			
接触网供电安排			
配合部门及要求			
主站		负责人及联系方式	
辅站及责任人		发放人	
完成情况			
请点	时间	消点	时间
	批准人		批准人

（6）施工区域出清　施工区域出清指在施工区域范围内施工结束后，施工负责人或施工责任人确认所有作业有关人员已撤离，安全防护措施已撤除，有关设备和设施已恢复正常，工具、器具与物料全部撤走等。

（7）施工区段　施工区段如果包含车站，可以不注明，如果不包含车站，则需要特别注明。

2. 轨道交通施工注意事项

1）进入现场请与接触网保持 2m 以上距离。

2）禁止超越施工区域。

3）随车施工按照施工前进方向，列车在前，人员在后，且与列车应有 50m 以上的安全间隔距离。

4）施工区域施工完毕以后一定要出清。

3. 施工安全管理

施工负责人/施工责任人必须经过培训后取得施工负责人证（安全合格证），并实行持证上岗制度。每项属于 A 类、B 类、C 类的作业需设立 1 名施工负责人，辅站另设施工责任人。遇特殊情况需要临时更换施工负责人时，更换的施工负责人也必须持有施工负责人证，且更换的施工负责人的具体信息需要在请点时在备注中注明。属于 B3、C2 类施工的作业不需设立施工负责人。

（1）施工防护　施工安全管理的一项重要内容就是对施工区域进行安全防护，只有做好安全防护才能确保施工人员的人身安全，避免施工事故的发生。

1）接触网停电检修或需接触网配合挂地线时，供电操作人员负责在该作业地段两端挂接地线。

2）站内线路施工时，由施工负责人在车站两端头轨道上设置红闪灯防护。

3）在站间线路施工时，除施工部门设置红闪灯防护外，车站还负责该施工地段两端车站的端墙门平行位置的轨道中央设置红闪灯防护。施工前，由施工登记车站设置红闪灯，并通知作业区另一端车站值班员放置红闪灯防护。施工结束后，施工登记车站撤除红闪灯，并通知作业区另一端车站值班员撤除红闪灯。如遇到跨越站内站间时，车站的防护信号放在车站内另一端墙门平行位置轨道中央。

4）在折返线、存车线上施工时，施工作业人员在作业区域可能来车方向放置红闪灯进行防护。

5）车站值班人员安排人员到站台检查红闪灯是否按规定摆放，监督红闪灯状态是否良好，并进行不定期检查。

6）车辆段内的设备检修施工和防护的有关规定按《车辆段运作手册》执行。

7）施工作业时除严格执行以上规定及总部相关安全防护规定外，并按施工部门的有关施工操作程序的防护规定执行。

8）凡在运营时间内进行施工作业的，务必做好防护措施，确保乘客安全，最大限度减少对乘客的影响。

（2）施工安全　在施工过程中，必须遵守有关规定，规范操作，才能最大限度地确保安全。

1）人、工程车在同一区域作业时，由施工负责人与车长根据现场情况协调。按施工前进方向，列车在前，人员在后，原则上不得颠倒或列车运行前后皆有作业；非随车施工人员与列车应有50m以上的安全间隔距离，原则上列车不得随便后退。如有需要动车时，需施工负责人和车长协商后才能动车，确保人身安全；作业人员应在自己现场作业区来车方向设置红闪灯防护。

2）凡进入线路施工人员必须按要求穿荧光衣，根据作业性质及要求使用安全防护用品。

3）在施工作业过程中如要进行动火作业，必须按照《消防重点部位临时动火作业管理办法》办理动火令及作业，严禁在无动火令的情况下进行动火作业。

4）外单位施工由主办部门负责安全管理、安全监督。

5）各施工单位部门在申报施工计划时应严格按照《运营事故管理规则》等相关规定，结合施工作业过程中的实际情况，提出安全防护要求和配合要求。在施工作业过程中，施工单位部门应严格遵守以上安全规定和施工进场作业令中的要求。

三、运营时间内特殊情况的施工规定

1. 正线、辅助线发生各类设备故障或事故需封锁区间抢修的规定

1）正线、辅助线发生各类设备故障或事故需封锁区间抢修的程序。

① 由行车调度员负责组织故障情况下的行车，相关问题的处理。

② 行车调度员向有关站发布封锁线路的命令。

③行车调度员通知电调停电。

④封锁命令号码、范围和时间确定后、组织封锁区间内的设备抢修工作,并与现场联系,确定现场指挥。

⑤抢修完毕,现场指挥确认线路出清,签认恢复行车时间,该封锁区间交回行车调度员解封、组织列车运行。

2)抢修、救援人员进出已交由值班主任控制,封锁的区间应使用无线电话(如无法联络时经车站)向值班主任申请,得到值班主任批准后进入封锁的区间。

3)遇车辆在线上的起复救援工作,涉及系统设备的,由分管的电调、环调或值班主任提供技术支援,包括:

①影响范围、预计处理(开通)所需时间。

②变更的运行模式(指系统设备),如越区、单边供电、借用相邻设备等。

③处理进展情况。

④达到开通条件(轨道供电)时的报告。

4)设备故障或事故处理时,线路出清的确定。

①根据现场情况,由行车调度员组织行车,由事故处理主任负责现场抢救工作。

a. 电调、环调接到故障或事故报告后,要尽快分析、做出判断,并在"值班主任处理事故/事件记录表"内签认。

b. 现场的维修人员、事故处理主任确认行车条件后通知值班员,值班员报行车调度员时,行车调度员在"行车调度员处理事故/事件记录"内做好记录,包括姓名、职务、报告时间和报告内容。

②故障、事故处理完毕,由现场指挥报检修调度/车场值班主任或车场调度员开通线路;遇车辆在正线上起复救援时,由现场总指挥确认可以行车后,事故处理主任报告行车调度员开通线路。

2. 运营时间正线、辅助线发生各类设备故障需短时间进行临时抢修的规定

1)进入隧道前,需先到车控室办理有关手续,在得到行车调度员批准并落实安全防护措施后,方可进入。

2)进入站台或靠近站台的第一个轨道电路区段线路的施工安全措施如下:

①施工负责人按规定放置红闪灯进行防护。

②值班站长(值班员)在IBP上使用紧急停车按钮对相关轨道区段进行施工防护,并通知站台站务员。站台站务员要监督抢修人员进入正确的区域,并报告值班站长(值班员)。

③行车调度员把列车扣停在前方站。

④人员进入轨道时,应通过站台端墙的上下轨道楼梯进出。站台岗人员要监督施工作业人员进入作业区域是否正确。

3)运营时间到区间隧道抢修行车设备的规定如下:

需搭乘客车到区间隧道抢修行车设备时,需经值班主任批准。

由值班主任组织好抢修人员在车站等候,按行车调度员指定的车次上车(行车调度员通知所有列车司机和相关车站)。

抢修人员登乘司机室,通知司机在故障点前停车,从司机室门下车进入疏散平台,尽快进入水泵房安全地带后,用手信号灯白色灯光做圆周运动(表示已到安全地点),通知司机继续运行。

进入司机室的抢修人员，不得影响司机的工作，并以两人为限。如果超过两人，其余人员到客室乘车，下车时通过司机室进入疏散平台。

未经行车调度员同意，在水泵房的抢修人员只能在水泵房内作业，严禁侵入行车限界，影响行车及人身安全。

需从区间内返回车站时维修人员使用无线电话向值班主任申请，值班主任与行车调度员协商后，分别通知抢修人员和列车司机，抢修人员使用手信号红色灯光给停车信号，指示司机停车，并打开驾驶室车门让检修人员上车。

4）在车站或线路两旁发生设备故障或事故，但不影响列车正常运行时，由值班主任统筹处理。

 扩展阅读

> 上海地铁每条线路在每周都有两个"特殊"的夜晚，被称为"施工夜"。在这两个晚上汇聚了大大小小的各种维护保障类的施工，接触网检修工、探伤检修工等各路群英荟萃，只为线路安稳。一次次的测量，一次次的对比，为的是保持线路应该有的状态，这对于处在软土层的上海地铁来说，是至关重要的一环。

任务二　施工组织实施

 任务目标

知识目标：	能力目标：	素质目标：
1. 了解施工相关人员职责。 2. 熟悉施工人员进出场规定。 3. 掌握施工请销点的手续办理。 4. 了解施工批准的权限。	具有施工请销点办理能力。	1. 通过对严格进行施工请销点的办理的学习，培养学生严谨认真的工作态度。 2. 培养学生遵章守纪的意识。 3. 培养学生安全生产的理念。

知识课堂

施工作业涉及的人员、作业条件等多而复杂，施工作业能否顺利实施关系到行车作业能否顺利进行。施工组织实施过程主要包括车站工作人员和施工负责人职责、施工时间确定、施工请销点登记等。

一、相关工作人员职责

1. 车站工作人员职责

1）负责查验施工作业人员和施工负责人的相关证件。

2）负责办理施工作业登记申请和请销点手续。
3）负责在站台端墙处线路设置和撤销区间作业的施工防护。
4）负责监督施工负责人和配合人员清点进出作业区域的施工作业人员。
5）负责监督车站施工作业安全。
6）负责与施工负责人、配合人员确认施工区域线路出清。

2. 施工负责人（施工责任人）职责

合格的施工负责人或施工责任人必须经过运营单位"施工管理办法"的培训和考核认证，要熟悉负责项目的作业性质、内容和要求等，具备该项作业相关的安全知识和技能。其应具有的职责主要有以下几项：

1）负责作业过程的组织指挥工作。
2）办理该项作业的请销点手续。
3）负责作业人员以及设备的管理。
4）负责及时与车站、车辆段以及控制中心联系作业有关事项。
5）组织设置或撤销作业安全防护设施。
6）出清作业区域并负责设备状态恢复正常。

由于轨道交通行业的特殊性，所有工人上岗前必须经过安全教育，并对所从事的工序进行培训，并经过施工负责人签字认可才能上岗作业。

二、施工时间规定

1. 进场施工开始时间的规定

正线轨行区的作业或影响正线行车设备、设施的作业必须待运营结束，且最后一班运营车离开作业区域，方可开始作业。开车作业在不影响运营的情况下可以提前将作业车组织到相应区域待令，待施工作业条件满足后，组织到作业区域开始作业；车辆段、车站及控制中心不影响正线行车和客运的作业可安排在白天运营时间段内进行。

2. 施工结束离场时间的规定

正线轨行区的作业施工结束时间必须在运营开始前结束，并需要预留一定的时间让行车和设备操作人员做运营前的检查，一般情况应于首列车开出时间 30min 前结束并销点；车辆段、车站及控制中心不影响正线行车和客运的作业可根据检修的效果结束并销点。

三、施工批准权限

根据施工作业的地点和作业性质，施工前必须办理相应批准手续才能动工。影响正线、辅助线行车的施工作业，需经行车调度员批准；在车辆段（车场）内的施工作业需经车辆段（车场）调度员批准，如影响正线行车需报行车调度员批准；在车站内不影响行车的施工作业，内部单位施工作业需经车站批准，外部单位施工作业按外单位工程施工作业管理，需经车站批准。

四、施工人员进出站规定

1）施工负责人持作业令在作业令规定施工开始前 15min 到达主站，施工责任人和维修人员在作业令规定施工开始前 10min 到达辅站和相关车站，按规定程序办理施工作业手续。
2）遇特殊情况，施工人员需在收车关站后到达车站的，施工负责人需提前与车站预约说明原因，并确定进站时间和出入口，车站做好记录。车站根据预约时间和地点，查验手续后放行。

五、施工请销点程序

1. 施工请点程序

1）属于 A 类的作业，施工负责人在作业令规定施工开始前 15min 到车站登记请点，当施工条件达到后由车站报行车调度员备案，当线路出清后行车调度员通知车站，车站值班员传达允许施工的命令，可以施工。

2）属于 A 类作业，但需由多个车站进入施工的作业项目，施工负责人除到主站按 1）办理外，还需核实辅站情况。辅站施工责任人在作业令规定施工开始前 10min 到达辅站办理登记手续，辅站值班员向主站值班员核实施工事项并请点。主站接到行车调度员允许施工的命令后，传达给施工负责人以及辅站，辅站值班员允许施工责任人开始该作业点的施工。

3）属于 B 类的作业，施工负责人到车辆段调度员处请点，经车辆段调度员同意便可施工（车辆段内影响正线行车的作业应经行车调度员批准）。

4）属于 C 类的作业，经批准，施工负责人到车站登记请点。

5）如遇作业区域同时包含正线和车辆段线路时，施工部门到车辆段调度员处请点，车辆段调度员在审核批准该项施工作业后，还需向行车调度员请点，征得行车调度员同意后，才可以开始施工。

6）如遇作业区域包括几条路的部分线路时，施工部门均需向各条线的行车调度员请点，经批准后，才可以开始施工。

7）有外单位作业时，由指定的施工主办部门或主配合部门人员协助办理请点后，才可以开始施工作业。

2. 施工销点程序

1）A 类作业，施工作业地点仅有一个车站的，施工负责人在施工区域出清完毕后，报车站，由车站向行车调度员销点。

2）B、C 类作业施工完毕后，施工负责人负责施工区域的出清后到车站或车辆段销点。

3）当多站销点时，辅站施工责任人负责本段线路出清并报施工负责人后，在辅站销点；辅站值班员向主站值班员销点；施工负责人负责该项作业区域全部出清后，方可报主站值班员销点，主站值班员向行车调度员销点。

4）需异地销点的施工作业，施工负责人（责任人）应在登记时注明异地销点的地点和人数，登记进入施工的车站要及时通知异地销点的车站值班员。

> **典型事故**
>
> 2021 年 6 月 4 日，5 时 18 分，甘肃兰州，从乌鲁木齐开往杭州方向的 K596 次列车，在兰新线 K361+401km 处，与施工人员相撞，事故造成 9 名施工人员不幸遇难。事故发生时，工务段在下行线组织大机维修作业，施工作业人员侵入上行线路，被正在通过的 K596 次列车碰撞。事故原因一方面是施工作业人员安全意识淡薄，另一方面现场的防控人员没有防控到位，可能存在管理疏漏。

项目十一

行车事故处理以及预防

学习导入

城市轨道交通作为城市一种重要的大容量交通工具,其安全工作至关重要。一旦发生行车事故,轻则导致运营中断,延误出行,重则危及乘客的人身安全,为此必须严格按照有关规定行车,不违规操作,防止事故发生;事故发生后,及时按照预案做好事故通报和处理,将损失降到最低。本项目将重点对行车事故的处理和预防进行介绍。

任务一 认知行车事故处理规则

任务目标

知识目标:
1. 了解行车事故和处理原则。
2. 了解行车事故的通报和调查处理。
3. 掌握行车事故的分类。

能力目标:
1. 具有对行车事故进行分类的能力。
2. 具有严格按规章处置行车事故的能力。

素质目标:
1. 培养学生树立行车无小事的安全意识和全局意识。
2. 培养学生按章行事的规则意识。

知识课堂

一、行车事故的定义及分类

1. 行车事故的定义

凡在城市轨道交通的行车工作中,因为违反规章制度、违反劳动纪律或由于技术设备不良以及其他原因等,造成经济损失、设备损坏或人员伤亡,影响正常行车或危及行车安全的,构成行车事故。

2. 行车事故的分类

目前对于行车事故，我国各城市轨道交通系统还没有统一的分类标准，一般按照事故损失、影响程度及危害程度可以将事故分为特别重大事故、重大事故、较大事故、一般事故、险性事故、一般事件和事件苗头。

（1）特别重大事故　发生下列情形之一的，为特别重大事故：
1）死亡30人（含失踪，下同）以上的。
2）重伤100人以上（包括急性工业中毒，下同）的。
3）造成直接经济损失1亿元以上的。
4）一条或多条线路全线停运48h以上的。

（2）重大事故　发生下列情形之一的，为重大事故：
1）死亡10人以上30人以下的。
2）重伤50人以上100人以下的。
3）造成直接经济损失5000万元以上1亿元以下的。
4）一条或多条线路全线停运24h以上48h以下的。

（3）较大事故　发生下列情形之一的，为较大事故：
1）死亡3人以上10人以下的。
2）重伤10人以上50人以下的。
3）造成直接经济损失1000万元以上5000万元以下的。
4）线路全部中断12h以上24h以下的。

（4）一般事故　发生下列情形之一的，为一般事故：
1）死亡1人以上3人以下的。
2）重伤3人以上10人以下的。
3）造成直接经济损失100万元以上1000万元以下的。
4）线路全部中断3h以上12h以下的。
5）车站服务或线路局部中断5h以上的。

（5）险性事故　发生下列情形之一的，为险性事故：
1）重伤1人以上3人以下的。
2）造成直接经济损失30万元以上100万元以下的。
3）线路全部中断1h以上3h以下的。
4）车站服务或线路局部中断3h以上5h以下的。
5）列车正线脱轨。
6）列车正线分离。
7）列车正线冲突。
8）正线挤岔。
9）正线列车冒进信号。
10）向占用线错接入列车。
11）向占用区间或区段错发出列车。
12）向未准备好进路接入、发出列车。
13）未拿或错拿行车凭证发出列车。
14）在实行电话闭塞法等人工组织行车时，未办或错办行车手续发车。

15）擅自改变列车运行方向行车。
16）正线列车、工程车、车辆溜逸或者机车车辆溜入正线车站或区间。
17）客运列车车门故障无法关闭且无安全措施行车。
18）客运列车错开车门、运行途中开门、车未停稳开门。
19）客运列车夹人动车或将人关在车门与屏蔽门之间动车。
20）运营期间，正线及其辅助线断轨。
21）漏发、错发、漏传、错传调度命令导致列车超速运行。
22）设备、设施侵限，车辆装载货物侵限或货物装载不良开车。
23）接触网错送电、漏停电。
24）无调度命令施工，超范围施工，超范围维修作业。
25）电气化区段未停电而攀爬车顶。
26）无特种设备操作证的人员，操作特种设备造成人员伤害。
27）其他严重影响生产安全、造成不良影响但尚未构成一般事故的行为。

（6）一般事件　发生下列情形之一的，为一般事件：
1）轻伤 5 人以上的。
2）造成直接经济损失 10 万元以上 30 万元以下的。
3）线路全部中断 30min 以上 1h 以下的。
4）车站服务或线路局部中断 30min 以上 3h 以下的。
5）行车大间隔 30min 以上的。
6）列车晚点 30min 以上 1h 以下的。
7）车场内发生调车挤岔。
8）车场内发生调车脱轨。
9）车场内发生调车冲突。
10）车场内发生调车冒进信号。
11）无驾驶资格操纵列车。
12）机车车辆溜逸，但未进入正线车站或区间。
13）列车运行中碰撞轻型车辆、小车或施工机械、机具、防护栅栏等设备设施或路料、坍体、落石。
14）施工作业的列车运行中装载的材料（或装置）坠落。
15）车场内机车车辆溜动或误动与其他车辆或设备发生碰撞。
16）车场线路由轨顶到轨底贯通断裂。
17）列车带电进入停电区。
18）错挂、漏挂、忘撤接地封线。
19）变电所保护拒动。
20）供电系统错送电、漏停电。
21）接触网断线或断杆。
22）主变电所全所供电中断 120min 以上。
23）运营期间，单个车站照明全部熄灭 60min 以上。
24）运营期间，某条线路通信主干网中断通信 60min 以上。
25）运营期间，行车指挥通信有线或无线系统中断通信 60min 以上。

26）运营期间，单一车站全部自动售票机中断售票 120min 以上或全线 60min 以上。

27）其他性质严重但尚未构成危险性事件的行为。

（7）事件苗头　发生下列情形之一的，为事件苗头：

1）轻伤 5 人以下的。

2）造成直接经济损失 1 万元以上 10 万元以下的。

3）行车间隔在 20min 以上 30min 以下的。

4）导致列车晚点 15min 以上 30min 以下的。

5）应停客运列车未停站通过。

6）电客车进入无网区。

7）列车运行中擅自切除车载安全防护装置。

8）未经允许列车搭载乘客进入非运营线路。

9）运营期间内，设备、设施、备品脱落或掉下站台、隧道，造成停车。

10）未办理请点手续，进入正线或辅助线轨行区的（检修股道车辆中心自身作业除外）。

11）系统数据记录未按规定储存或数据丢失，对事故（事件）分析造成影响的。

12）错发、错传、漏发、漏传调度命令，耽误列车运行的。

13）因行车有关人员违反劳动纪律漏乘或出乘迟延，耽误列车运行的。

14）未撤除防溜措施动车的。

15）空调季节，单个车站环控系统故障停机连续时间 24h 以上的。

16）空调季节，单个车站冷冻机房故障停机连续时间 24h 以上的。

17）错办、误办工作票。

18）未验电即挂地线。

19）人为原因，造成自动消防设施误动作、在紧急情况下不动作或在操作过程中出现明显失误的。

20）自动消防设施在紧急情况下失效，不能正常启动的。

21）自动消防设施因检修或故障不具备相关监控功能的情况下，应及时通知相关岗位或人员采取相应措施的。

22）行车指挥的无线通信系统或有线通信系统中断 20min 以上的。

23）正线给水主管、消防主管爆裂的。

24）运营期间，单个车站正常照明全部熄灭 60min 以上的。

25）运营期间，单个车站照明全部熄灭 30min 以上的。

26）运营期间，全线中断自动售票 30min 以上或单个车站中断自动售票 60min 以上的。

27）运营期间，单个车站进站闸机或出站闸机全部故障 30min 以上的。

28）运营时间内由于隧道区间、车站积水漫过轨道。

29）无特种作业操作证操作相关设备，或无证违章操作安全相关命令的。

30）车辆、设备办公用房、机房等发生起火冒烟险情。

31）轨行区内应撤除的设施、设备、物料、标志未及时撤除，影响行车的。

32）因错发操作命令或人员误操作，造成断路器跳闸或接触网误停电，影响运营服务的。

33）其他性质严重但尚未构成一般事件的行为。

当一起事故（事件）同时符合两类以上事故（事件）的定性条件时，按最重的性质定性。

二、行车事故的处理

1. 行车事故的处理原则

安全工作是城市轨道交通运营企业的首要工作，加强安全管理，贯彻"安全第一，预防为主"的安全生产方针，强化职工安全意识，严肃各项作业纪律，加强安全检查，消除各类隐患，才能确保运营安全。因为受人员、设备、环境和管理等因素影响，难免会发生行车事故，一旦发生行车事故，要及时找出事故发生的原因和形成机制，尽快恢复正常运营，并采取一定措施，预防相似事故的再次发生，行车事故处理应依据以下几个原则：

（1）"高度集中、统一指挥、逐级负责"的原则　发生行车事故后，各部门应遵循"高度集中、统一指挥、逐级负责"的原则，根据事故的等级分类迅速组织救援。

（2）"先通后复"的原则　发生行车事故时，要迅速采取措施，组织抢救，按照"先通后复"的原则，在不影响运营安全的前提下，先应急处置恢复行车，待运营结束后再组织维修。

（3）"先救人，后救物；先全面，后局部；先正线，后其他"的原则　发生行车事故时，坚持"先救人，后救物；先全面，后局部；先正线，后其他"的原则，优先组织人员疏散和伤员抢救，同时兼顾重点设备和环境的防护，将损失降至最低。

（4）"四不放过"的原则　事故发生后，要以事实为依据，以有关法规、规章为准绳，按照"四不放过"的原则（即事故原因没有查清不放过，事故责任者没有严肃处理不放过，广大职工没有受到教育不放过，防范措施没有落实不放过）处理事故，找出原因，分清责任，吸取教训，制订措施，防止同类事故再次发生。

（5）兼顾现场保护原则　员工在行车事故处理过程中应该保护好现场，以利于事故的调查取证。

（6）以事实为依据原则　对事故要定性准确，对事故责任者（或单位）以责论处，应根据事故性质和情节分别予以批评教育、经济处罚、行政处分直至追究法律责任。对事故分析处理拖延、推脱责任、姑息纵容、隐瞒不报或不如实反映事故情况者，应予以严肃批评教育或纪律处分。

2. 行车事故的通报流程

在区间发生行车事故时，由列车司机立即报告行车调度员，当无法和行车调度员取得联系时，可报告就近车站的行车值班员，再由行车值班员报告行车调度员；在车站或车辆段（停车场）内发生行车事故时，由车站行车值班员或车辆段（停车场）调度员报告行车调度员；其他目击人员可以通过车站工作人员向行车调度员报告。

行车调度员接到事故报告后，应立即报告上级主管部门，并积极组织救援，防止事故扩大，按照"先通后复"的原则组织指挥事故处理，尽快恢复正常行车。另外，还应及时填写"行车事故概况"，上报相关部门。

发生人员伤亡、火灾、爆炸、毒气袭击等事故，需要报告119火警、120急救中心或公安派出所时，由值班站长、事故现场人员或者目击者在第一时间内报告；列车司机则立即报告控制中心，由控制中心报告119火警、120急救中心或公安派出所等外部救援单位。

3. 行车事故的通报内容

发生行车事故后，通报内容主要包括以下几个方面：

1）事故发生时间（月、日、时、分）。
2）事故发生地点（区间、百米标和上、下行正线）。
3）列车车次，车组号，关系人员姓名、职务。
4）事故概况及原因判断。
5）人员伤亡情况及车辆、线路等轨道设备损坏情况。
6）是否需要救援。
7）是否影响邻线运行。
8）其他必须说明的内容及要求。

事故发生后，人员伤亡、设备损坏等情况发生变化时，应及时补报。

4. 行车事故的调查处理

（1）成立事故调查处理小组　发生行车事故后，首先需要成立行车事故调查处理小组，一般小组成员由分公司分管安全副总经理、安保部部长、技术调度部部长、安保部技术调度部相关人员及相关部门成员组成。原则上凡与事故发生有直接关系的人员不得参与事故的调查分析。事故调查处理小组应严格履行职责，及时准确地完成事故调查处理工作。相关部门应支持、配合事故调查处理工作，并提供必要的便利条件。任何部门和个人不得阻碍、干涉事故调查的正常工作。

（2）特别重大事故处理　特别重大事故按国务院 34 号令发布实施的《特别重大事故调查程序暂行规定》调查处理。

（3）重大事故、较大事故处理　事故调查小组到达事故现场前，若事故发生在区间，由列车司机负责；若事故发生在车站或车辆段（停车场），由值班站长（行车值班员）或车辆段（停车场）调度员负责。其任务是负责指挥抢救伤员，引导乘客自救，组织疏散及安抚乘客等救援准备工作，并保护现场、查找事故证人、保存相关物证、做好记录，等待事故处理小组到达以及进一步的救援。事故调查处理小组到达现场以后组织指挥有关人员积极抢救伤员，采取一切措施迅速恢复运营。

（4）险性事故和一般事故处理　如涉及两个以上直属单位时，由城市轨道交通企业负责调查，在规定的时间内将事故调查报告上报，并提出防范措施。对责任单位无异议的险性事故，由险性事故责任单位组织调查分析，明确原因并对责任者提出处理意见，制订防范措施。对涉及一个单位的一般事故，由责任单位调查分析，找出原因，明确责任，并对责任者进行处理，提出防范措施。

事故发生后，若事故发生在区间，由列车司机负责，当就近车站值班站长到达现场后由值班站长负责，当事故发生在车站或者车辆段由值班站长或车辆段调度员负责。接到运营控制中心或者车辆段控制中心报告赶赴现场后，主要设备部门负责指挥抢险，相关部门配合。

列车司机和事故有关人员要积极配合，如实报告情况，以便分析事故真正原因，明确事故责任，制订防范措施。事故有关人员均不得隐瞒事实，对推脱责任、拖延调查、隐瞒真相的个人与部门单位，经查实予以从重处理。

（5）一般事件和事件苗头处理　一般事件和事件苗头直接由安保部门负责调查，召开分析会，查清事件经过，查明事件原因及责任，对事件定性定责，提出处理建议，制订防范措施。

> **规章制度**
>
> **禁止危害或者可能危害城市轨道交通运营安全的行为**
>
> 城市轨道交通运营管理规定（中华人民共和国交通运输部令 2018 年第 8 号）第三十四条禁止下列危害或者可能危害城市轨道交通运营安全的行为：（一）拦截列车；（二）强行上下车；（三）擅自进入隧道、轨道或者其他禁入区域；（四）攀爬或者跨越围栏、护栏、护网、站台门等；（五）擅自操作有警示标志的按钮和开关装置，在非紧急状态下动用紧急或者安全装置；（六）在城市轨道交通车站出入口 5m 范围内停放车辆、乱设摊点等，妨碍乘客通行和救援疏散；（七）在通风口、车站出入口 50m 范围内存放有毒、有害、易燃、易爆、放射性和腐蚀性等物品；（八）在出入口、通风亭、变电站、冷却塔周边躺卧、留宿，堆放和晾晒物品；（九）在地面或者高架线路两侧各 100m 范围内升放风筝、气球等低空漂浮物体和无人机等低空飞行器。

任务二　事故处理应急预案和预防

任务目标

知识目标：	能力目标：	素质目标：
1. 了解什么是应急预案。 2. 了解应急预案的基本内容。 3. 掌握事故预防的基本途径。	1. 具有分析常见事故的能力。 2. 具有按照应急预案处置事故的能力。	1. 培养学生树立安全第一、预防为主的意识。 2. 培养学生的责任意识。

知识课堂

一、事故处理应急预案

应急预案是指针对可能发生的事故，为迅速、有序地开展应急行动而预先制订的行动方案。应急预案确定了应急救援的范围和体系，使应急管理不再无据可依、无章可循；应急预案有利于做出及时的应急响应，控制和防止事故进一步恶化；应急预案是各类突发事故的应急基础，通过编制应急预案，可以对那些事先无法预料到的突发事故起到基本的应急指导作用，成为开展应急救援的"底线"；应急预案建立了与上级单位和部门应急救援体系的衔接，通过编制应急预案可以确保当发生超过本级应急能力的重大事故时与有关应急机构的联系和协调；应急预案有利于提高风险防范意识，应急预案的编制、评审、发布、宣传、演练、教育和培训，有利于各方了解面临的重大事故及其相应的应急措施，有利于促进各方提高风险防范意识和能力。

1. 应急预案的制订

（1）城市轨道交通特大事故和突发事件应急救援预案　当地政府应组织城市轨道交通运

营单位、公安、消防、供电、通信、供水、交通和医疗等单位建立统一和完善的灾害救援指挥机构和抢险救灾体系，制订故障、火灾、爆炸、化学恐怖袭击、灭火抢险救灾等应急处理工作预案。

（2）城市轨道交通运营单位应急预案　　城市轨道交通运营单位应组织制订运营机构应对轨道交通事故和突发事件应急救援预案。该预案应遵循统一指挥、逐级负责、快速反应、配合协同的原则，并且该应急预案还要包含以下子预案：

1）城市轨道交通运营单位应组织制订控制中心应急处理预案。该预案应规定控制中心各调度岗位在运营组织中，遇到各类突发事件时的应急处理程序。

2）城市轨道交通运营单位应组织制订车站应对各类事故和突发事件的应急处理预案。车站现场应急处理预案均应遵循及时报警、疏散乘客、抢救伤员的原则，周密制订相关岗位职责、工作流程和设施器材配置标准及操作规程。

3）为确保城市轨道交通运营安全，除火灾应急预案外，运营单位还应制订爆炸、劫持人质、毒气袭击等突发事件应急预案。

4）城市轨道交通运营单位应组织制订车务安全应急处理预案。该预案应规定车站、列车司机及车场行车人员对乘客服务、行车组织和调车作业等工作中可能发生的各种应急事件、事故的处理程序。

5）因发生火灾等突发事件需要疏散乘客时，各岗位工作人员应密切配合、协调动作，根据指挥进行乘客疏散作业。

2. 应急预案的基本内容

《中华人民共和国突发事件应对法》第十八条规定，应急预案应当根据本法和其他有关法律、法规的规定，针对突发事件的性质、特点和可能造成的社会危害，具体规定突发事件应急管理工作的组织指挥体系与职责和突发事件的预防与预警机制、处置程序、应急保障措施以及事后恢复与重建措施等内容。针对城市轨道交通应急预案的内容主要包括以下几个方面：

1）运营单位抢险指挥领导小组的人员组成和职责。抢险指挥领导小组应负责抢险救援的组织、指挥、决策，并指挥各部门实施各自应急预案，尽快恢复轨道交通运营。

2）抢险信息的报告程序，应遵循迅速、准确、客观和逐级报告的原则。

3）现场处置过程中各部门的组织原则及相关职责。

4）不同事故情况下的抢险救援策略和人员疏散方案。

5）提供救援人员、通信、物资、医疗救护和生活保障。

3. 应急预案的分类

城市轨道交通应急预案针对事故的不同可以分为故障应急预案、事故应急预案和突发事件应急预案三种。

二、事故预防的途径

1. 完善安全规章制度

完善安全规章制度，用规章制度约束员工的工作行为，为员工提供安全生产指引。在严格执行国家、省、市各项安全法律、法规的同时，建立、健全城市轨道企业各项制度和各类操作规程，使安全管理规范化、制度化，管理过程有章可循。

2. 落实制度建设

（1）落实安全生产责任制　坚持"安全第一，预防为主"的工作方针，全面贯彻《中华人民共和国安全生产法》，强化安全管理。狠抓安全生产责任制的落实，逐级签订安全生产目标责任状，将安全生产目标纳入考核范围，明确各层级的安全职责和安全生产目标，有效落实安全生产责任，形成安全生产、人人有责的良好氛围。

（2）加强监督检查机制　严抓隐患整改，按照"五个落实"，即任务落实、人员落实、经费落实、质量落实、时间落实，按期整改完成；在做好安全检查工作的同时，逐步建立安全隐患管理机制，将安全检查和隐患管理统一起来，并落实到工作制度中，形成健全的检查网络，实施有效监控。

（3）建立安全培训制度　组织各单位负责人和安全生产管理人员参加《中华人民共和国安全生产法》培训，取得安全生产资格证；对新进员工实行三级（公司级、中心级、岗位级）安全教育；除国家规定的特殊工种外，规定内部特种作业项目，制订特种作业人员安全管理办法和特种作业人员培训持证上岗制度；通过广泛开展各类安全生产培训教育活动，有效地提高干部、职工的安全文化素质。

3. 应急救援体系

（1）建立应急救援体系　根据运营事故救援经验的突发事件特点，建立应急救援体系。主要包括针对行车事故、火灾、爆炸、自然灾害、恐怖袭击等制订的应急预案，发生疫病传播及其他紧急事件的应急预案。

（2）定期演练　组织员工按照预案定期进行演练，提高员工安全意识，增强应急处置能力。

4. 落实机制保障

（1）建立、健全事故处理机制　按照"四不放过"的原则，严肃员工惩处，不断加强员工的责任意识和纪律意识。在员工中开展经常性的事故案例和安全管理教育，树立居安思危意识。在管理上，制订有针对性的管理措施，主动管理和事前预防相结合，提高对事故的分析处理能力。

（2）建立地铁与公安部门的联动机制　加强与地铁公安的合作，明确联动例会制度、工作联系机制及联动应急机制，保障轨道交通运营的安全。

三、事故案例分析

1. 美国纽约地铁列车相撞事故

事故时间：2024年1月4日。

事故地点：曼哈顿西96街附近。

事故经过：当天下午3时左右，一列低速行驶的载有约300人的1号线列车在曼哈顿西96街附近与一列工作列车相撞，导致载有4名工作人员的工作列车脱轨，事件造成24人受伤。

事故原因：据官方的初步调查显示，此次事故似乎并非由设备故障引起，或有人为破坏的因素，破坏分子在79街激活了1号列车的制动器，使那列车缓慢地朝北行驶，当它经过96街时与正前方另一列正要切换轨道的载有乘客的列车发生碰撞。

防范措施：提高运营安全隐患防范意识、司机异常情况判别能力，定期进行突发事件应急处置演练。

图 11-1　侧翻的一节车厢

2. 墨西哥城地铁 3 号线撞车事故

事故时间：当地时间 2023 年 1 月 7 日。

事故地点：墨西哥城地铁 3 号线拉扎站与波特雷罗站之间。

事故经过：当地时间 7 日 9 时 16 分，地铁 3 号线拉扎站与波特雷罗站之间两列列车发生追尾，相撞的两列列车部分车厢严重变形，造成 1 人死亡、57 人受伤。

事故原因：由于车辆的电气线路遭到人为恶意切断并纵火。同时涉事的 24 号车列车司机无视安全驾驶规则，改变了车辆的控制模式，切换到手动驾驶并且超速行驶，列车司机并未向控制中心通报该操作，也没有采取措施制动停车。

防范措施：严格按照规章进行运营前及过程中的车辆安全检查，加强司机安全教育和业务技能培训，严格按照规章作业。

> **扩展阅读**
>
> 1）地铁运行时停电，乘客千万不可扒门离开车厢进入隧道。即使全部停电后，列车上还可维持 45min~1h 的应急照明和通风。听从工作人员指示，从指定的车门向外撤离。
>
> 2）站台突然停电，乘客在等待工作人员进行广播和疏散时，请原地等候。
>
> 3）无其他意外发生，停电时一般不要拉动报警装置。
>
> （摘自石家庄地铁官网）

附　录

行车日志

年__月__日　　值班员：____　　当班时间：											
上　行						下　行					
到　达			出　发			到　达			出　发		
时分		电话记录号码	时分		电话记录号码	时分		电话记录号码	时分		电话记录号码
车次	同意后站发车	后站出清	本站到达	承认闭塞	本站出清	取消闭塞	前站同意发车	本站出清	前站承认闭塞	前站出清	取消闭塞	车次	同意后站发车	后站出清	本站到达	承认闭塞	本站出清	取消闭塞	前站同意发车	本站出清	前站承认闭塞	前站出清	取消闭塞

参 考 文 献

[1] 林瑜筠.城市轨道交通概论[M].北京:中国铁道出版社,2018.
[2] 操杰,陈锦生.城市轨道交通车站行车工作[M].北京:人民交通出版社股份有限公司,2016.
[3] 李宇辉,李志成.城市轨道交通行车组织[M].北京:高等教育出版社,2019.
[4] 孟祥虎.城市轨道交通行车组织[M].北京:人民交通出版社股份有限公司,2019.
[5] 杨舟,万青松.城市轨道交通行车组织[M].北京:中国建材工业出版社,2016.
[6] 耿幸福,崔联云.城市轨道交通行车组织[M].北京:人民交通出版社股份有限公司,2021.
[7] 牛凯兰,牛红霞.城市轨道交通行车组织[M].北京:机械工业出版社,2018.
[8] 赵矿英.铁路行车组织[M].北京:中国铁道出版社,2017.
[9] 张利彪.城市轨道交通信号与通信系统[M].北京:人民交通出版社股份有限公司,2015.
[10] 徐新玉.城市轨道交通行车组织基础[M].北京:人民交通出版社股份有限公司,2016.
[11] 李俊辉.城市轨道交通行车组织[M].成都:西南交通大学出版社,2015.
[12] 刘菊美,韩松龄.城市轨道交通站务"1+X"职业技能等级证书配套教材[M].北京:高等教育出版社,2022.

城市轨道交通行车组织实训工单

主　编　刘亚苹　梁立肖
副主编　亓　辉　张亚峰　王慧聪
参　编　买月梅　安　飞　常秀娟
　　　　金宗辉　李　欣　高晓成

机械工业出版社

目　　录

实训一　认识城市轨道交通行车基础设备……………………………………… 1
实训二　进路基础操作实训……………………………………………………… 5
实训三　路票的填写……………………………………………………………… 10
实训四　铺画列车运行图………………………………………………………… 15
实训五　运营前准备工作………………………………………………………… 19
实训六　综合后备盘操作………………………………………………………… 24
实训七　电话闭塞法接发列车作业……………………………………………… 27
实训八　车辆段正常情况下接发列车作业……………………………………… 31
实训九　ATS 设备故障时的行车组织…………………………………………… 36
实训十　车站施工的请销点操作………………………………………………… 40
实训十一　工伤事故案例分析…………………………………………………… 44

实训一　认识城市轨道交通行车基础设备

学院		专业	
姓名		学号	
小组成员		组长姓名	

一、接收工作任务	成绩：

　　张新作为一名新入职的站务员，要熟悉城市轨道交通的基础设备，为之后的岗位能力培训打基础。

二、知识准备	成绩：

　　1. 首先了解线路和车站。
　　1)＿＿＿＿＿＿是指贯穿所有车站和区间，供载客列车运行的线路。
　　2) 辅助线主要包括＿＿＿＿、＿＿＿＿、＿＿＿＿、＿＿＿＿和＿＿＿＿等。
　　3) 渡线既可以改变列车运行方向，也可以改变列车进路，可分为＿＿＿＿和＿＿＿＿。
　　4) 车辆段内的线路主要有＿＿＿＿、＿＿＿＿、＿＿＿＿、＿＿＿＿和＿＿＿＿等。
　　5) 按站台形式，车站可以分为＿＿＿＿、＿＿＿＿和＿＿＿＿。
　　2. 了解列车。
　　1) 一般客车采用"＿＿＿＿、＿＿＿＿"的形式组成。
　　2) 车次号中的行程号个位为奇数是＿＿＿＿，偶数为＿＿＿＿。
　　3) 工程车与救援列车的车次号一般均为＿＿＿＿位编码。
　　3. 了解轨道与道岔。
　　1) 轨道是由＿＿＿＿、＿＿＿＿、＿＿＿＿、＿＿＿＿、＿＿＿＿组成的构筑物。
　　2) 道岔的种类较多，一般可分为＿＿＿＿、＿＿＿＿、＿＿＿＿以及＿＿＿＿。
　　4. 信号与通信系统。
　　通信系统主要包括＿＿＿＿、＿＿＿＿、＿＿＿＿、＿＿＿＿和＿＿＿＿等几个子系统。

三、制订计划	成绩:

1. 根据了解城市轨道交通基础设备的任务要求，制订计划。

操作流程		
序号	作业项目	操作要点
计划审核	审核意见： 年 月 日 签字：	

2. 请根据作业计划，完成小组成员任务分工。

操作人		记录员	
监护人		展示员	
作业注意事项			

1）正确认识相关设备。
2）遵守实训纪律。
3）注意人身安全。

检测设备、工具、材料			
序号	名称	数量	清点
			□已清点
			□已清点
			□已清点

四、计划实施	成绩:

通过各个轨道设备图片考查学生对相关设备的认识能力。
1）认识线路类型。

	这是辅助线中的哪一种线型

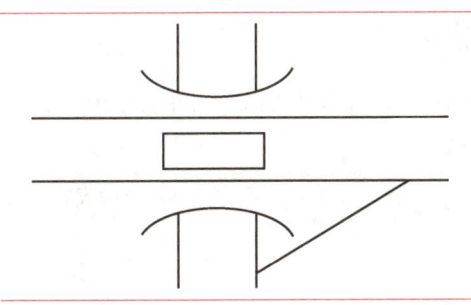	这是辅助线中的哪一种线型	

2）认识车站类型。

	这是车站中的哪一种类型	
	这是车站中的哪一种类型	

3）认识道岔的类型。

	这是道岔中的哪一种类型	

五、质量检查　　成绩：

请实训指导教师检查本组作业结果,并针对实训过程中出现的问题提出改进措施及建议。

序号	评价标准	评价结果
1		
2		
3		
4		
5		
综合评价	☆☆☆☆☆	
综合评语		

六、评价反馈　　成绩：

请根据自己在课堂中的实际表现进行自我反思和自我评价。

自我反思：_____

_____。

自我评价：_____

_____。

实训成绩单

项目	评分标准	分值	得分
接收工作任务	明确工作任务,理解任务在企业工作中的重要程度	5	
知识准备	熟练掌握关于城市轨道交通的基础知识	25	
制订计划	按照任务要求熟识城市轨道交通行车设备	10	
计划实施	认识标识1)	5	
	认识标识2)	10	
	认识标识3)	5	
	认识标识4)	5	
	认识标识5)	10	
质量检查	学生任务完成,操作过程规范	10	
评价反馈	学生能对自身表现情况进行客观评价	10	
	学生在任务实施过程中发现自身问题	5	
得分（满分100分）			

实训二　进路基础操作实训

学院		专业	
姓名		学号	
小组成员		组长姓名	

一、接收工作任务　　　　　成绩：

学生分为三组，每组中有四个车站和一个调度中心。每个车站由两名学生负责，分别扮演值班站长和行车值班员，另外一名同学担任行车调度员。分别利用车站级 ATS 和控制中心 ATS 进行进路的基础操作。

二、知识准备　　　　　成绩：

1. 进路的组成部分。
1）_____
2）_____
3）_____
2. 道岔的位置有 _____、_____。
3. 信号机颜色的含义：
红色：_____
黄色：_____
绿色：_____
4. 联锁的条件：_____；_____；_____。
5. 什么是侧防：_____。
6. 排列进路的方法：_____。

三、计划实施	成绩：	

1）排列 × 信号机到 × 信号机的进路，观察信号机前后的变化。

排列进路前	始端信号机名称	
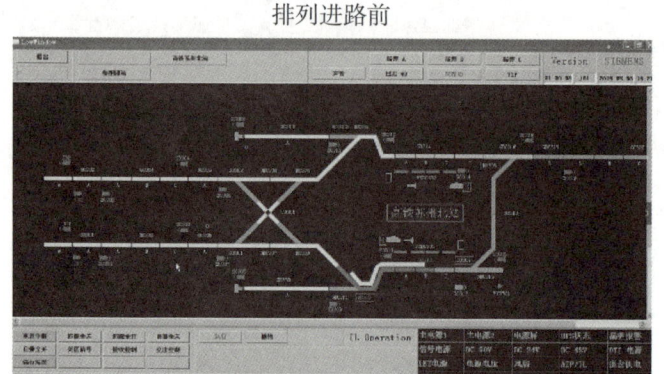	灯座颜色	
	灯头颜色	
	编号颜色	
	是否灭灯	

排列进路后	信号状态是否有变化	
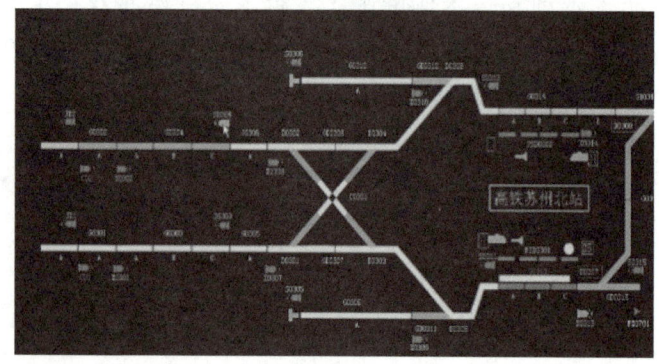	灯座颜色	
	灯柱颜色	
	灯头颜色	
	编号颜色	
	是否灭灯	

排列进路前	终端信号机名称	
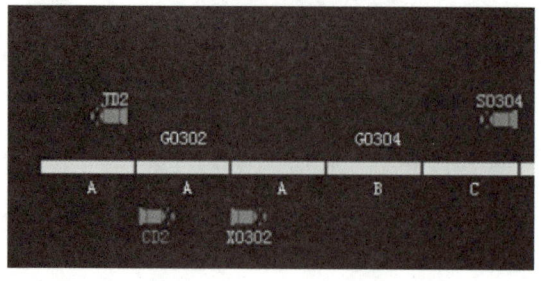	灯座颜色	
	灯头颜色	
	编号颜色	
	是否灭灯	

排列进路后 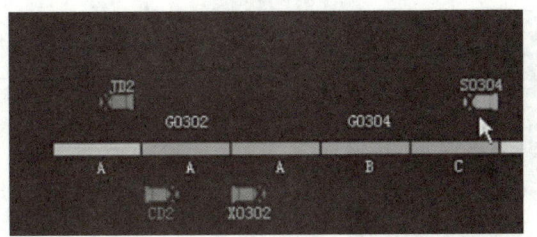	信号状态是否有变化	
	灯座颜色	
	灯柱颜色	
	灯头颜色	
	编号颜色	
	是否灭灯	

2）观察主进路道岔的变化并填表。

排列进路前 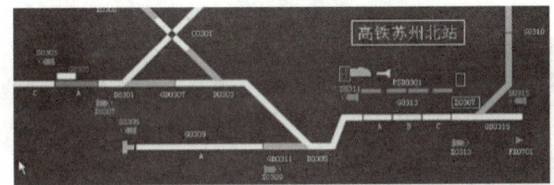	道岔名称	
	道岔位置	
	道岔颜色	
	编号颜色	
	编号框	

排列进路后 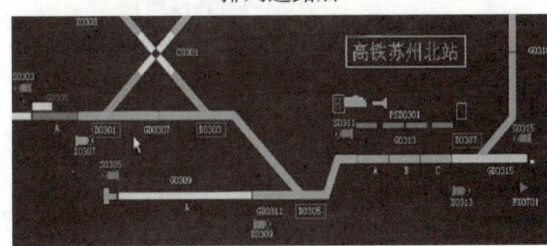	道岔名称	
	道岔位置	
	道岔颜色	
	编号颜色	
	编号框	
	意义	

3）观察侧防道岔的变化并填表。

排列进路前 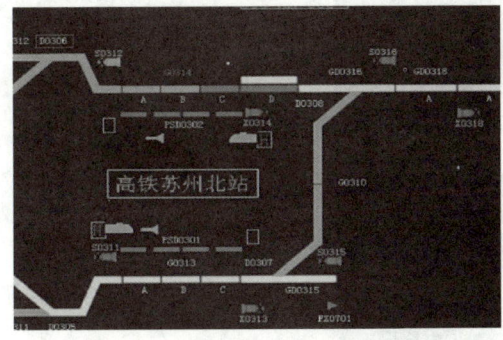	侧防道岔名称	
	道岔位置	
	道岔颜色	
	编号颜色	
	编号框	

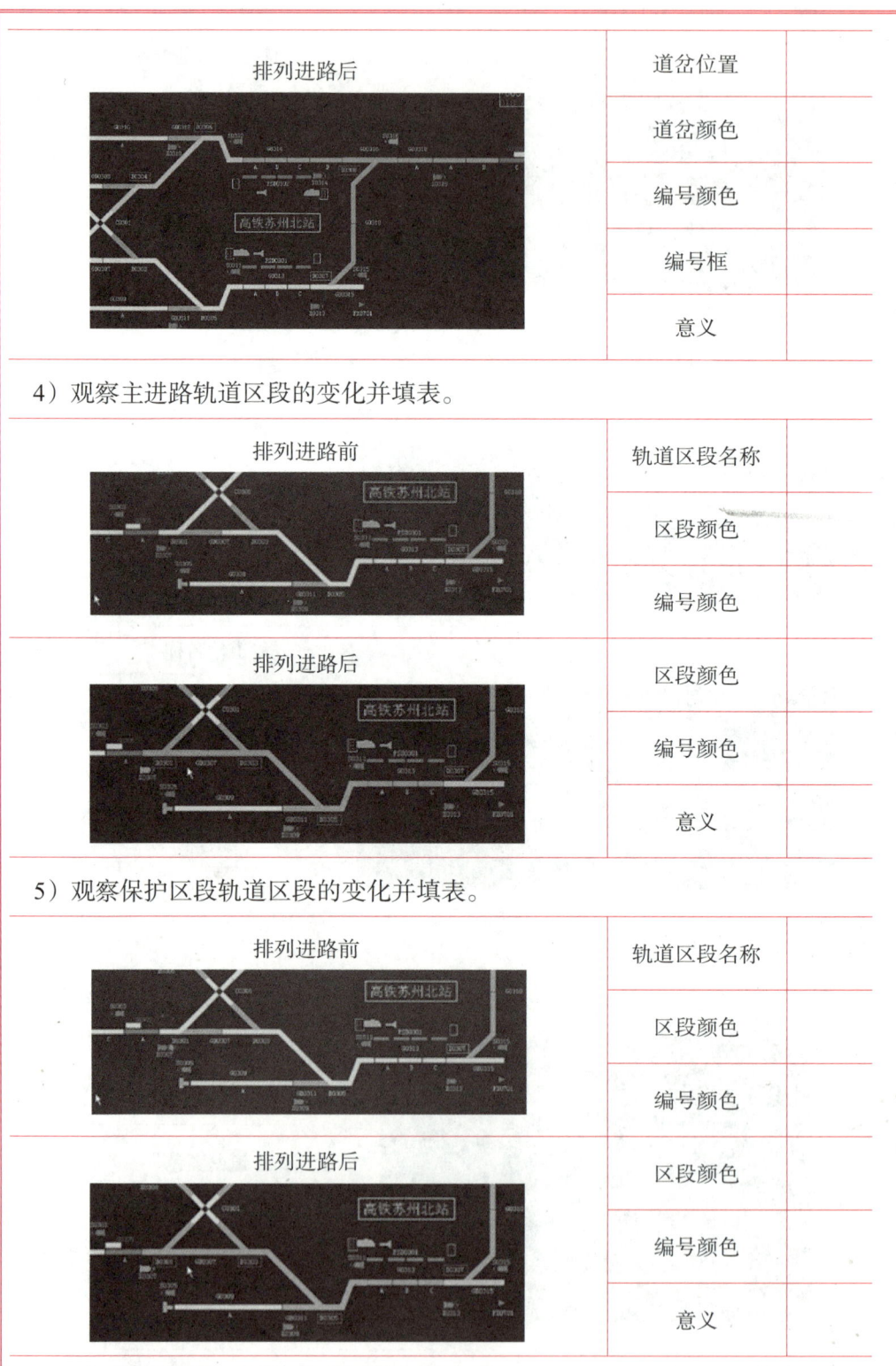

四、质量检查	成绩：

请实训指导教师检查本组作业结果，并针对实训过程中出现的问题提出改进措施及建议。

序号	评价标准	评价结果
1		
2		
3		
4		
5		
综合评价	☆☆☆☆☆	
综合评语		

五、评价反馈	成绩：

请根据自己在课堂中的实际表现进行自我反思和自我评价。

自我反思：_____

_____。

自我评价：_____

_____。

实训成绩单

项目	评分标准	分值	得分
接收工作任务	明确工作任务，理解任务在企业工作中的重要程度	5	
知识准备	熟练掌握排列进路的方法、含义和具体内容	15	
计划实施	始端信号机和终端信号机	10	
	主进路道岔	10	
	侧防道岔	10	
	主进路轨道区段	10	
	保护区段轨道电路	10	
质量检查	学生任务完成，操作过程规范	10	
评价反馈	学生能对自身表现情况进行客观评价	10	
	学生在任务实施过程中发现自身问题	10	
得分（满分100分）			

实训三　路票的填写

学院		专业	
姓名		学号	
小组成员		组长姓名	
一、接收工作任务		成绩：	

石家庄地铁 1 号线上行方向从烈士陵园站到新百广场站运用电话闭塞法组织列车运行，学生扮演烈士陵园站的行车值班员，在组织列车运行过程中需要填写路票。

二、知识准备	成绩：

1. 电话闭塞法的使用时机。
1）_____
2）_____
3）_____
4）_____
2. 路票：_____。
3. 路票的要素：_____、_____、_____、_____、_____、_____。
4. 电话记录号：号码通常由五位数编码，左边两位数为_____，右边三位数为同意闭塞序号，上行____，下行_____。
5. 中间站同意闭塞的条件：_____、_____、_____。
6. 折返站同意闭塞的条件：_____。
7. 中间站解除闭塞的条件：_____。
8. 折返站解除闭塞的条件：_____。

三、制订计划	成绩：

1. 根据路票的填写规定，制订计划。

操作流程		
序号	作业项目	操作要点
计划审核	审核意见： 　　　　　　　　　　　　　　　年　月　日　签字：	

2. 请根据作业计划，完成任务。

行车值班员
作业注意事项

1）路票的六要素。
2）路票的填写规定。

使用设备、工具、材料			
序号	名称	数量	清点
			□已清点
			□已清点
			□已清点

四、计划实施	成绩：

1）确认电话记录号码。

| 路　票　NO: xxxxx
电话记录第____号，车次____
____站 ➡ ____站

xxx站
行车专用章　　车站行车值班员_____
　　　　　　　　____年____月____日 | 取得新百广场站同意接车的电话记录号码是否正确 | □是　□否 |

2）填写车次。

路　票　NO: xxxxx 电话记录第＿＿号，车次＿＿ ＿＿站 → ＿＿站 [xxx站 行车专用章]　车站行车值班员＿＿＿＿ ＿＿年＿＿月＿＿日	车次是否正确	□是　□否

3）填写列车运行区间。

路　票　NO: xxxxx 电话记录第＿＿号，车次＿＿ ＿＿站 → ＿＿站 [xxx站 行车专用章]　车站行车值班员＿＿＿＿ ＿＿年＿＿月＿＿日	运行区间填写是否正确	□是　□否

4）值班员签名。

路　票　NO: xxxxx 电话记录第＿＿号，车次＿＿ ＿＿站 → ＿＿站 [xxx站 行车专用章]　车站行车值班员＿＿＿＿ ＿＿年＿＿月＿＿日	行车值班员签名是否完整并且正确	□是　□否

5）日期。

路　票　NO: xxxxx 电话记录第＿＿号，车次＿＿ ＿＿站 → ＿＿站 [xxx站 行车专用章]　车站行车值班员＿＿＿＿ ＿＿年＿＿月＿＿日	是否与司机核对路票信息（发车）/是否回收路票（接车）	□是　□否

6）行车专用章。

路　票　NO: XXXXX 电话记录第＿＿＿号，车次＿＿＿ ＿＿＿站 → ＿＿＿站 XXX站 行车专用章　　车站行车值班员＿＿＿＿＿ 　　　　　　　＿＿年＿＿月＿＿日	是否是发车站的行车专用章	□是　□否

五、质量检查	成绩：

请实训指导教师检查本组作业结果，并针对实训过程中出现的问题提出改进措施及建议。

序号	评价标准	评价结果
1		
2		
3		
4		
5		
综合评价	☆ ☆ ☆ ☆ ☆	
综合评语		

六、评价反馈	成绩：

请根据自己在课堂中的实际表现进行自我反思和自我评价。

自我反思：＿＿＿＿＿＿＿＿＿＿＿＿＿＿＿＿＿＿＿＿＿＿＿＿＿＿＿＿＿＿＿＿。

自我评价：＿＿＿＿＿＿＿＿＿＿＿＿＿＿＿＿＿＿＿＿＿＿＿＿＿＿＿＿＿＿＿＿。

实训成绩单			
项目	评分标准	分值	得分
接收工作任务	明确工作任务,理解任务在企业工作中的重要程度	5	
知识准备	熟悉电话闭塞法的使用时机,中间站和折返站同意/解除闭塞的条件,熟练掌握路票的六要素和路票的规范填写方法	15	
制订计划	按规范程序要求制订填写路票的实施计划	5	
计划实施	确认电话记录号码	10	
	明确车次	10	
	确认列车运行区间	10	
	核对行车值班员签名	10	
	明确接车站同意闭塞的日期	10	
	核对发车站的行车专用章	5	
质量检查	学生任务完成,操作过程规范	10	
评价反馈	学生能对自身表现情况进行客观评价	5	
	学生在任务实施过程中发现自身问题	5	
得分(满分100分)			

实训四　铺画列车运行图

学院		专业	
姓名		学号	
小组成员		组长姓名	

一、接收工作任务	成绩：

　　已知某城轨线路有 A~F 六个车站，列车上下行两个方向同一区间运行时分相同，见表1，各个车站停留时间均为 30s，在两个端点站折返时间是 3min，列车的运行间隔时间是 4min。假如 6：00 时 A、H 站列车双向始发，请在一分格图样上画出从 6：00—6：20 时段列车运行图。车次使用 5 位数，A→F 为上行车次，分别为 00202、00402、00602、00802、01002，F→A 为下行车次，分别为 00101、00301、00501、00701、00901。请三名同学为一小组，以小组为单位，根据已知条件铺画列车运行图。

表1　列车区间运行时分

区间名称	A-B	B-C	C-D	D-E	E-F
运行时分	3min	2min	4min	2min	2min

二、知识准备	成绩：

1. 车站中心线的确定方法：
1）＿＿＿＿＿＿＿＿＿＿＿＿＿＿＿＿＿＿＿＿＿
2）＿＿＿＿＿＿＿＿＿＿＿＿＿＿＿＿＿＿＿＿＿
2. 上线列车数计算：
1）运行周期＿＿＿＿＿＿＿＿＿
2）上线列车数＿＿＿＿＿＿＿＿＿
3. 列车运行图的主要要素：
1）＿＿＿＿＿＿＿＿　2）＿＿＿＿＿＿＿＿　3）＿＿＿＿＿＿＿＿
4）＿＿＿＿＿＿＿＿　5）＿＿＿＿＿＿＿＿　6）＿＿＿＿＿＿＿＿
7）＿＿＿＿＿＿＿＿　8）＿＿＿＿＿＿＿＿　9）＿＿＿＿＿＿＿＿

4. 列车运行图的计算指标：
1) _____ 2) _____ 3) _____
4) _____ 5) _____ 6) _____
7) _____ 8) _____

三、制订计划　　　　　　　　　　成绩：

根据铺画列车运行图的方法，制订计划。

操作流程	
序号	铺画步骤	铺画注意要点
计划审核	审核意见： 　　　　　　　　　　　　　　　年　月　日　签字：	

四、计划实施　　　　　　　　　　成绩：

1）确定车站中心线。

（图：F E D C B A 纵轴，横轴分段 2 2 4 2 3，总长13）	是否使用按区间运行时分比率确定车站中心线	□是　□否
	各区间的运行时间是否正确	□是　□否

2）确定上线列车数。

第一步计算列车运行周期： $\theta_{列} = \sum t_{运} + \sum t_{站} + \sum t_{折停}$	列车运行周期是否正确	□是　□否
第二步计算上线列车数： $N_{车组} = \theta_{列} / t_{间隔}$	上线列车数是否正确	□是　□否

3）铺画列车运行图。

序号	类别	图例		
1	普通客车	——————		
2	列车始发	——✕✕✕—— 站名线		
3	列车折返	——✕✕✕✕—— 站名线		

车次是否标注	□是	□否
行车间隔是否正确	□是	□否
区间运行时分是否正确	□是	□否
列车运行线是否正确	□是	□否

五、质量检查　　成绩：

请实训指导教师检查本组作业结果，并针对实训过程中出现的问题提出改进措施及建议。

序号	评价标准	评价结果
1		
2		
3		
4		
5		
综合评价	☆☆☆☆☆	
综合评语		

六、评价反馈　　成绩：

请根据自己在课堂中的实际表现进行自我反思和自我评价。

自我反思：_____。

自我评价：_____。

实训成绩单			
项目	评分标准	分值	得分
接收工作任务	明确工作任务，理解任务在企业工作中的重要程度	5	
知识准备	熟练掌握车站中心线的确定方法、列车运行周期和上线列车数的计算方法、列车运行图的各个要素以及列车运行图的铺画方法	15	
制订计划	按画图步骤要求制订列车运行图铺画的实施计划	10	
计划实施	确定车站中心线	15	
	确定列车运行周期	10	
	计算上线列车数	5	
	铺画列车运行图	20	
质量检查	学生任务完成，画图完整	10	
评价反馈	学生能对自身表现情况进行客观评价	5	
	学生在任务实施过程中发现自身问题	5	
得分（满分100分）			

实训五　运营前准备工作

学院		专业	
姓名		学号	
小组成员		组长姓名	

一、接收工作任务	成绩：

　　李某是运营控制中心的一名行车调度员，在运营前需要检查各车站和车辆段的准备工作。

二、知识准备	成绩：

运营前行车调度员的准备工作包括：

1) _____
2) _____
3) _____
4) _____
5) _____
6) _____

三、制订计划	成绩：

1. 根据运营前的准备工作作业标准，制订计划。

操作流程		
序号	作业项目	操作要点
计划审核	审核意见： 年　月　日　　签字：	

2. 行车调度员根据作业计划完成运营前的准备工作。

行车调度员	
作业注意事项	

1）按照操作规范试验道岔。
2）注意检查备品的数量和性能。

使用设备、工具、材料			
序号	名称	数量	清点
			□已清点
			□已清点
			□已清点

四、计划实施　　　　　　　　　　　成绩：

1）试验道岔。

行车调度员通知各联锁站行车值班员试验道岔	□是　□否
联锁站试验完毕，行车调度员收回控制权	□是　□否
使用中央联锁工作站试验进路、道岔操作，使有关道岔处于正确位置	□是　□否

2）检查和准备。

检查行车值班员到岗情况	□是　□否
行车调度员检查站台是否有异物侵限	□是　□否
检查行车备品是否齐全、完好	□是　□否
检查列车和电客车司机安排	□是　□否
通知电调牵引系统送电	□是　□否

3)列车运行图检查。

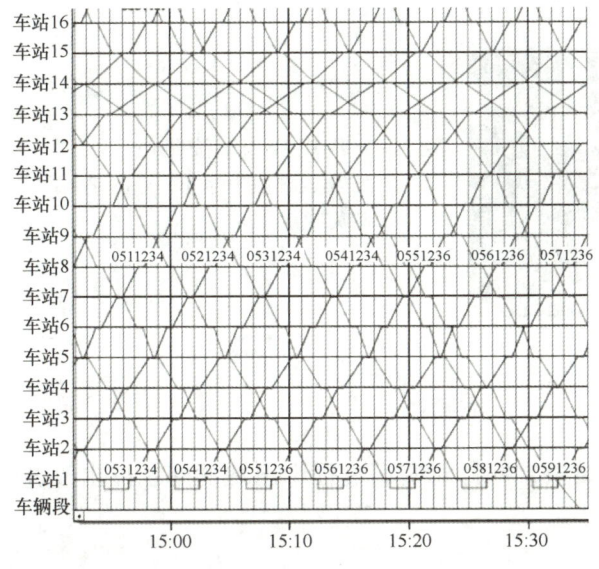	检查列车运行图是否正确有效　□是　□否

4)核对时钟时间。

	与各车站核对时钟时间　□是　□否
	与车辆段派班员核对时钟时间　□是　□否

5)核对列车出库计划。

列车出段计划单								
序号	车次	车底号	存车股道号	计划发车时间	计划出段股道	回段是否洗车	与车辆段调度员核对列车出库计划	□是　□否
1	0502	K101	2A	5:50	Ⅰ	否		
2	0602	K103	3A	5:55	Ⅱ	否		
…	…	…	…	…	…	…		

6）首班车组织。

组织首班车按照列车运行图行车，避免晚点	□是　□否

五、质量检查	成绩：

请实训指导教师检查本组作业结果，并针对实训过程中出现的问题提出改进措施及建议。

序号	评价标准	评价结果
1		
2		
3		
4		
5		
综合评价	☆☆☆☆☆	
综合评语		

六、评价反馈	成绩：

请根据自己在课堂中的实际表现进行自我反思和自我评价。

自我反思：_____。

自我评价：_____。

实训成绩单

项目	评分标准	分值	得分
接收工作任务	明确工作任务，理解任务在企业工作中的重要程度	5	
知识准备	熟练掌握行车调度员在运营前的准备工作内容	15	
制订计划	按规范程序要求制订运营前准备工作的实施计划	15	
计划实施	试验道岔	10	
计划实施	检查和准备	10	
计划实施	列车运行图检查	10	
计划实施	核对时钟时间	5	
计划实施	核对列车出库计划	5	
计划实施	首班车组织	5	
质量检查	学生任务全部完成，操作过程规范	10	
评价反馈	学生能对自身表现情况进行客观、全面评价	5	
评价反馈	学生在任务实施过程中善于发现和解决问题	5	
得分（满分100分）			

实训六　综合后备盘操作

学院		专业	
姓名		学号	
小组成员		组长姓名	

一、接收工作任务	成绩：

三名同学为一小组，以小组为单位，进行角色扮演，分别扮演行车值班员、站务员和客运值班员，模拟紧急情况，通过操作综合后备盘控制闸机系统、信号系统和屏蔽门系统。

二、知识准备	成绩：

1. IBP 盘又称为 _____。
2. 在紧急情况下，车站的行车值班员操作 IBP 盘指令按钮，能紧急控制的系统有：
   1) _____
   2) _____
   3) _____
   4) _____
   5) _____
   6) _____
   7) _____
   8) _____。

三、制订计划	成绩：

1. 根据 IBP 盘的操作规程和功能，制订计划。

操作流程		
序号	作业项目	操作要点
计划审核	审核意见： 年　月　日　　签字：	

2.请根据作业计划,完成小组成员任务分工。

行车值班员			
站务员		客运值班员	
作业注意事项			

1)准确判断现场情况。
2)规范操作设备。

使用设备、工具、材料			
序号	名称	数量	清点
			□已清点
			□已清点
			□已清点

四、计划实施 成绩:

进出站闸机控制	客运值班员向行车值班员申请紧急释放闸机的时机是否合适	□是	□否
	行车值班员对闸机的紧急释放功能操作是否正确	□是	□否
紧急停车控制	站务员向行车值班员申请紧急停车时机是否合适	□是	□否
	行车值班员对信号系统紧急按钮的操作是否正确	□是	□否
屏蔽门紧急打开控制	站务员向行车值班员申请紧急打开屏蔽门的时机是否合适	□是	□否
	行车值班员对屏蔽门系统开门按钮操作是否正确	□是	□否

五、质量检查 成绩:

请实训指导教师检查本组作业结果,并针对实训过程中出现的问题提出改进措施及建议。

序号	评价标准	评价结果
1		
2		
3		
4		
5		
综合评价	☆ ☆ ☆ ☆ ☆	
综合评语		

六、评价反馈	成绩：

请根据自己在课堂中的实际表现进行自我反思和自我评价。

自我反思：_____

_____。

自我评价：_____

_____。

实训成绩单

项目	评分标准	分值	得分
接收工作任务	明确工作任务，理解任务在企业工作中的重要程度	5	
知识准备	熟练掌握 IBP 盘的界面、功能和操作程序	15	
制订计划	按规范程序要求制订 IBP 盘的操作实施计划	15	
计划实施	站务员根据现场情况向行车值班员提出申请	15	
计划实施	客运值班员根据现场情况向行车值班员提出申请	15	
计划实施	行车值班员根据要求规范操作 IBP 盘	15	
质量检查	学生任务全部完成，操作过程规范	10	
评价反馈	学生能对自身表现情况进行客观、全面评价	5	
评价反馈	学生在任务实施过程中善于发现和解决问题	5	
得分（满分 100 分）			

实训七　电话闭塞法接发列车作业

学院		专业	
姓名		学号	
小组成员		组长姓名	
一、接收工作任务		成绩：	

　　九名学生分成三组，每组三名学生，进行角色扮演，分别扮演值班站长、行车值班员和站务员，老师担任行车调度员。同时，这三个小组分别代表三个车站A、B、C，进行电话闭塞法组织接发列车。

二、知识准备	成绩：

1. 手摇道岔六部曲。
1）_____
2）_____
3）_____
4）_____
5）_____
6）_____

2. 电话闭塞法接发列车作业步骤。
1）_____
2）_____
3）_____
4）_____
5）_____
6）_____
7）_____
8）_____

三、制订计划	成绩：

1. 根据电话闭塞法接发列车程序，制订计划。

操作流程		
序号	作业项目	操作要点
计划审核	审核意见： 年　月　日　签字：	

2. 请根据作业计划，完成小组成员任务分工。

站务员		行车值班员	
值班站长		行车调度员	
作业注意事项			

1）正确填写路票。
2）使用标准用语。

使用设备、工具、材料			
序号	名称	数量	清点
			□已清点
			□已清点
			□已清点

四、计划实施	成绩：

1）确认区间空闲。

	根据行车调度员命令和"行车日志"确定防护区段是否空闲	□是　□否

2）准备进路。

	用语是否标准	□是 □否
	是否复诵	□是 □否

3）请求闭塞/同意闭塞。

_____行车日志
日期：　　天气：　　行车值班员：　　设备值班员：

车次	下行						
	到达			出发			附注
	电话记录号码及收发时分	邻站出发	本站到达	电话记录号码及收发时分	本站出发	邻站到达	

用语是否标准	□是 □否
是否复诵	□是 □否
行车日志填写是否正确	□是 □否

4）填写路票。

	路票填写是否完整并且正确	□是 □否
	是否核对路票信息	□是 □否

5）发车/接车。

_____行车日志
日期：　　天气：　　行车值班员：　　设备值班员：

车次	下行						
	到达			出发			附注
	电话记录号码及收发时分	邻站出发	本站到达	电话记录号码及收发时分	本站出发	邻站到达	

是否与司机核对路票信息（发车）/是否回收路票（接车）	□是 □否
发车手信号是否正确	□是 □否
行车日志填写是否正确	□是 □否
是否有报点	□是 □否

五、质量检查　　成绩：

请实训指导教师检查本组作业结果，并针对实训过程中出现的问题提出改进措施及建议。

序号	评价标准	评价结果
1		
2		
3		
4		
5		
综合评价	☆ ☆ ☆ ☆ ☆	
综合评语		

六、评价反馈　　成绩：

请根据自己在课堂中的实际表现进行自我反思和自我评价。

自我反思：_____

_____。

自我评价：_____

_____。

实训成绩单				
项目		评分标准	分值	得分
接收工作任务		明确工作任务，理解任务在企业工作中的重要程度	5	
知识准备		熟练掌握电话闭塞法的概念、使用条件、实施过程以及手摇道岔的操作方法	15	
制订计划		按规范程序要求制订电话闭塞法接发列车的实施计划	5	
计划实施		行车调度员通知实施电话闭塞法车站	5	
		确认区间空闲	10	
		准备进路	5	
		请求闭塞/同意闭塞	20	
		填写路票	10	
		发车/接车	5	
质量检查		学生任务完成，操作过程规范	10	
评价反馈		学生能对自身表现情况进行客观评价	5	
		学生在任务实施过程中发现自身问题	5	
得分（满分100分）				

实训八　车辆段正常情况下接发列车作业

学院		专业	
姓名		学号	
小组成员		组长姓名	

一、接收工作任务	成绩：

　　每六名学生一组，进行角色扮演，分别扮演行车调度员、信号楼前台值班员、信号楼后台值班员、接轨站行车值班员、接轨站站务员和司机，进行正常情况接车作业。

二、知识准备	成绩：

　　1. 操纵车辆段计算机联锁控制台，应执行"＿＿＿＿＿＿＿＿＿＿"的作业程序。

　　2. ＿＿＿＿＿＿＿＿负责车场内行车运营秩序的组织和指挥，是车场内发生突发事件时的临时指挥者，车辆段信号楼设前台值班员和后台值班员，＿＿＿＿＿＿＿＿负责操作，＿＿＿＿＿＿＿＿负责监控。

　　3. 列车运转包括＿＿＿＿＿＿、＿＿＿＿＿＿、＿＿＿＿＿＿和＿＿＿＿＿＿四个流程。

　　4. 列车入段凭防护信号机的显示，在入段线的有码区按＿＿＿＿＿＿模式运行，在入段线的无码区按＿＿＿＿＿＿模式运行。

　　5. 列车进出检修库大门或通过平交道口前应＿＿＿＿＿＿确认安全后方可通过。

　　6. 当车辆段微机联锁系统正常时，列车占用转换轨的凭证为＿＿＿＿＿＿。

　　7. 车辆段正常情况下接发列车作业步骤：
1) ＿＿＿＿＿＿＿　　2) ＿＿＿＿＿＿＿　　3) ＿＿＿＿＿＿＿
4) ＿＿＿＿＿＿＿　　5) ＿＿＿＿＿＿＿　　6) ＿＿＿＿＿＿＿

8. 当进车辆段信号机故障时或其他原因导致进车辆段信号机不能正常开放时，车辆段采用应急接车的措施，就是_____。进车辆段信号机显示_____，准许列车在该信号机前不停车，以不超过规定速度进车辆段，并随时做好停车准备。

9. 使用引导总锁闭接车的情况：
1)_____ 2)_____ 3)_____

10. 引导进路锁闭接车的步骤：
1)_____ 2)_____ 3)_____
4)_____ 5)_____ 6)_____

11. 除列车在正线上的运行以外，凡因列车折返、转线、解体、编组和车辆摘挂、取送等作业需要，列车或车辆在线路上进行有目的的调动，都属于_____。

12. 城市轨道交通一般采用_____法调车。

13. _____是指连挂或摘解一组车辆的作业，它是衡量调车工作量的基本单位。

14. 调车作业计划是以_____形式下达的。对于"一批作业"变更股道不超过_____钩时，允许以口头方式布置，但必须停车传达，有关人员复诵。变更超过_____钩时，应重新填写_____。

三、制订计划	成绩：

1. 根据正常情况下车辆段接车作业程序，制订计划。

操作流程		
序号	作业项目	操作要点
计划审核	审核意见： 年　月　日　签字：	

2. 请根据作业计划，完成小组成员任务分工。

行车调度员		接轨站行车值班员	
接轨站站务员		信号楼前台值班员	
信号楼后台值班员		司机	

作业注意事项

1）使用标准动作。
2）使用标准用语。
3）正确填写"行车日志"。
4）正确填写"占线簿"。

使用设备、工具、材料			
序号	名称	数量	清点
			□已清点
			□已清点
			□已清点

四、计划实施	成绩：

1）确认区间空闲。

根据接车计划和ATS系统显示，确认接车线路空闲	□是 □否
是否填写"行车日志"	□是 □否
是否复诵	□是 □否

2）准备进路。

用语是否标准	□是 □否
操作是否正确	□是 □否
是否复诵	□是 □否
是否填写"行车日志"	□是 □否
是否填写"占线簿"	□是 □否

3）发车。

<table>
<tr><td colspan="7">行车日志
日期：　　　天气：　　　行车值班员：　　　设备值班员：</td></tr>
<tr><td rowspan="3">车次</td><td colspan="3">下行</td><td colspan="3" rowspan="2"></td></tr>
<tr><td colspan="3">到达</td><td colspan="3">出发</td></tr>
<tr><td>电话记录号码及收发时分</td><td>邻站出发</td><td>本站到达</td><td>电话记录号码及收发时分</td><td>本站出发</td><td>邻站到达</td><td>附注</td></tr>
<tr><td></td><td></td><td></td><td></td><td></td><td></td><td></td></tr>
<tr><td></td><td></td><td></td><td></td><td></td><td></td><td></td></tr>
</table>

是否向司机显示"好了"信号	□是	□否
是否立岗发车	□是	□否
行车日志填写是否正确	□是	□否
是否报点	□是	□否

4）接车。

占线簿					
序号	车次	股道	接车	发车	备注
1	0107	D16G	√		
2					
3					

行车日志填写是否正确	□是	□否
是否有报点	□是	□否
是否填写"占线簿"	□是	□否

五、质量检查　　　　　　　　　　　　成绩：

请实训指导教师检查本组作业结果，并针对实训过程中出现的问题提出改进措施及建议。

序号	评价标准	评价结果
1		
2		
3		
4		
5		
综合评价		☆ ☆ ☆ ☆ ☆
综合评语		

六、评价反馈　　　　　　　　　　　　成绩：

请根据自己在课堂中的实际表现进行自我反思和自我评价。
自我反思：

自我评价：_____

_____。

实训成绩单

项目	评分标准	分值	得分
接收工作任务	明确工作任务，理解任务在企业工作中的重要程度	10	
知识准备	熟练掌握正常情况下车辆段接车的实施过程以及掌握"行车日志""占线簿"的规范填写方法	15	
制订计划	按规范程序要求制订ATC设备故障时行车组织实施计划	15	
计划实施	确认区间空闲	10	
	准备进路	10	
	发车	10	
	接车	10	
质量检查	学生任务全部完成，操作过程规范	10	
评价反馈	学生能对自身表现情况进行客观、全面评价	5	
	学生在任务实施过程中善于发现和解决问题	5	
得分（满分100分）			

实训九　ATS 设备故障时的行车组织

学院		专业	
姓名		学号	
小组成员		组长姓名	
一、接收工作任务		成绩：	

　　九名学生分成三组，每组三名学生，一人扮演行车调度员，一人扮演行车值班员，一人扮演列车司机，对遇到 ATS 系统设备故障时的行车组织进行演练。

二、知识准备	成绩：

1. 列车运行自动控制（ATC）系统的组成。
1）_____
2）_____
3）_____
2. ATS 系统故障时的行车组织方法。
_____
_____
_____

3. ATP 系统故障时的行车组织方法。
_____
_____

4. ATO 系统故障时的行车组织方法。
_____
_____
_____

三、制订计划　　成绩：

1. 根据 ATS 设备故障时的行车组织方法，制订计划。

操作流程		
序号	作业项目	操作要点

计划审核	审核意见： 　　　　　　　　　　　　　　年　月　日　签字：

2. 请根据作业计划，完成小组成员任务分工。

行车调度员			
列车司机		行车值班员	

作业注意事项

1）信息接报使用标准用语。
2）ATS 系统设备故障时，操作步骤要正确。

使用设备、工具、材料			
序号	名称	数量	清点
			□已清点
			□已清点
			□已清点

四、计划实施　　成绩：

1）确认故障并下放控制权。

	控制中心行车调度员发现调度员工作站黑屏，确认相应集中站工作站正常显示，判断 ATS 系统故障	□是　□否
	行车调度员通知设备集中站强行站控	□是　□否
	行车值班员按照要求在车站 ATS 系统上正确执行强行控制	□是　□否

2)启动车站级自动控制模式。

设备集中站行车值班员确认车站级 ATS 系统设备未被激活	□是	□否
行车调度员通知行车值班员车站人工排列进路	□是	□否

3)人工排列进路。

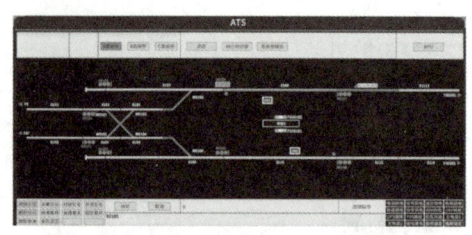

行车值班员需按照要求在车站 ATS 系统上人工排列进路,并对列车进行监控	□是	□否

4)列车运行信息处理。

司机发现列车目标速度码为 0 及时报告行车调度员	□是	□否
行车调度员通知司机转换为 RM 模式驾驶列车运行	□是	□否
行车调度员人工铺画列车运行图	□是	□否
行车调度员做好列车运营调整	□是	□否

五、质量检查	成绩:

请实训指导教师检查本组作业结果,并针对实训过程中出现的问题提出改进措施及建议。

序号	评价标准	评价结果
1		
2		
3		
4		
5		
综合评价		☆ ☆ ☆ ☆ ☆
综合评语		

六、评价反馈

成绩：

请根据自己在课堂中的实际表现进行自我反思和自我评价。

自我反思：_____。

自我评价：_____。

实训成绩单

项目	评分标准	分值	得分
接收工作任务	明确工作任务，理解任务在企业工作中的重要程度	5	
知识准备	熟练掌握 ATS 系统、ATP 系统、ATO 系统故障时的行车组织方法	15	
制订计划	按规范程序要求制订 ATS 设备故障时行车组织实施计划	15	
计划实施	确认故障并下放控制权	15	
	启动车站级自动控制模式	10	
	人工排列进路	5	
	列车运行信息处理	15	
质量检查	学生任务全部完成，操作过程规范	10	
评价反馈	学生能对自身表现情况进行客观、全面评价	5	
	学生在任务实施过程中善于发现和解决问题	5	
得分（满分 100 分）			

实训十　车站施工的请销点操作

学院		专业	
姓名		学号	
小组成员		组长姓名	

一、接收工作任务　　成绩：

　　三人一组共同完成施工作业组织任务，重点有施工作业令的识读，办理施工请销点手续的方法，正确填写施工登记簿。

二、知识准备　　成绩：

1. 为保证施工作业组织，任务开始前检查车控室设备是否齐全。
1) 正确识读_____。
2) 办理_____手续。
3) 填写_____。

2. 施工请销点程序。
1) 属于 A 类的作业，施工负责人在作业令规定开始前 15min 到车站登记请点，当施工条件达到后由车站报行车调度员备案，当线路出清后行车调度员通知车站，_____传达允许施工的命令，可以施工。
2) 属于 C 类的作业，经批准_____到车站登记请点。
3) A 类作业，施工作业地点仅有一个车站的，施工负责人在施工区域出清完毕后，由_____向行车调度员销点。
4) B、C 类作业施工完毕后，_____负责施工区域的出清后到车站或车辆段销点。

三、制订计划　　　　　　　　成绩：

1. 根据车站施工作业组织流程，制订计划。

操作流程		
序号	作业项目	操作要点
计划审核	审核意见： 　　　　　　　　　　　　　年　月　日　签字：	

2. 请根据作业计划，完成小组成员任务分工。

操作人		记录员	
监护人		展示员	
作业注意事项			

1）正确填写和识读相关表格。
2）相关开关和按钮操作正确。

检测设备、工具、材料			
序号	名称	数量	清点
			□已清点
			□已清点
			□已清点

四、计划实施　　　　　　　　成绩：

1）熟悉车控室设备。

施工登记簿是否有	□是　□否
计算机是否正常	□是　□否
钥匙是否齐备	□是　□否
其他设备是否正常	□是　□否

2）办理请销点手续。

作业代码	IA2-03-09	作业令号	[2013]工务1字(0804)-02号	填写内容是否完整	□是 □否
作业部门（单位）	工务通号中心工务一车间	申报人及联系方式	王晓××××		
作业名称	正线人工巡道	作业区域	B-D站上、下行线路		
作业日期	2013-08-04	作业时间	23：10～(次日)04：00		
主要作业内容		正线人工巡道			
防护措施		作业人员穿反光衣、劳保鞋			
接触网供电安排		无要求			
配合部门及要求					
主站	B站	施工负责人及联系方式	王晓××××	填写内容是否正确	□是 □否
辅站及责任人		作业人数	4		
备注		该项作业需车站配合开启区间照明及扳动道岔，销点站：D站			
签发					
施工区域出清情况	设备情况		地线撤除情况		
	人员、物料等撤离情况		施工负责人责任人		
请点生效	批准人		撤点生效	批准人	
销令时间			销令批准人		

3）填写施工作业登记簿。

				___年___月___日		
请点登记栏	作业项目		作业区域		填写内容是否完整	□是 □否
	作业代码	作业单位		共　　人进场		
	施工负责人	证件号码	计划作业时间	时　分起 时　分止		
	安全措施					
	辅站		主站			
	接___站值班员通知，本项作业已获行车调度员批准，于___时___分至___时___分在所申报作业区域内进行，施工承认号码___。 车站值班员签署： 施工责任人签署：		本项作业已有本站控制中心行车调度员备案，并获行车调度员批准，于___时___分至___时___分在所申报作业区域内进行，施工承认号码___，并已知会辅站___。 车站值班员签署： 施工管理负责人签署： 施工负责人签署：		填写内容是否正确	□是 □否

五、质量检查　　　　成绩：

请实训指导教师检查本组作业结果，并针对实训过程中出现的问题提出改进措施及建议。

序号	评价标准	评价结果
1		
2		
3		
4		
5		
综合评价	☆ ☆ ☆ ☆ ☆	
综合评语（作业问题及改进建议）		

六、评价反馈　　　　成绩：

请根据自己在课堂中的实际表现进行自我反思和自我评价。

自我反思：_____。

自我评价：_____。

实训成绩单

项目	评分标准	分值	得分
接收工作任务	清楚施工作业组织的意义	10	
知识准备	掌握施工作业请销点程序	15	
制订计划	按施工作业组织实施步骤制订计划	10	
计划实施	熟悉车控室设备	10	
	办理请销点手续	15	
	填写施工作业登记簿	10	
质量检查	能够按照标准完成施工请销点手续	10	
评价反馈	学生能对自身表现情况进行客观评价	10	
	学生在任务实施过程中发现自身问题和解决问题	10	
得分（满分100分）			

实训十一　工伤事故案例分析

学院		专业	
姓名		学号	
小组成员		组长姓名	
一、接收工作任务		成绩：	

　　三人一组共同完成事故分析。

　　事故经过：2010 年 × 月 × 日上午 10 时 17 分，司机胡××、副司机李× 驾驶 415 车回四惠车辆段，进 2 号联络线，准备入洗刷库，执行洗刷作业。

　　10 时 23 分，列车运行入洗刷库停车库。在洗刷作业过程中，司机胡×× 在前部司机室驾驶列车，副司机李× 在尾部司机室监护作业。

　　洗刷作业完毕，与信号楼联系确认后，司机胡×× 驾驶列车出库。

　　10 时 32 分至 10 时 35 分，运行至×× 段东牵线，在规定位置停车后，胡×× 更换操纵台，步行至尾部司机室，准备折返回停车列检库。此时发现副司机李× 不在司机室内。

　　因调车信号已开放，胡×× 确认列车两侧无人后，独自驾驶列车回库。入库停车后，胡×× 去运转室询问李× 是否退勤，经值班员刘×× 确认，李× 没有退勤。

　　10 时 36 分，运转室甲班值班员刘×× 向运转室值班班长季×× 报告，副司机李× 不知去向。季×× 立即赶到值班室和胡×× 一起去洗刷库寻找李×，途经中平交道北门时遇到了副司机王× 三人一同去了洗刷库，经询问，洗刷库管理员称 415 车副司机出库时在尾部司机室内。三人随即出库，沿出库线路寻找。

　　10 时 55 分，至距东平交道口东侧 67m 处，发现李× 头部朝西脚朝东，蜷卧于道床南侧。当时李× 头部有血迹，口鼻涌血，呼唤没有反应。

　　11 时 02 分，王某打 120 叫急救车，季×× 向乘务中心领导报告。随后，王× 背着李×，由胡×× 和季×× 协助，将李× 移到东平交道口处。

　　11 时 18 分，急救车到达现场后医务人员立即对李× 进行抢救，最终因抢救无效死亡。

二、知识准备	成绩：

1. 特别重大事故：
1）死亡 _____ 人以上的。
2）重伤 _____ 人以上的。
2. 重大事故：
1）死亡 _____ 人以上 _____ 人以下的。
2）重伤 _____ 人以上 _____ 人以下的。
3. 较大事故：
1）死亡 _____ 人以上 _____ 人以下的。
2）重伤 _____ 人以上 _____ 人以下的。
4. 一般事故：
1）死亡 _____ 人以上 _____ 人以下的。
2）重伤 _____ 人以上 _____ 人以下的。

三、制订计划	成绩：

1. 分析事故性质。

分析注意事项
按照伤亡人数标准分析

事故性质	

2. 分析事故原因。

分析注意事项
1）直接原因 2）间接原因

直接原因	
间接原因	

3. 整改措施。

分析注意事项
多角度分析整改措施

序号	措施

四、质量检查		成绩:	
请实训指导教师检查本组作业结果,并针对实训过程中出现的问题提出改进措施及建议。			
序号	评价标准		评价结果
1			
2			
3			
4			
5			
综合评价	☆ ☆ ☆ ☆ ☆		
综合评语 (作业问题及 改进建议)			

五、评价反馈	成绩:

请根据自己在课堂中的实际表现进行自我反思和自我评价。
　　自我反思：_____

　　自我评价：_____

实训成绩单

项目	评分标准	分值	得分
接收工作任务	清楚事故分析的意义	5	
知识准备	掌握对事故性质的分析标准	20	
事故分析	事故性质	10	
	事故原因	10	
	整改措施	5	
质量检查	能够完整分析事故的性质原因改进措施	30	
评价反馈	学生能对自身表现情况进行客观评价	10	
	学生在任务实施过程中发现自身问题和解决问题	10	
得分（满分 100 分）			